2025年度版

JN037570

熊本県・熊本市の 数学科

過 去 問

協同教育研究会 編

協同出版

本書には，熊本県・熊本市の教員採用試験の過去問題を収録しています。各問題ごとに，以下のように5段階表記で，難易度，頻出度を示しています。

難　易　度

非常に難しい　☆☆☆☆☆
やや難しい　☆☆☆☆
普通の難易度　☆☆☆
やや易しい　☆☆
非常に易しい　☆

頻　出　度

◎　　ほとんど出題されない
◎◎　　あまり出題されない
◎◎◎　普通の頻出度
◎◎◎◎　よく出題される
◎◎◎◎◎　非常によく出題される

はじめに～「過去問」シリーズ利用に際して～

　教育を取り巻く環境は変化しつつあり，日本の公教育そのものも，教員免許更新制の廃止やGIGAスクール構想の実現などの改革が進められています。また，現行の学習指導要領では「主体的・対話的で深い学び」を実現するため，指導方法や指導体制の工夫改善により，「個に応じた指導」の充実を図るとともに，コンピュータや情報通信ネットワーク等の情報手段を活用するために必要な環境を整えることが示されています。

　一方で，いじめや体罰，不登校，暴力行為など，教育現場の問題もあいかわらず取り沙汰されており，教員に求められるスキルは，今後さらに高いものになっていくことが予想されます。

　本書の基本構成としては，出題傾向と対策，過去5年間の出題傾向分析表，過去問題，解答および解説を掲載しています。各自治体や教科によって掲載年数をはじめ，「チェックテスト」や「問題演習」を掲載するなど，内容が異なります。

　また原則的には一般受験を対象としております。特別選考等については対応していない場合があります。なお，実際に配布された問題の順番や構成を，編集の都合上，変更している場合があります。あらかじめご了承ください。

　最後に，この「過去問」シリーズは，「参考書」シリーズとの併用を前提に編集されております。参考書で要点整理を行い，過去問で実力試しを行う，セットでの活用をおすすめいたします。

　みなさまが，この書籍を徹底的に活用し，教員採用試験の合格を勝ち取って，教壇に立っていただければ，それはわたくしたちにとって最上の喜びです。

協同教育研究会

CONTENTS

第1部

熊本県・熊本市の
数学科
出題傾向分析

熊本県・熊本市の数学科　傾向と対策

1　熊本県の出題傾向

　2024年度は2023年度と同様に中学校と高等学校は試験時間100分，大問数は共に5問で，共通問題はなく，出題形式，出題傾向に変化はなかった。中学校の難易度は教科書の例題，節末・章末問題，センター試験レベル，高等学校は節末・章末問題，センター試験，私大入試レベルである。

　中学校第1問は学習指導要領と同解説数学編(第1目標，数学科改訂の趣旨及び要点)，第2問は独立した小問集合8問(整数の一の位の数，式の値，ヒストグラムと箱ひげ図，関数の変化の割合，度数分布表と平均値，円の接線と線分の長さ，三角形の相似，角の二等分線と線分の長さの比)，第3問は関数とグラフ(放物線と直線，三角形と線分の長さの比，回転体の体積)，第4問は平面図形(円，角の二等分線，面積，線分の長さ)，第5問は空間図形(三角柱，線分の長さの比，四角錐の体積)に関する出題である。

　高等学校第1問は学習指導要領解説数学編(数学科の各科目の内容)，第2問は独立した小問集合7問(データの平均値と標準偏差，領域における最大値と最小値，三角形の面積，2つの複素数のなす角，無限級数の和，数の並び方の確率と期待値，数列の和)，第3問はベクトル(三角形の外接円，分点ベクトルの表示)，第4問は微積分(関数の連続と微分可能性，関数の増減とグラフ，曲線と直線で囲まれた図形の面積)，第5問は三角関数(三角方程式，3倍角と4倍角，三次方程式の解)に関する出題である。

　中学校は中学校数学の内容もあるが，高等学校数学の教科書が中心であり，その教科書内容をよく学習して，すべてを理解しておく。平面図形では合同や相似の証明が頻出しているので解く練習をしておくとよい。高等学校は高等学校数学の内容であり，いろいろな分野から出題されている。基本的な問題もあるので，教科書の内容を確実に理解しておくことが大切である。また，やや難しい問題もあるので，センター試験や私

大入試レベルを意識して，学習を進めていくことである。

　熊本県には二次試験があり，論述式の試験になっている。学習指導要領の趣旨を正しく理解し，指導内容や授業における展開・工夫などを具体的に表せるようにしておきたい。そして，自分の考えを具体的に述べ，教師としての資質(熱意，誠実さ，向上心，柔軟性，協調性，発想力など)に留意して論を進めていくことが大切である。

2　熊本市の出題傾向

　2024年度は中学校・高等学校共に共通の問題であり，試験時間60分，大問数7問である。出題形式(選択形式，空欄に0～9の数字を記入する形式)，出題傾向は2023年度と同じで変化はなかった。難易度は，高等学校教科書の例題，節末・章末問題，センター試験，大学入試基本レベルである。

　第1問は中学校学習指導要領(第1目標，指導計画の作成と内容の取扱い)，第2問は独立した小問集合4問(虚数の計算，二重根号，関数の最小値，素数の性質)，第3問は数列(縦と横に並べた数列の一般項，階差数列，等差数列の和)，第4問は平面図形(円に内接する四角形，角度，三角形の合同の証明，線分の長さの比)，第5問は関数とグラフ，微積分(放物線と直線，直線の傾き，放物線の平行移動，2つの放物線の共通接線，曲線と直線で囲まれた図形の面積)，第6問は確率(片面の色が赤または白である10枚のカードから取り出す確率，条件付き確率)，第7問はデータの分析(人数30人における得点の平均値，中央値)に関する出題である。

　第1問は5択の選択形式，第2問～第7問は空欄に0～9を記入することになっている。問題は高等学校数学の内容が中心であり，教科書の例題，節末・章末問題，傍用問題集で解く練習をして，確実にそれらの内容を理解しておくことが大切である。

3　熊本県・熊本市の学習対策

　1つ目は自分の実力と合格レベルとの距離感を正確に把握する。本番では限られた時間内で問題を解かなければならず，自分にあった学習方法を早く見つけ，自分の実力と合格レベルとの距離を埋めるために「必要

な時間」と「充分な時間」の2つがあることを認識する。どのような試験でも，最低これだけは費やさなければならない「必要な時間」とこれだけかければ大丈夫だろうという「充分な時間」がある。「充分な時間」として，過去問やそれと同レベルの大学入試問題を解くとき，その解答や解説を「教科書や参考書のように使いこなしながら理解していく」という学習方法を身につけるとよい。

　2つ目は教科書や問題集，参考書の内容の精選である。教科書や問題集，参考書には頻出の問題とほとんど出題されない内容がある。それらを知ることは何が重要で何が重要でないかを理解することにつながる。教員採用試験の過去問を見ながら，その解答や解説を「教科書や参考書のように使いこなしながら理解していく」ときに見た箇所を何度もチェックすることで，頻出問題を精選ができる。あとは自分にあった方法を考えればよく，中学校・高等学校の教科書の基本問題を集中的に練習して，公式代入は暗算で答えが出せるくらいにしておくとよい。

　また，苦手分野の克服も大切である。教科書の目次を参考に公式などを洗い出し，どの分野がなぜ苦手なのかを明らかにして，必要性が最も高いものから克服していく。そして，各分野間にある関連事項をまとめ，融合問題にも対処できるようにしておくとよい。

　熊本県，熊本市には学習指導要領と同解説数学編に関する問題があり，中学校，高等学校共に必ず出題されている。教科の目標，学年や科目の目標・内容，指導計画の作成と内容の取扱い，履修に関する配慮事項などを中心に，学習指導要領と同解説数学編を精読しておくことが大切である。

過去5年間の出題傾向分析

●熊本県（中学校）

分　類	2020年度	2021年度	2022年度	2023年度	2024年度
数と式	●	●	●	●	●
方程式と不等式	●	●	●	●	
数の性質	●				●
ベクトル					
複素数					
関数とグラフ	●	●	●	●	●
平面幾何	●	●	●	●	●
空間図形，空間座標		●	●	●	●
平面座標と図形	●		●	●	●
三角関数					
三角比と平面図形			●		
指数・対数					
数列					
行列					
微分・積分					
場合の数・確率	●	●	●	●	
集合と命題					
2次曲線					
データの分析，確率分布	●	●	●	●	●
学習指導要領	●	●	●	●	●

●熊本県（高等学校）

分　類	2020年度	2021年度	2022年度	2023年度	2024年度
数と式					
方程式と不等式	●	●		●	●
数の性質	●				
ベクトル	●	●	●		●
複素数	●	●		●	●
関数とグラフ		●	●	●	●
平面幾何					●
空間図形，空間座標		●	●		
平面座標と図形		●	●	●	
三角関数	●	●	●		●
三角比と平面図形					
指数・対数	●	●		●	
数列	●	●		●	●
行列					
微分・積分	●	●	●	●	●
場合の数・確率	●	●	●	●	●
集合と命題					
2次曲線					
データの分析，確率分布			●	●	●
学習指導要領	●	●	●	●	●

●熊本市
中学校＝●　中高共通＝◎

分　類	2020年度	2021年度	2022年度	2023年度	2024年度
数と式	●	●		●	●
方程式と不等式	●	●	◎	●	
数の性質	●	●	◎		●
ベクトル					
複素数					●
関数とグラフ	●	●	◎	●	●
平面幾何	●			●	●
空間図形，空間座標	●	●			
平面座標と図形	●	●	◎		
三角関数	●	●	◎		
三角比と平面図形					
指数・対数	●	●	◎		
数列	●	●			●
行列					
微分・積分	●	●	◎	●	●
場合の数・確率	●		◎	●	●
集合と命題					
2次曲線					
データの分析，確率分布	●	●	◎	●	●
学習指導要領	●	●	◎	●	●

第2部

熊本県・熊本市の
教員採用試験
実施問題

2024年度　実施問題

熊本県

【一次試験・中学校】

【１】次の(1)，(2)の各問いに答えなさい。

(1) 次の文章は，「中学校学習指導要領(平成29年告示)　第2章　第3節　数学」の「第1　目標」である。文中の[　ア　]～[　ケ　]に当てはまる語句をそれぞれ答えなさい。

> 　数学的な見方・考え方を働かせ，数学的活動を通して，数学的に考える資質・能力を次のとおり育成することを目指す。
> (1)　数量や図形などについての[　ア　]や[　イ　]などを理解するとともに，事象を[　ウ　]したり，数学的に[　エ　]したり，数学的に[　オ　]したりする技能を身に付けるようにする。
> (2)　数学を活用して事象を[　カ　]に考察する力，数量や図形などの性質を見いだし[　キ　]に考察する力，[　ク　]を用いて事象を簡潔・明瞭・的確に表現する力を養う。
> (3)　数学的活動の楽しさや数学のよさを実感して粘り強く考え，数学を生活や学習に生かそうとする態度，問題解決の過程を振り返って[　ケ　]しようとする態度を養う。

(2) 次の文章は，「中学校学習指導要領(平成29年告示)解説　数学編　第1章　総説　2　数学科改訂の趣旨及び要点」の「(2)数学科の目標の改善　②数学科における『数学的な見方・考え方』」からの抜粋である。[　　]に当てはまる最も適当な語句を以下のア～エから1つ選び，記号で答えなさい。

　　今回の改訂では，「見方・考え方」を働かせた学習活動を通して，目標に示す資質・能力の育成を目指すこととした。これは，中央教育審議会答申において，「見方・考え方」は，各教科等の学習の中で働き，鍛えられていくものであり，各教科等の特質に応じた物事を捉える視点や考え方として整理されたことを踏まえたものである。中学校数学科では，「数学的な見方・考え方」については，「事象を数量や図形及びそれらの関係などに着目して捉え，[　　　]に考えること」であると考えられる。

ア　帰納的・演繹的　　　　イ　論理的，統合的・発展的
ウ　筋道立てて総合的　　　エ　焦点化・体系化し数学的

（☆☆☆◎◎◎◎）

【2】次の(1)〜(8)の各問いに答えなさい。

(1)　3^{2024}の一の位の値を求めなさい。

(2)　$x+y=\sqrt{35}$，$xy=2\sqrt{3}$ のとき，x^2+y^2の値を求めなさい。

(3)　次の図のヒストグラムは，ア〜ウの箱ひげ図のどれに対応しているか。記号で答えなさい。

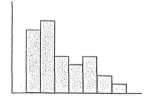
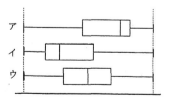

(4)　関数$y=\dfrac{a}{x}$（aは定数）について，xの値が2から5まで変わるときの変化の割合は2である。aの値を求めなさい。

(5)　あるクラスの生徒40人を対象に，家庭学習時間を調査した。次は調査した40人の家庭学習時間を度数分布表に表したものである。このとき，調査した40人の家庭学習時間の平均を求めなさい。

家庭学習時間（分）	度数（人）
以上　　　　未満	
０　～　　３０	４
３０　～　　６０	１４
６０　～　　９０	１１
９０　～　１２０	６
１２０　～　１５０	５
合計	４０

(6)　次の図のようにABを直径とする半円Oがある,。また，AD⊥AB，BC⊥ABであり，直線CDは点Pで半円Oに接している。AD＝8cm，BC＝5cmのとき，半円Oの半径を求めなさい。

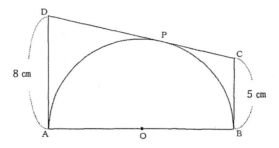

(7)　次の図のようにともに正三角形である△ABC，△AEDがあり，点Dは辺BC上にある。△ABCの辺ABと△AEDの辺EDとの交点をFとする。AC＝12cm，BD＝3cmであるとき，AF：FBを求めなさい。

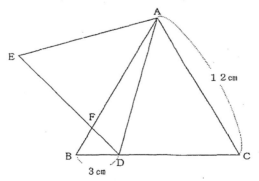

(8)　次の図のように，△ABCがある。点Dは∠BACの二等分線と線分

14

BCとの交点である。

　このとき，AB：AC＝BD：CDであることを証明しなさい。

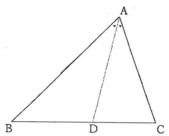

(☆☆☆◎◎◎◎)

【3】図のように，放物線$y＝ax^2$ $(a＞0)$と直線$y＝x＋8$が2点A，Bで交わっている。点Cは直線$y＝x＋8$とy軸との交点であり，AC：CB＝2：1であり，△OABの面積は48である。

　このとき，以下の各問いに答えなさい。

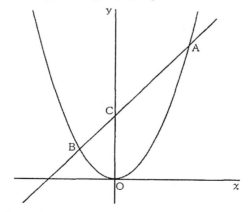

(1)　aの値を求めなさい。

(2)　△OACをy軸を回転の軸として1回転してできる立体の体積を求めなさい。

(☆☆◎◎◎◎)

【４】次の図は線分ABを直径とする円で，点Cは弧AB上にある。点Dは線分AC上にあり，CB＝CDであり，点EはBDの延長と弧ACとの交点である。点Fは∠AEDの二等分線とACとの交点であり，点Gは∠AEDの二等分線とABとの交点である。点HはEFの延長と弧ABとの交点である。AB＝12cm，BC＝6cmのとき，以下の各問いに答えなさい。

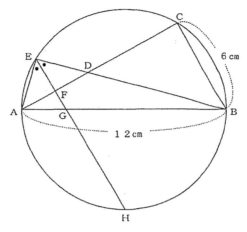

(1)　△ADEの面積を求めなさい。

(2)　線分FHの長さを求めなさい。

(☆☆☆◎◎◎◎)

【５】次の図は，点A，B，C，D，E，Fを頂点とし，3つの側面が長方形または正方形である三角柱で，DE＝6cm，CF＝EF＝4cm，∠ABC＝90°である。辺AB上に点Pを，2つの線分DP，PCの和が最小になるようにとり，辺BE上に点Qを，2つの線分FQ，QAの和が最小になるようにとる。また，点Rは線分DPと線分QAとの交点である。このとき以下の各問いに答えなさい。

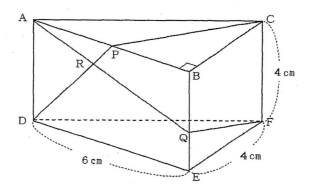

(1) AR：RQを求めなさい。

(2) 四角形ADFCを底面とする四角錐RADFCの体積を求めなさい。

(☆☆☆◎◎◎◎)

【一次試験・高等学校】

【1】「高等学校学習指導要領(平成30年告示)解説　数学編」について，次の(1)，(2)の各問いに答えなさい。

(1) 「数学活用」を廃止して「数学C」を新たに設け，「数学活用」の内容であった

 ア　「数学と人間の活動」

 イ　「社会生活における数理的な考察」の「数学的な表現の工夫」

 ウ　「社会生活における数理的な考察」の「社会生活と数学」及び「データの分析」

を「数学A」，「数学B」，「数学C」の各科目の性格を踏まえて，それらの科目に移行した。移行先の組合せが正しいものを選び，番号で答えなさい。

	数学A	数学B	数学C
①	ア	イ	ウ
②	ア	ウ	イ
③	イ	ア	ウ
④	イ	ウ	ア
⑤	ウ	ア	イ
⑥	ウ	イ	ア

(2)　次の(i)，(ii)について，正しい場合は○を，正しくない場合は×をそれぞれ記入しなさい。

(i)　「数学A」，「数学B」及び「数学C」のそれぞれの科目において，内容をすべて履修するときには3単位程度の単位数を必要とするが，標準単位数は2単位であり，生徒の特性や学校の実態，単位数等に応じて内容を適宜選択して履修させることとしている。

(ii)　「数学Ⅰ」の履修の後，「数学B」を履修せずに「数学C」を履修することは可能である。

(☆☆☆☆◎◎)

【2】次の(1)～(7)の各問いに答えなさい。ただし，答えのみを書きなさい。

(1)　変量xのデータの平均値$\overline{x}$が20，標準偏差S_xが5であるとき，変量$y=4x+20$のデータの平均値$\overline{y}$，および標準偏差S_yの値を求めなさい。

(2)　実数x，yが$2x^2+y^2\leqq4$，$\sqrt{2}x+\sqrt{3}y\geqq0$を満たすとき，$\sqrt{6}x+y$の最大値および最小値を求めなさい。

(3)　AB＝5，BC＝4，CA＝3である△ABCにおいて，∠Aの二等分線と辺BCの交点をD，∠Bの二等分線と辺CAの交点をEとする。線分ADと線分BEの交点をP，直線CPと辺ABの交点をFとするとき，6つの三角形△APF，△BPF，△BPD，△CPD，△CPE，△APEのうち，面積の最大値を求めなさい。

(4)　原点をOとする複素数平面上に異なる2点A(α)，B(β)がある。α，

β が $3\alpha^2+3\alpha\beta+\beta^2=0$ を満たすとき，$\angle AOB$ の大きさを求めなさい。

(5) 無限級数 $\dfrac{3}{5}+\dfrac{5}{5^2}+\dfrac{9}{5^3}+\dfrac{17}{5^4}+\dfrac{33}{5^5}+\cdots\cdots$ の和を求めなさい。

(6) 1から6までの数字が書かれた6枚のカードの中から4枚のカードを選んで順に1列に並べ，左から順にカードの数字を x_1，x_2，x_3，x_4 とする。カードの数字の並び方により，次のように得点をつける。左から順にカードの数字を確認し，初めて $x_i>x_{i+1}$ $(i=1,2,3)$ となる場合は i 点とし，$x_1<x_2<x_3<x_4$ の場合は5点とする。例えば，

カードの並びが $\boxed{3}\ \boxed{1}\ \boxed{6}\ \boxed{5}$ のとき，

初めて $x_i>x_{i+1}$ となるのは $i=1$ であるから 1点

カードの並びが $\boxed{1}\ \boxed{4}\ \boxed{2}\ \boxed{6}$ とき，

初めて $x_i>x_{i+1}$ となるのは $i=2$ であるから 2点

である。

このとき，得点の期待値を求めなさい。

(7) $a_1=1$，$a_n+a_{n+1}=3n+1$ $(n=1,2,3,\cdots\cdots)$ を満たす数列 $\{a_n\}$ がある。m を正の整数とするとき，$\displaystyle\sum_{k=1}^{2m}a_k$ を求めなさい。

(☆☆☆◎◎◎◎)

【3】 $OA=2$，$OB=3$，$\angle AOB=60°$ である $\triangle OAB$ の外接円の中心を点Pとし，$\overrightarrow{OA}=\vec{a}$，$\overrightarrow{OB}=\vec{b}$ とする。

(1) $\overrightarrow{OP}$ を $\vec{a}$，$\vec{b}$ を用いて表しなさい。

(2) 点Aを通り直線OBと平行な直線と $\triangle OAB$ の外接円との交点のうち，点Aと異なる点をC，直線OPと直線BCとの交点をDとするとき，$\overrightarrow{OD}$ を $\vec{a}$，$\vec{b}$ を用いて表しなさい。

(☆☆☆☆◎◎◎◎)

【4】 $f(x)=|x|e^x$ とする。

(1) 関数 $f(x)$ は $x=0$ で連続であることを示しなさい。また，$x=0$ で微分可能でないことを示しなさい。

(2) 曲線 $y=f(x)$ の概形を描きなさい。ただし，必要ならば，$\displaystyle\lim_{x\to\infty}\dfrac{x}{e^x}=0$

を用いてもよい。

(3) $g(x)=e^x$とするとき，2曲線$y=f(x)$と$y=g(x)$で囲まれた部分の面積Sを求めなさい。

(☆☆☆◎◎◎)

【5】$0<\theta<\pi$とする。$\cos 3\theta=\cos 4\theta$を満たす$\theta$のうち，最小のものを$\alpha$とする。

(1) αを求めなさい。

(2) $\cos 3\theta$，$\cos 4\theta$をそれぞれ$\cos\theta$で表しなさい。

(3) $\cos\alpha$，$\cos 2\alpha$，$\cos 3\alpha$を解にもち，係数がすべて整数であるxの3次方程式を求めなさい。

(4) $\sin^2 2\alpha\cdot\sin^2\dfrac{5}{2}\alpha\cdot\sin^2 3\alpha$の値を求めなさい。

(☆☆☆◎◎◎)

【二次試験・中学校】

【1】中学校数学において，「データの活用」の指導の意義とともに，第2学年「多数回の試行によって得られる確率と関連付けて，場合の数を基にして得られる確率の必要性と意味を理解すること。」の指導について，どのように行うか，具体例を挙げて述べなさい。

(☆☆☆☆◎◎◎)

【二次試験・高等学校】

【1】数学Cの「ベクトル」の指導にあたって，あなたはどのようなことに留意して授業を実施するか。「高等学校学習指導要領解説　数学編」に基づいて，具体的に述べなさい。

(☆☆☆☆◎◎◎)

熊本市

【1】次の各問いに答えなさい。

〔問1〕 次の文は，「中学校学習指導要領(平成29年告示)」の「第2章 第3節 第1 目標」である。(ア)～(ウ)に当てはまる語句の組合せとして正しいものを，以下の①～⑤から一つ選び，番号で答えなさい。

> 　数学的な見方・考え方を働かせ，数学的活動を通して，数学的に考える資質・能力を次のとおり育成することを目指す。
>
> (1)　数量や図形などについての基礎的な概念や原理・法則などを理解するとともに，事象を数学化したり，数学的に解釈したり，数学的に表現・処理したりする(ア)を身に付けるようにする。
>
> (2)　数学を活用して事象を論理的に考察する力，数量や図形などの性質を見いだし統合的・発展的に考察する力，数学的な表現を用いて事象を(イ)に表現する力を養う。
>
> (3)　数学的活動の楽しさや(ウ)を実感して粘り強く考え，数学を生活や学習に生かそうとする態度，問題解決の過程を振り返って評価・改善しようとする態度を養う。

	ア	イ	ウ
①	技能	簡単・一般的・正確	数学の有用性
②	知識及び技能	簡潔・明瞭・的確	数学のよさ
③	技能	簡潔・明瞭・的確	数学の有用性
④	知識及び技能	簡単・一般的・正確	数学の有用性
⑤	技能	簡潔・明瞭・的確	数学のよさ

〔問2〕 次の文は，「中学校学習指導要領(平成29年告示)」の「第2章 第3節 第3 指導計画の作成と内容の取扱い」の一部である。(ア)～(ウ)に当てはまる語句の組合せとして正しいものを，以下の①～⑤から一つ選び，番号で答えなさい。

> 1　指導計画の作成に当たっては，次の事項に配慮するものと
> する。
> (1)　単元など内容や時間のまとまりを見通して，その中で
> 育む資質・能力の育成に向けて，（　ア　）を通して，生
> 徒の主体的・対話的で深い学びの実現を図るようにする
> こと。その際，数学的な見方・考え方を働かせながら，
> 日常の事象や社会の事象を（　イ　）に捉え，数学の問題
> を見いだし，問題を（　ウ　）に解決し，学習の過程を振
> り返り，概念を形成するなどの学習の充実を図ること。

	ア	イ	ウ
①	数学的活動	論理的	自立的，協働的
②	数学的活動	数理的	自立的，協働的
③	探究的な活動	論理的	自立的，協働的
④	探究的な活動	数理的	主体的，対話的
⑤	数学的活動	論理的	主体的，対話的

(☆☆☆◎◎◎◎)

【2】次の各問いに答えなさい。

〔問1〕 $(2-i)^3$を計算しなさい。

〔問2〕 $\sqrt{14-6\sqrt{5}}$ の二重根号をはずして簡単にしなさい。

〔問3〕 $x>2$のとき，$x+\dfrac{2}{x-2}$ の最小値とそのときのxの値を求めなさい。

〔問4〕 $n^2-12n+32$が素数となるような自然数nをすべて求めなさい。

(☆☆☆◎◎◎◎)

【3】すべての自然数を次の表のように並べるとき，以下の各問いに答え
なさい。

列
↓

1	2	4	7	11	…
3	5	8	12	…	…
6	9	13	…	…	…
10	14	…	…	…	…
15	…	…	…	…	…
…	…	…	…	…	…

行→ （左端に表記）

〔問1〕 1番左の列の上から100番目の数を求めなさい。

〔問2〕 1番上の行の左から100番目の数を求めなさい。

〔問3〕 上から40行目と左から21列目とが交差する位置にある数を求めなさい。

(☆☆☆◎◎◎)

【4】次の図は，円Oの周上の点Aを中心とする円Aが円Oと交わる2点をB，Cとし，円Oの点Aを含まない弧BC上に点Pをとり，四角形ABPCをつくったものである。

このとき，以下の各問いに答えなさい。

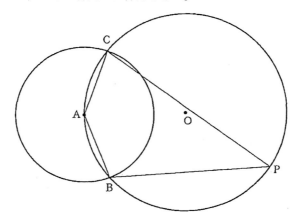

〔問1〕　四角形ABPCの対角線BCをひき，∠ABC＝25°となるとき，∠APBの大きさを求めなさい。

〔問2〕　円Oで，点Bを含まない弧PC上にPB＝PQとなる点Qをとり，AQとCPの交点をRとすると，△ARP≡△ABPとなることを証明しなさい。

〔問3〕　〔問2〕のとき，AB：BP＝3：5，AC：CP＝2：5ならば，AR：RQを最も簡単な整数の比で表しなさい。

（☆☆☆◎◎◎）

【5】放物線$y＝x^2$ …①上に2点A，Bがあり，x座標をそれぞれ－1，3とする。

　　このとき，以下の各問いに答えなさい。

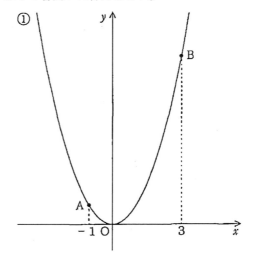

〔問1〕　2点A，Bを通る直線の傾きを求めなさい。

〔問2〕　放物線①を点Aが点Bに重なるように平行移動して得られる放物線②の方程式を求めなさい。

〔問3〕　放物線①と放物線②の共通接線③の方程式を求めなさい。

〔問4〕　放物線①と放物線②と共通接線③で囲まれた図形の面積を求め

24

なさい。

（☆☆☆◎◎◎）

【6】箱の中に10枚のカードが入っている。そのうち3枚は表裏とも赤，2枚は表裏とも白，5枚は片面が赤でその裏は白である。この箱からカードを1枚だけ無作為に取り出して表裏の区別なく机の上に置くとき，次の各問いに答えなさい。

〔問1〕机の上に置かれたカードの上面が赤である確率を求めなさい。

〔問2〕机の上に置かれたカードの上面が赤であるとき，その裏も赤である確率を求めなさい。

（☆☆☆◎◎◎）

【7】次の表は，30人のクラスで10点満点のテストを行った結果を表したものである。

このとき，以下の各問いに答えなさい。

得点	0	1	2	3	4	5	6	7	8	9	10	計
人数	0	0	2	4	5	a	b	2	3	4	3	30

〔問1〕得点の平均値が6点のとき，a，bの値を求めなさい。

〔問2〕得点の中央値が6点となるような(a, b)の組合せは何通りあるか求めなさい。

（☆☆☆◎◎◎）

解答・解説

熊本県

【一次試験・中学校】

【1】(1)　ア　基礎的な概念　　イ　原理・法則　　ウ　数学化　
エ　解釈　　オ　表現・処理　　カ　論理的　　キ　統合的・発展的　
ク　数学的な表現　　ケ　評価・改善　　(2)　イ

〈解説〉(1)　学習指導要領における教科の目標は，教科各々の見方・考え方を働かせて資質・能力の育成を図る事である。教科等の目標及び内容は，「知識及び技能」，「思考力，判断力，表現力等」，「学びに向かう力，人間性等」の3つの柱で構成されており，数学においては，「概念や原理・法則の理解や数学を活用して問題解決する方法の理解，事象を数学的に解釈し表現・処理するための技能」，「統合的・発展的に考察し問題を見いだしたり，論理的に知識及び技能を活用して問題を解決したりする思考力，数学的な表現を用いて事象を説明する表現力」，「数学のよさを実感して粘り強くかつ柔軟に考えようとする態度や問題解決の過程を振り返り評価・改善しようとする態度」等として示している。　(2)　「統合的に考察する」とは，異なる複数の事柄をある観点から捉え，共通点を見いだし，一つのものに捉え直すこと，「発展的に考察する」とは，物事を固定的なもの，確定的なものと考えず，絶えず考察の範囲を広げて新しい知識や理解を得ようとすることである。数学の学習活動においては，数量や事象について，帰納的に考えたり，根拠を明らかにしたりしながら問題における条件を変更することで新たな問題を設定し，共通の性質を発見したり，問題の考察範囲自体を広げたりしながら学習活動を展開し，目標に示す資質・能力を育成する事が重要である。

【2】(1) $3^1=3$, $3^2=9$, $3^3=27$, $3^4=81$, $3^5=243$, $3^6=729$, $3^7=2187$, $3^8=6561$

このように指数が4の倍数のとき一の位の数は1になるので3^{2024}の一の位は，1になる。　　　　　　　　　　　　　　　　　　答え　1

(2) $x^2+y^2=(x+y)^2-2xy$

$x+y=\sqrt{35}$, $xy=2\sqrt{3}$ を代入する。

$x^2+y^2=(\sqrt{35})^2-2\times2\sqrt{3}=35-4\sqrt{3}$　　　　　答え　$35-4\sqrt{3}$

(3) イ

(4) xの増加量は，$5-2=3$

yの増加量は，$\dfrac{a}{5}-\dfrac{a}{2}=-\dfrac{3}{10}a$

変化の割合＝(yの増加量)÷(xの増加量)＝$-\dfrac{3}{10}a÷3=-\dfrac{1}{10}a$

変化の割合は2だから　$-\dfrac{1}{10}a=2$

$a=-20$　　　　　　　　　　　　　　　　　　　　　　答え　-20

(5)

家庭学習時間 (分)		度数 (人)	階級値	
以上　　　　未満				
0 ～ 30		4	15	−60
30 ～ 60		14	45	−30
60 ～ 90		11	75	0 〔仮平均〕
90 ～ 120		6	105	+30
120 ～ 150		5	135	+60
合計		40		

仮平均を75として平均を求めると，

$(-60\times4)+(-30\times14)+0\times11+(+30\times6)+(+60\times5)$

$=-240-420+180+300$

$=-180$

$-180÷40=-4.5$

$75-4.5=70.5$　　　　　　　　　　　　　　　答え　70.5 〔分〕

(別解)

平均値は(それぞれの階級値×度数)の総和÷人数で求めることができるので,

(15×4＋45×14＋75×11＋105×6＋135×5)÷40

＝2820÷40＝70.5〔分〕　　　　　　　　　　　答え　70.5〔分〕

(6)

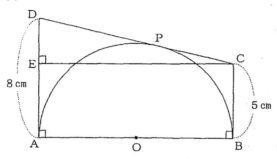

CB＝CP＝5

DA＝DP＝8

CD＝CP＋DP＝5＋8＝13

点Cを通り，ADに垂直に交わる点をEとする。

DE＝AD－EA＝8－5＝3

$CE^2＝13^2－3^2＝160$

$CE＝4\sqrt{10}$

CE＝ABだから，円Oの半径は，$AB÷2＝4\sqrt{10}÷2＝2\sqrt{10}$

答え　$2\sqrt{10}$〔cm〕

(7)　△ACDと△DBFにおいて,

2組の角がそれぞれ等しいので,

△ACD∽△DBFであり，相似比は12：3＝4：1

CD：BF＝AC：DB

9：BF＝4：1

4BF＝9

$BF＝\dfrac{9}{4}$

$$AF＝AB－BF＝12－\frac{9}{4}＝\frac{39}{4}$$

したがって，$AF：FB＝\frac{39}{4}：\frac{9}{4}＝39：9＝13：3$

答え　AF：FB＝13：3

(8)　点Cを通り，DAに平行な直線と，BAを延長した直線との交点をE
とする。

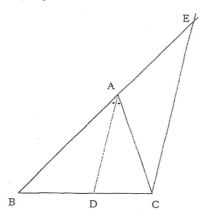

AD//ECから，平行線の同位角は等しいので，∠BAD＝∠AEC

また，平行線の錯角は等しいので，∠DAC＝∠ACE

仮定より　∠BAD＝∠DAC

したがって　∠AEC＝∠ACE

2つの角が等しいから，△ACEは二等辺三角形となり，AE＝AC …①

△BECで，AD//ECから，BA：AE＝BD：DC …②

①，②から，AB：AC＝BD：DC

〈解説〉(1)　(別解)　二項定理の公式より，

$$3^{2024}＝(3^2)^{1012}＝(10-1)^{1012}$$

$$＝{}_{1012}C_0 10^{1012}＋{}_{1012}C_1 10^{1011}・(-1)^1＋{}_{1012}C_2 10^{1010}・(-1)^2＋\cdots$$

$$＋{}_{1012}C_{1010}10^2・(-1)^{1010}＋{}_{1012}C_{1011}10^1・(-1)^{1011}＋{}_{1012}C_{1012}(-1)^{1012}$$

$$＝10K+1　(Kは整数)となる。$$

よって，一の位の数は1

(2)　解答参照

(3)　ヒストグラムにおいて，第1四分位数，第2四分位数(中央値)が左よりにあることから，イの箱ひげ図が適している。

(4)～(6)　解答参照。

(7)　△ACDと△DBFについて，

∠ACD＝∠DBF＝60°　…①

∠ACD＋∠CAD＝∠ADF＋∠BDF

∠ACD＝∠ADF＝60°であるから，

∠CAD＝∠BDF　…②

①，②より，2組の角がそれぞれ等しいため，△ACD∽△DBFである。

(8)　解答参照。

【3】(1)　点Aのx座標を$t\,(t>0)$とおくと，AC：CB＝2：1より，

点Bのx座標の絶対値は$t \times \dfrac{1}{2} = \dfrac{1}{2}t$となる。

また，直線ABの切片は8だから

$\triangle OAB = \triangle OAC + \triangle OBC = 8 \times t \times \dfrac{1}{2} + 8 \times \dfrac{1}{2}t \times \dfrac{1}{2} = 6t$

よって，$6t = 48$

　　　　$t = 8$

点Aの座標は，直線$y = x + 8$に$x = 8$を代入して，$y = 16$　　点A(8, 16)

これを$y = ax^2$に代入して　$16 = a \times 8^2$

　　　　　　　　　　　$a = \dfrac{1}{4}$　　　　　　　　答え　$a = \dfrac{1}{4}$

(2)　$\pi \times 8^2 \times 16 \times \dfrac{1}{3} - \pi \times 8^2 \times (16-8) \times \dfrac{1}{3} = \dfrac{1024}{3}\pi - \dfrac{512}{3}\pi = \dfrac{512}{3}\pi$

　　　　　　　　　　　　　　　　　　　　　答え　$\dfrac{512}{3}\pi$

〈解説〉(1)　解答参照。

(2)　図のように点Aからy軸に平行な直線を引き，y軸との交点をDとする。求める体積は，△OADをy軸を回転の軸として1回転させてできた円錐の体積と△CADをy軸を回転の軸として1回転させてできた円錐の体積の差である。

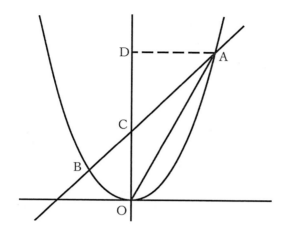

【4】(1)　△BDC∽△ADEで，相似比は

BD：AD＝$6\sqrt{2}$：$(6\sqrt{3}-6)$＝$\sqrt{2}$：$(\sqrt{3}-1)$

△BDCと△ADEの面積比は

△BDC：△ADE＝$(\sqrt{2})^2$：$(\sqrt{3}-1)^2$＝2：$(4-2\sqrt{3})$＝1：$(2-\sqrt{3})$

ここで，△BDC＝$6\times6\times\dfrac{1}{2}$＝$18$だから，

　18：△ADE＝1：$(2-\sqrt{3})$

　　　△ADE＝$18(2-\sqrt{3})$

　　　　　　＝$36-18\sqrt{3}$　　　　　　　　答え　$36-18\sqrt{3}$　〔cm²〕

(2)　AF＝$\dfrac{1}{2}$AD＝$3\sqrt{3}-3$

△AEFは直角二等辺三角形だから，

AE＝$\sqrt{2}$AF＝$\sqrt{2}\times(3\sqrt{3}-3)$＝$3\sqrt{6}-3\sqrt{2}$

△EADは直角二等辺三角形だから

DE＝AE＝$3\sqrt{6}-3\sqrt{2}$

よって，BE＝BD＋DE＝$6\sqrt{2}+(3\sqrt{6}-3\sqrt{2})$＝$3\sqrt{6}+3\sqrt{2}$

△AFH∽△AEBより

FH：AF＝BE：AE

$$FH : (3\sqrt{3}-3)=(3\sqrt{6}+3\sqrt{2}):(3\sqrt{6}-3\sqrt{2})$$
$$FH : (3\sqrt{3}-3)=(\sqrt{3}+1):(\sqrt{3}-1)$$
$$FH\times(\sqrt{3}-1)=(3\sqrt{3}-3)(\sqrt{3}+1)$$
$$FH=\frac{(3\sqrt{3}-3)(\sqrt{3}+1)}{\sqrt{3}-1}=\frac{3(\sqrt{3}-1)(\sqrt{3}+1)}{\sqrt{3}-1}=3(\sqrt{3}+1)=3\sqrt{3}+3$$

答え　$FH=3\sqrt{3}+3$〔cm〕

〈解説〉(1)　円周角の定理より，$\angle ACB=90°$，$\angle DEA=90°$

三平方の定理より，$AC=\sqrt{12^2-6^2}=6\sqrt{3}$，$AD=AC-CD=6\sqrt{3}-6$

$CD=CB$より，△CDBは直角二等辺三角形であるため，$\angle CDB=45°$

対頂角は等しいので，$\angle EDA=45°$

2組の角がそれぞれ等しいため，△BDC∽△ADEである。

(2)　△AFHと△AEBについて，円周角の定理より，$\angle AHF=\angle EBA$

△AEDは二等辺三角形なので，EHはADの垂直二等分線であることから，$\angle AFH=\angle AEB=90°$

2組の角がそれぞれ等しいので，△AFH∽△AEBである。

【5】(1)

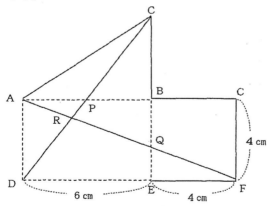

△ABQ∽△ACFで，相似比は3：5だから

$BQ：CF=3：5$

$BQ：4=3：5$

$$5BQ = 12$$

$$BQ = \frac{12}{5}$$

$$CQ = CB + BQ = 4 + \frac{12}{5} = \frac{32}{5}$$

△RAD∽△RQCだから

$$AR : RQ = AD : QC = 4 : \frac{32}{5} = 5 : 8$$ 　　　答え　AR : RQ＝5 : 8

(2)　$AC^2 = 4^2 + 6^2 = 52$

$$AC = 2\sqrt{13}$$

点Bから線分ACにひいた垂線と線分ACとの交点をHとする。

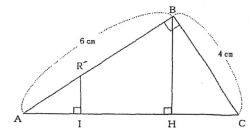

△ABC∽△BHCだから　　BA : HB＝AC : BC

$$6 : HB = 2\sqrt{13} : 4$$

$$2\sqrt{13}\,HB = 24$$

$$HB = \frac{12\sqrt{13}}{13}$$

点Rから線分ABにひいた垂線と線分ABとの交点をR′とする。

また，点R′から線分ACにひいた垂線と線分ACとの交点をIとする。

AR : RQ＝5 : 8だから　　AR′ : R′B＝5 : 8

よって，AR′ : AB＝5 : 13

△AR′I∽△ABHであり，相似比は5 : 13だから

$$IR′ : HB = 5 : 13$$

$$IR′ : \frac{12\sqrt{13}}{13} = 5 : 13$$

$$13IR′ = \frac{60\sqrt{13}}{13}$$

$$IR'= \frac{60\sqrt{13}}{169}$$

四角錐R'ADFCは，底面がADFCで高さがIR'と等しい四角錐だから，

$$2\sqrt{13} \times 4 \times \frac{60\sqrt{13}}{169} \times \frac{1}{3} = \frac{160}{13}$$
答え $\frac{160}{13}$ 〔cm³〕

〈解説〉(1)　△ABQと△ACFについて，

∠BAQが共通，∠ABQ＝∠ACF＝90°より，

2組の角がそれぞれ等しいので，△ABQ∽△ACF

また，△RADと△RQCについて，

対頂角は等しいので，∠ARD＝∠QRC

平行線の錯角は等しいので，∠DAR＝∠CQR

2組の角がそれぞれ等しいので，△RAD∽△RQCである。

(2)　図のように点R'は点Rを辺ADに対して平行に移動した点であり，底面の四角形ADFCとの距離が等しい。

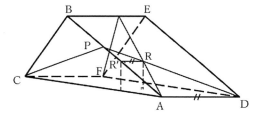

【一次試験・高等学校】

【１】(1)　②　　　(2) (i)　○　　　(ii)　○

〈解説〉(1)　数学Aでは，従前の「数学活用」の「数学と人間の活動」を移行し，「整数の性質」を「数学と人間の活動」に含ませて位置付けている。数学Bでは，従前の「数学活用」の「社会生活における数理的な考察」の「社会生活と数学」及び「データの分析」を移行して「数学と社会生活」としてまとめている。数学Cでは，従前の「数学活用」の「社会生活における数理的な考察」の「数学的な表現の工夫」を移行している。　(2) (i)　なお，数学Ⅰの標準単位数は3単位，数学Ⅱの標準単位数は4単位，数学Ⅲの標準単位数は3単位と設定されて

いる。 (ii) 履修の順序について，「数学A」は「数学Ⅰ」と並行履修，又は「数学Ⅰ」の履修の後の履修が原則，「数学B」及び「数学C」は，「数学Ⅰ」の履修の後の履修が原則としているが，「数学B」と「数学C」の間に履修の順序は規定されていないため，「数学B」履修の前に「数学C」を履修することは可能である。

【2】 (1) $\overline{y}=100$, $S_y=20$ (2) 最大値…4 最小値…−2

(3) $\dfrac{10}{7}$ (4) $\dfrac{5}{6}\pi$ (5) $\dfrac{11}{12}$ (6) $\dfrac{7}{4}$〔点〕 (7) $m(3m+1)$

〈解説〉(1) データXの平均値$E(X)=20$，分散$V(X)=5^2=25$であり，

データ$Y=4X+20$について，

平均値$E(Y)=E(4X+20)=4E(X)+20=4\times20+20=100$

分散$V(4X+20)=4^2\,V(X)=16\times25=400$

よって，変量$y=4x+20$の平均値$\overline{y}=100$

標準偏差$S_y=\sqrt{400}=20$

(2) 領域は，$\dfrac{x^2}{2}+\dfrac{y^2}{4}\leqq1$, $y\geqq-\dfrac{\sqrt{2}}{\sqrt{3}}x$より，図のようになる。

$\dfrac{x^2}{2}+\dfrac{y^2}{4}=1$, $y=-\dfrac{\sqrt{2}}{\sqrt{3}}x$の交点の座標は，$\left(-\dfrac{\sqrt{3}}{\sqrt{2}},\ 1\right)$, $\left(\dfrac{\sqrt{3}}{\sqrt{2}},\ -1\right)$

$\sqrt{6}\,x+y=k$とおいて，$y=-\sqrt{6}\,x+k$が$2x^2+y^2=4$に接するとき，

$2x^2+(-\sqrt{6}\,x+k)^2=4$, $8x^2-2\sqrt{6}\,kx+k^2-4=0$ …①

①より，$\dfrac{D}{4}=(-\sqrt{6}\,k)^2-8(k^2-4)=0$

$k=\pm4$

$k>0$より，$k=4$ 接点は①に代入して，

$2x^2-2\sqrt{6}\,x+3=0$, $(\sqrt{2}\,x-\sqrt{3})^2=0$, $x=\dfrac{\sqrt{3}}{\sqrt{2}}$より，$\left(\dfrac{\sqrt{3}}{\sqrt{2}},\ 1\right)$

したがって，$k=\sqrt{6}\,x+y$の最大値は4 $\left(x=\dfrac{\sqrt{3}}{\sqrt{2}},\ y=1\text{のとき}\right)$

最小値は−2 $\left(x=-\dfrac{\sqrt{3}}{\sqrt{2}},\ y=1\text{のとき}\right)$

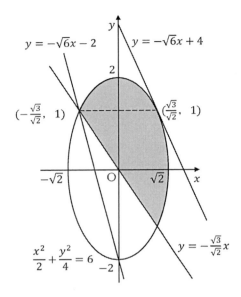

$y = -\sqrt{6}x - 2$

$y = -\sqrt{6}x + 4$

$\left(-\dfrac{\sqrt{3}}{\sqrt{2}},\ 1\right)$

$\left(\dfrac{\sqrt{3}}{\sqrt{2}},\ 1\right)$

$y = -\dfrac{\sqrt{3}}{\sqrt{2}}x$

$\dfrac{x^2}{2} + \dfrac{y^2}{4} = 6$

(3)　点Pは∠A, ∠Bの二等分線の交点であるから△ABC の内心である。

よって, 各線分の長さが図のようになり, 各三角形の高さは内接円の半径rである。

内接円の半径rは面積関係より,

$\dfrac{1}{2} \cdot (3+4+5) \cdot r = \dfrac{1}{2} \cdot 3 \cdot 4$　よって, 半径$r = 1$

図より, それぞれの三角形の底辺の長さは,

$\dfrac{20}{7} > \dfrac{5}{2} > \dfrac{15}{7} > \dfrac{5}{3} > \dfrac{3}{2} > \dfrac{4}{3}$であるから,

6つの三角形のうち, 最大面積の三角形は△BPFであり,

その面積は, $\dfrac{1}{2} \cdot \dfrac{20}{7} \cdot 1 = \dfrac{10}{7}$

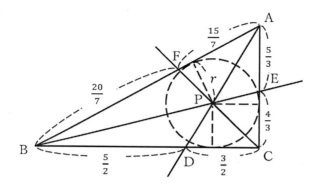

(4)　$\beta^2+3\alpha\beta+3\alpha^2=0$ より，$\left(\dfrac{\beta}{\alpha}\right)^2+3\cdot\dfrac{\beta}{\alpha}+3=0$

$\dfrac{\beta}{\alpha}=\dfrac{-3\pm\sqrt{3}\,i}{2}=\sqrt{3}\left(-\dfrac{\sqrt{3}}{2}\pm\dfrac{1}{2}i\right)=\sqrt{3}\left(\cos\dfrac{5}{6}\pi\pm i\sin\dfrac{5}{6}\pi\right)$

$=\sqrt{3}\left\{\cos\left(\pm\dfrac{5}{6}\pi\right)+i\sin\left(\pm\dfrac{5}{6}\pi\right)\right\}$

よって，$\arg\left(\dfrac{\beta}{\alpha}\right)=\pm\dfrac{5}{6}\pi$ となり，

∠AOBのなす角は $\dfrac{5}{6}\pi$ である。

(5)　数列3，5，9，17，33，…の一般項は，2^n+1であるから，

無限級数の和は，$\displaystyle\sum_{n=1}^{\infty}\dfrac{2^n+1}{5^n}=\sum_{n=1}^{\infty}\left\{\left(\dfrac{2}{5}\right)^n+\left(\dfrac{1}{5}\right)^n\right\}$

$=\dfrac{\dfrac{2}{5}}{1-\dfrac{2}{5}}+\dfrac{\dfrac{1}{5}}{1-\dfrac{1}{5}}=\dfrac{2}{3}+\dfrac{1}{4}=\dfrac{11}{12}$

(6)　6枚から取り出したカード，例えば1，3，5，6について，左から順に並べた24通りについて，題意のように得点を計算すると，

1－3－5－6： 5点，	1－3－6－5： 3点，	1－5－3－6： 2点，
1－5－6－3： 3点，	1－6－3－5： 2点，	1－6－5－3： 2点，
3－1－5－6： 1点，	3－1－6－5： 1点，	3－5－1－6： 2点，
3－5－6－1： 3点，	3－6－1－5： 2点，	3－6－5－1： 2点，
5－1－3－6： 1点，	5－1－6－3： 1点，	5－3－1－6： 1点，

5－3－6－1：　1点，　　5－6－1－3：　2点，　　5－6－3－1：　2点，

6－1－3－5：　1点，　　6－1－5－3：　1点，　　6－3－1－5：　1点，

6－3－5－1：　1点，　　6－5－1－3：　1点，　　6－5－3－1：　1点

以下，6枚からどの4枚を取り出す場合（$_6C_4=15$〔通り〕）についても同様である。

よって，期待値は$\dfrac{1}{24}(5\times1+3\times3+2\times8+1\times12)=\dfrac{7}{4}$〔点〕

(7)　$a_1=1$，$a_n+a_{n+1}=3n+1$より，

$n=1$のとき，$a_1+a_2=3\cdot1+1$

$n=3$のとき，$a_3+a_4=3\cdot3+1$

$n=5$のとき，$a_3+a_4=3\cdot5+1$

$n=2m-3$のとき，$a_{2m-3}+a_{2m-2}=3\cdot(2m-3)+1$

$n=2m-1$のとき，$a_{2m-1}+a_{2m}=3\cdot(2m-1)+1$

これらより，各辺々を加えて，

(左辺)$=a_1+a_2+a_3+a_4+\cdots+a_{2m-3}+a_{2m-2}+a_{2m-1}+a_{2m}=\displaystyle\sum_{n=1}^{2m}a_n$

(右辺)$=3\{1+3+5+\cdots+(2m-3)+(2m-1)\}+1+1+1+\cdots+1+1$

右辺の数列は項数がm個であるから，初項1，公差2，項数mの等差数列の和より，

$1+3+5+\cdots+(2m-3)+(2m-1)=\dfrac{m}{2}\{2\times1+(m-1)\times2\}=m^2$

また，$1+1+1+\cdots+1+1=1\times m=m$

したがって，$\displaystyle\sum_{n=1}^{2m}a_n=3m^2+m=m(3m+1)$

【3】(1)　【解答前半】

線分OA，OBの中点をそれぞれQ，Rとする

$\overrightarrow{OA}\cdot\overrightarrow{OP}=|\overrightarrow{OA}||\overrightarrow{OQ}|=2\cdot1=2\cdots①$

$\overrightarrow{OB}\cdot\overrightarrow{OP}=|\overrightarrow{OB}||\overrightarrow{OR}|=3\cdot\dfrac{3}{2}=\dfrac{9}{2}\cdots②$

【解答前半(別解)】

$\overrightarrow{PA}=\overrightarrow{OA}-\overrightarrow{OP}$より　$|\overrightarrow{PA}|^2=|\overrightarrow{OA}|^2-2\overrightarrow{OA}\cdot\overrightarrow{OP}+|\overrightarrow{OP}|^2$

$|\overrightarrow{PA}|=|\overrightarrow{OP}|$より

$2^2-2\overrightarrow{OA}\cdot\overrightarrow{OP}=0$　よって　$\overrightarrow{OA}\cdot\overrightarrow{OP}=2\cdots$①

同様に，　$\overrightarrow{PB}=\overrightarrow{OB}-\overrightarrow{OP}$ より　$|\overrightarrow{PB}|^2=|\overrightarrow{OB}|^2-2\overrightarrow{OB}\cdot\overrightarrow{OP}+|\overrightarrow{OP}|^2$

$|\overrightarrow{PB}|=|\overrightarrow{OP}|$ より

$3^2-2\overrightarrow{OB}\cdot\overrightarrow{OP}=0$　よって　$\overrightarrow{OB}\cdot\overrightarrow{OP}=\dfrac{9}{2}\cdots$②

【解答後半】

$\vec{a}\cdot\vec{b}=3\cdot2\cdot\cos60°=3$

$\overrightarrow{OP}=s\vec{a}+t\vec{b}$ とおくと，

$\overrightarrow{OA}\cdot\overrightarrow{OP}=s|\overrightarrow{OA}|^2+t\vec{a}\cdot\vec{b}=4s+3t$

$\overrightarrow{OB}\cdot\overrightarrow{OP}=s\vec{a}\cdot\vec{b}+t|\overrightarrow{OB}|^2=3s+9t$

①，②より

$4s+3t=2$

$3s+9t=\dfrac{9}{2}$　　より　$s=\dfrac{1}{6}$, $t=\dfrac{4}{9}$

したがって，　$\overrightarrow{OP}=\dfrac{1}{6}\vec{a}+\dfrac{4}{9}\vec{b}$　……(答)

【別解】

$\overrightarrow{OP}=s\vec{a}+t\vec{b}$ とおくと，

$\overrightarrow{PQ}=\overrightarrow{OQ}-\overrightarrow{OP}=\dfrac{1}{2}\vec{a}-(s\vec{a}+t\vec{b})=\left(\dfrac{1}{2}-s\right)\vec{a}-t\vec{b}$

$\overrightarrow{PR}=\overrightarrow{OR}-\overrightarrow{OP}=\dfrac{1}{2}\vec{b}-(s\vec{a}+t\vec{b})=-s\vec{a}+\left(\dfrac{1}{2}-t\right)\vec{b}$

PQ⊥OA, PR⊥OBより　$\overrightarrow{PQ}\cdot\overrightarrow{OA}=0$, $\overrightarrow{PR}\cdot\overrightarrow{OB}=0$

$\overrightarrow{PQ}\cdot\overrightarrow{OA}=\left(\dfrac{1}{2}-s\right)|\vec{a}|^2-t\vec{a}\cdot\vec{b}=2^2\left(\dfrac{1}{2}-s\right)-3t$

$=2-4s-3t=0$

$\overrightarrow{PR}\cdot\overrightarrow{OB}=-s\vec{a}\cdot\vec{b}+\left(\dfrac{1}{2}-t\right)|\vec{b}|^2=-3s+\left(\dfrac{1}{2}-t\right)3^2$

$$= \frac{9}{2} - 3s - 9t = 0$$

よって，$s = \frac{1}{6}$，$t = \frac{4}{9}$

したがって，$\overrightarrow{\mathrm{OP}} = \frac{1}{6}\vec{a} + \frac{4}{9}\vec{b}$　……(答)

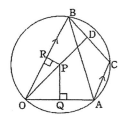

(2)　点DはBC上にあるので

$$\overrightarrow{\mathrm{OD}} = \overrightarrow{\mathrm{OB}} + l\,\overrightarrow{\mathrm{BC}}$$

$$= \overrightarrow{\mathrm{OB}} + l\left(\overrightarrow{\mathrm{OC}} - \overrightarrow{\mathrm{OB}}\right) = l\left(\overrightarrow{\mathrm{OA}} + \frac{1}{3}\overrightarrow{\mathrm{OB}}\right) + (1-l)\overrightarrow{\mathrm{OB}}$$

$$= l\,\overrightarrow{\mathrm{OA}} + \left(1 - \frac{2}{3}l\right)\overrightarrow{\mathrm{OB}}$$

また，点DはOP上にあるので(1)より

$$\overrightarrow{\mathrm{OD}} = m\,\overrightarrow{\mathrm{OP}} = \frac{1}{6}m\,\overrightarrow{\mathrm{OA}} + \frac{4}{9}m\,\overrightarrow{\mathrm{OB}}$$

$\overrightarrow{\mathrm{OA}}$，$\overrightarrow{\mathrm{OB}}$ は一次独立であるので

$$l = \frac{1}{6}m,\ \ 1 - \frac{2}{3}l = \frac{4}{9}m\ \ \ \ \text{よって}\ \ \ l = \frac{3}{10}\ \ \text{より，}$$

$$\overrightarrow{\mathrm{OD}} = \frac{3}{10}\overrightarrow{\mathrm{OA}} + \frac{4}{5}\overrightarrow{\mathrm{OB}}\ \ \ \ ……(答)$$

【別解1】

OB//ACより，$\overrightarrow{\mathrm{AC}} = k\,\overrightarrow{\mathrm{OB}}$ $(k \neq 0)$とおける。

$$\overrightarrow{\mathrm{OC}} = \overrightarrow{\mathrm{OA}} + \overrightarrow{\mathrm{AC}} = \overrightarrow{\mathrm{OA}} + k\,\overrightarrow{\mathrm{OB}}\ \ \ \text{より}\ \ \ \overrightarrow{\mathrm{PC}} - \overrightarrow{\mathrm{PO}} = \overrightarrow{\mathrm{OA}} + k\,\overrightarrow{\mathrm{OB}}$$

よって，$\overrightarrow{\mathrm{PC}} = -\overrightarrow{\mathrm{OP}} + \overrightarrow{\mathrm{OA}} + k\,\overrightarrow{\mathrm{OB}}$

$|\overrightarrow{PC}|^2=|\overrightarrow{OP}|^2+|\overrightarrow{OA}|^2+k^2|\overrightarrow{OB}|^2-2\overrightarrow{OP}\cdot\overrightarrow{OA}+2k\overrightarrow{OA}\cdot\overrightarrow{OB}-2k\overrightarrow{OB}\cdot\overrightarrow{OP}$

$|\overrightarrow{PC}|=|\overrightarrow{OP}|$ 及び(1)より

$2^2+9k^2-2\cdot2+2k\cdot3-2k\cdot\dfrac{9}{2}=0$

$9k^2-3k=0$

$k\neq0$ より $k=\dfrac{1}{3}$

よって, $\overrightarrow{OC}=\overrightarrow{OA}+\dfrac{1}{3}\overrightarrow{OB}$

点DはOP上にあるので(1)より

$\overrightarrow{OD}=m\overrightarrow{OP}$

$\quad=\dfrac{1}{6}m\overrightarrow{OA}+\dfrac{4}{9}m\overrightarrow{OB}=\dfrac{1}{6}m\left(\overrightarrow{OA}+\dfrac{1}{3}\overrightarrow{OB}\right)+\dfrac{7}{18}m\overrightarrow{OB}$

$\quad=\dfrac{1}{6}m\overrightarrow{OC}+\dfrac{7}{18}m\overrightarrow{OB}$

点DはBC上にあるので, $\dfrac{1}{6}m+\dfrac{7}{18}m=1$ より $m=\dfrac{9}{5}$

よって, $\overrightarrow{OD}=\dfrac{3}{10}\overrightarrow{OA}+\dfrac{4}{5}\overrightarrow{OB}$ ……(答)

【別解】

OB//AC, ∠A=∠Cより四角形OACBは等脚台形である。

AからOBに垂線AHを下したとき, OH=1となるので AC=1

よって, $\overrightarrow{AC}=\dfrac{1}{3}\overrightarrow{OB}$ より $\overrightarrow{OC}=\overrightarrow{OA}+\dfrac{1}{3}\overrightarrow{OB}$

〈解説〉解答参照。

【4】(1) $\displaystyle\lim_{x\to+0}f(x)=\lim_{x\to+0}xe^x=0$, $\displaystyle\lim_{x\to-0}f(x)=\lim_{x\to-0}(-x)e^x=0$

より $\displaystyle\lim_{x\to0}f(x)=0$ …①

また, $f(0)=0$ …②

①, ②より $\displaystyle\lim_{x\to0}f(x)=f(0)$

したがって，関数$f(x)$は$x＝0$で連続である。　…(答)

次に，

$$\lim_{h \to +0} \frac{f(0+h)-f(0)}{h} = \lim_{h \to +0} \frac{he^k}{h} = \lim_{h \to +0} e^k = 1$$

$$\lim_{h \to -0} \frac{f(0+h)-f(0)}{h} = \lim_{h \to -0} \frac{-he^k}{h} = \lim_{h \to -0} (-e^k) = -1$$

よって，$\displaystyle\lim_{h \to +0} \frac{f(0+h)-f(0)}{h} \neq \lim_{h \to -0} \frac{f(0+h)-f(0)}{h}$であるから，$f'(0)$は存在しない。

したがって，関数$f(x)$は$x＝0$で微分可能ではない。　……(答)

(2)　$y＝f(x)$は

$x＞0$のとき，$f(x)＝xe^x$

$f'(x)＝e^x+xe^x＝(x+1)e^x＞0$　となり　$f(x)$は単調増加

$x＜0$のとき，$f(x)＝-xe^x$

$f'(x)＝-e^x-xe^x＝-(x+1)e^x$

$f'(x)＝0$とすると　$x＝-1$

増減表は

x		$\cdots$	-1	$\cdots$	0	$\cdots$
$f'(x)$		$+$	0	$-$	/	$+$
$f(x)$		↗	$\frac{1}{e}$	↘	0	↗

$$\lim_{x \to +0} f(x) = \infty$$

また，$x＝-t$とおくと，$x \to -\infty$のとき$t \to \infty$であるから

$$\lim_{x \to -0} f(x) = \lim_{x \to -0} (-xe^x) = \lim_{t \to \infty} te^{-t} = \lim_{t \to \infty} \frac{t}{e^t} = 0$$

よって，グラフの概形は，次の図のようになる。

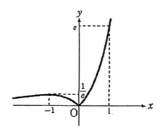

(3)　$e^x = |x|e^x$

$e^x \neq 0$だから$|x| = 1$　　∴　$x = \pm 1$

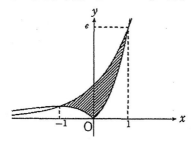

2曲線$y = f(x)$と$y = g(x)$で囲まれた部分は，上の図の斜線部分になるので

$$S = \int_{-1}^{1} (e^x - |x|e^x)dx = \int_{-1}^{1} e^x dx - \int_{-1}^{1} |x|e^x dx$$

$$= \int_{-1}^{1} e^x dx - \left\{ \int_{-1}^{0} (-xe^x)dx + \int_{0}^{1} xe^x dx \right\} = \int_{-1}^{1} e^x dx + \int_{-1}^{0} xe^x dx - \int_{0}^{1} xe^x dx$$

ここで，$\int xe^x dx = (x-1)e^x + C$（$C$は積分定数）だから

$$\int_{-1}^{0} xe^x dx = \Big[(x-1)e^x\Big]_{-1}^{0} = -1 + \frac{2}{e}$$

$$\int_{0}^{1} xe^x dx = \Big[(x-1)e^x\Big]_{0}^{1} = 1$$

したがって

$$S = \Big[e^x\Big]_{-1}^{1} - 1 + \frac{2}{e} - 1 = e - \frac{1}{e} - 1 + \frac{2}{e} - 1$$

$$= e + \frac{1}{e} - 2 \quad \cdots\cdots(答)$$

〈解説〉解答参照。

【5】(1)　$\cos3\theta=\cos4\theta$ より $\cos4\theta-\cos3\theta=0$ から

$-2\sin\dfrac{4\theta+3\theta}{2}\sin\dfrac{4\theta-3\theta}{2}=0$　すなわち　$\sin\dfrac{7}{2}\theta\sin\dfrac{\theta}{2}=0$

$0<\theta<\pi$ のとき，$\sin\dfrac{\theta}{2}\neq0$ であるから

$0<\dfrac{7}{2}\theta<\dfrac{7}{2}\pi$ で $\sin\dfrac{7}{2}\theta=0$ となる θ は

$\dfrac{7}{2}\theta=\pi$，2π，3π　から　$\theta=\dfrac{2}{7}\pi$，$\dfrac{4}{7}\pi$，$\dfrac{6}{7}\pi$

よって，求める α は　$\alpha=\dfrac{2}{7}\pi$　……(答)

【別解】

$\cos\theta=\cos(-\theta+2n\pi)$ より

$3\theta=-4\theta+2n\pi$

$7\theta=2n\pi$

$\theta=\dfrac{2}{7}\pi$，$\dfrac{4}{7}\pi$，$\dfrac{6}{7}\pi$，……

よって，$0<\theta<\pi$ より求める α は　$\alpha=\dfrac{2}{7}\pi$　……(答)

(2)　$\cos3\theta=\cos(\theta+2\theta)$

$=\cos\theta\cos2\theta-\sin\theta\sin2\theta$

$=\cos\theta(2\cos^2\theta-1)-\sin\theta\cdot2\sin\theta\cos\theta$

$=2\cos^3\theta-\cos\theta-2\sin^2\theta\cos\theta$

$=2\cos^3\theta-\cos\theta-2(1-\cos^2\theta)\cos\theta$

$=2\cos^3\theta-\cos\theta-2\cos\theta+2\cos^3\theta$

$=4\cos^3\theta-3\cos\theta$

$\cos4\theta=2\cos^22\theta-1=2(2\cos^2\theta-1)^2-1$

$=8\cos^4\theta-8\cos^2\theta+1$　……(答)

(3)　(1)より $\cos3\theta=\cos4\theta$ の解は $\theta=\alpha$，2α，3α である。

$\cos3\theta=4\cos^3\theta-3\cos\theta$，$\cos4\theta=8\cos^4\theta-8\cos^2\theta+1$ であるから，

$\cos3\theta=\cos4\theta$ より　$4\cos^3\theta-3\cos\theta=8\cos^4\theta-8\cos^2\theta+1$

整理して　$8\cos^4\theta-4\cos^3\theta-8\cos^2\theta+3\cos\theta+1=0$

すなわち $(\cos\theta-1)(8\cos^3\theta+4\cos^2\theta-4\cos\theta-1)=0$

$\theta=\alpha$，2α，3αのとき，$\cos\theta\neq1$であるから

$8\cos^3\theta+4\cos^2\theta-4\cos\theta-1=0$

したがって，求めるxの3次方程式は

$8x^3+4x^2-4x-1=0$　……(答)

(4)　$\sin^2 2\alpha\cdot\sin^2\dfrac{5}{2}\alpha\cdot\sin^2 3\alpha=\dfrac{1-\cos4\alpha}{2}\cdot\dfrac{1-\cos5\alpha}{2}\cdot\dfrac{1-\cos6\alpha}{2}$

$\alpha=\dfrac{2}{7}\pi$より　$7\alpha=2\pi$

これより　$\alpha+6\alpha=2\pi$，$2\alpha+5\alpha=2\pi$，$3\alpha+4\alpha=2\pi$　であるから

$\cos6\alpha=\cos(2\pi-\alpha)=\cos(-\alpha)=\cos\alpha$

$\cos5\alpha=\cos(2\pi-2\alpha)=\cos(-2\alpha)=\cos2\alpha$

$\cos4\alpha=\cos(2\pi-3\alpha)=\cos(-3\alpha)=\cos3\alpha$

よって

$\dfrac{1-\cos4\alpha}{2}\cdot\dfrac{1-\cos5\alpha}{2}\cdot\dfrac{1-\cos6\alpha}{2}=\dfrac{1-\cos3\alpha}{2}\cdot\dfrac{1-\cos2\alpha}{2}\cdot\dfrac{1-\cos\alpha}{2}$

$=\dfrac{(1-\cos3\alpha)(1-\cos2\alpha)(1-\cos\alpha)}{8}$

(3)より

$8(x-\cos3\alpha)(x-\cos2\alpha)(x-\cos\alpha)=8x^3+4x^2-4x-1$　であるから

$x=1$とすると

$8(1-\cos3\alpha)(1-\cos2\alpha)(1-\cos\alpha)=7$

$(1-\cos3\alpha)(1-\cos2\alpha)(1-\cos\alpha)=\dfrac{7}{8}$

したがって，

$\sin^2 2\alpha\cdot\sin^2\dfrac{5}{2}\alpha\cdot\sin^2 3\alpha=\dfrac{1}{8}\times\dfrac{7}{8}=\dfrac{7}{64}$　……(答)

【別解】

$\cos\alpha=p$，$\cos2\alpha=q$，$\cos3\alpha=r$とおくと

$(1-\cos3\alpha)(1-\cos2\alpha)(1-\cos\alpha)$

$=(1-r)(1-q)(1-p)$

$=1-(p+q+r)+(pq+qr+rp)-pqr$

p，q，rは，方程式$8x^3+4x^2-4x-1=0$の解であるから

$$p+q+r=\frac{1}{2}, \quad pq+qr+rp=-\frac{1}{2}, \quad pqr=\frac{1}{8}$$

したがって，

$$\sin^2 2\alpha \cdot \sin^2\frac{5}{2}\alpha \cdot \sin^2 3\alpha$$

$$=\frac{1-(p+q+r)+(pq+qr+rp)-pqr}{8}$$

$$=\frac{1}{8}\left\{1-\left(-\frac{1}{2}\right)+\left(-\frac{1}{2}\right)-\frac{1}{8}\right\}$$

$$=\frac{1}{8}\times\frac{7}{8}$$

$$=\frac{7}{64} \quad \cdots\cdots(答)$$

〈解説〉解答参照。

【二次試験・中学校】

【１】(解答例)　「データの活用」では，確定的な答えを導くことが困難な事柄についても，目的に応じてデータを収集して処理し，その傾向を読み取って判断するために必要な基本的な方法を理解し，これを用いてデータの傾向を捉え考察し表現できるようにし，統計的に問題解決する力を養うことを指導の意義としている。

　中学第1学年では，多数の観察や多数回の試行の結果を基に不確定な事象を考察する際に，相対度数を確率とみなして用いることを学習している。中学校第2学年では，このことを踏まえ，次の例のような場合の数を基にして確率を求めることができる事象について取り扱い指導を行う。

　[例]さいころを振る場合，その目の出方は6通りあり，場合の数を基にして得られる確率は$\frac{1}{6}$であることが分かる。さいころを振ったときの目の出方の確率について予測を立てた後，さいころを振る試行を実際に行い，データを取ることで，起こり得るどの場合も同様に確からしいとき，多数回の試行によって得られる確率は試行回数を増やすにつれて，場合の数を基にして得られる確率に近づいていくことを確認する。

指導に当たっては，さいころを振る試行を多数回した結果と場合の数を基にした確率の関係について，さらに発展させ，直方体のさいころや6面以上の多面さいころなど，さいころの形の条件を変更したときの確率についてデータを取ることで，同様に確からしいことの意味や，場合の数の違いにおける確率の違いを考察させることで場合の数を基にした確率について実感を伴った指導をすることが考えられる。

〈解説〉学習指導要領解説　数学編　第3章　各学年の目標及び内容　第2節　第2学年　2　内容　D　データの活用　「不確定な事象の起こりやすさ」を参照して論を進めていくこと。実際の授業展開を予測して具体例を示していくこと。生徒の誰にでも分かるような例題を取り入れ，授業を展開することが大切である。授業の展開については，同解説　第4章　指導計画の作成と内容の取扱い　についても参考にするとよい。

【二次試験・高等学校】

【1】(解答例)　ベクトルについて，数学的活動を通して，その有用性を認識するとともに，次の事項を身に付けることができるよう指導する。

　生徒が理解しやすい具体的な事象に即して，平面上のベクトルの意味や表し方，演算，内積などの基本的な概念や性質について理解できるようにして，座標及びベクトルの考えが平面から空間に拡張できることを理解できるようにする。また，ベクトルやその内積の基本的な性質などを用いて，平面図形や空間図形の性質を見いだし，多面的に考察する力を養う。さらに，数量や図形及びそれらの関係に着目し，日常の事象や社会の事象などを数学的に捉え，ベクトルやその内積の考えを問題解決に活用する力を養うことができるようにする。

　以上の点を踏まえて次の基本的な問題の具体例等で指導をしていく。

[例1]　図の正六角形ABCDEFにおいて，$\vec{AB}=\vec{a}$，$\vec{AF}=\vec{b}$とするとき，$\vec{DE}$，$\vec{BE}$，$\vec{AD}$，$\vec{CE}$，$\vec{AE}$，$\vec{AC}$を$\vec{a}$，$\vec{b}$で表しなさい。

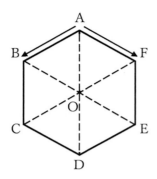

[例2]　$\vec{a}=(x, 1)$，$\vec{b}=(2, y)$，$\vec{c}=(4, 7)$のとき，$\vec{c}=2\vec{a}+3\vec{b}$
と表せるようにx, yの値を求めなさい。

[例3]　(1)　$|\vec{a}+\vec{b}|^2=|\vec{a}|^2+2\vec{a}\cdot\vec{b}+|\vec{b}|^2$を証明しなさい。

(2)　$\vec{a}=3$，$\vec{b}=1$，$\vec{a}+2\vec{b}=\sqrt{19}$のとき，内積$\vec{a}\cdot\vec{b}$及び2つの
ベクトル$\vec{a}$，$\vec{b}$のなす角θを求めなさい。

[例4]　(1)　$\vec{a}=(2, -1, -2)$，$\vec{b}=(x, y, 6)$のとき，$\vec{a}/\!/\vec{b}$となる
ようにx, yの値を求めなさい。

(2)　$\vec{a}=(2, -1, 3)$，$\vec{b}=(0, -2, 1)$の両方に垂直で，大きさが
$3\sqrt{5}$のベクトル$\vec{c}$を求めなさい。

[例5]　図の4点A($\vec{a}$)，B($\vec{b}$)，C($\vec{c}$)，D($\vec{d}$)を頂点とする四面体
ABCDにおいて，△BCDの重心をP($\vec{p}$)，線分APを3：1に内分する点
をG($\vec{g}$)とする。$\vec{g}$を$\vec{a}$，$\vec{b}$，$\vec{c}$，$\vec{d}$で表しなさい。

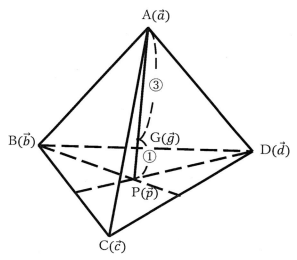

　実際の指導の中では，平面上のベクトルの意味や表し方，演算，内積などの基本的な概念や性質について，生徒が理解しやすい具体的な事象に即して導入することや平面図形や空間図形など数学Ⅰや数学A，数学Ⅱにおける学習内容等を基に理解することもできる内容等について相互の関連等を図っていく。生徒の特性や学習履歴によっては，数学Aや数学Ⅱで取り扱う平面図形の性質や関係についてベクトルを用いて表現したりする際に配慮が必要であったり，行列とベクトルを関連させて取り扱うなど，発展的・統合的な授業展開を行うことが考えられる。

〈解説〉学習指導要領解説　数学編　第2章　各科目　第4節　数学C　3内容の取り扱い　(1)　「ベクトル」を参照して論を進めていくこと。授業の留意点として，「日常や社会の事象を数理的に捉え，数学的に処理したり，数学の事象について統合的・発展的に考えたりして，問題を解決することができるようにすること」，「事象を数理的に捉え，数学の問題を見いだし，問題を自立的，協働的に解決することができるようにすること」等の数学的活動の充実，学習指導要領における

「ベクトル」の知識及び技能，思考力，判断力，表現力を身に付けさせることが挙げられる。

熊本市

【1】〔問1〕　5　　　〔問2〕　2

〈解説〉〔問1〕　学習指導要領における教科の目標は，教科各々の見方・考え方を働かせて資質・能力の育成を図る事である。教科等の目標及び内容は，「知識及び技能」，「思考力，判断力，表現力等」，「学びに向かう力，人間性等」の3つの柱で構成されており，数学においては，「概念や原理・法則の理解や数学を活用して問題解決する方法の理解，事象を数学的に解釈し表現・処理するための技能」，「統合的・発展的に考察し問題を見いだしたり，論理的に知識及び技能を活用して問題を解決したりする思考力，数学的な表現を用いて事象を簡潔・明瞭・的確に説明する表現力」，「数学のよさを実感して粘り強くかつ柔軟に考えようとする態度や問題解決の過程を振り返り評価・改善しようとする態度」等として示している。　〔問2〕　数学科では，数学的活動を通して生徒の主体的・対話的で深い学びの実現を図っている。数学的活動とは「事象を数理的に捉え，数学の問題を見いだし，問題を自立的，協働的に解決する過程を遂行する」ことである。学習指導要領の今回の改訂では，数学的に考える資質・能力を育成する上で，数学的な見方・考え方を働かせた数学的活動を通して学習を展開することを重視している。

【2】〔問1〕　$2-11i$　　　〔問2〕　$3-\sqrt{5}$　　　〔問3〕　最小値…$2+2\sqrt{2}$
xの値…$2+\sqrt{2}$　　　〔問4〕　3, 9

〈解説〉〔問1〕　$(2-i)^3=2^3-3\cdot2^2\cdot i+3\cdot2\cdot i^2-i^3=8-12i-6+i$
　$=2-11i$
〔問2〕　$\sqrt{14-6\sqrt{5}}=\sqrt{14-2\sqrt{45}}=\sqrt{(\sqrt{9}-\sqrt{5})^2}=\sqrt{9}-\sqrt{5}$

$=3-\sqrt{5}$

〔問3〕 $x+\dfrac{2}{x-2}=x-2+\dfrac{2}{x-2}+2\geqq 2\sqrt{(x-2)\cdot\dfrac{2}{x-2}}+2=2\sqrt{2}+2$

等号は $x-2=\dfrac{2}{x-2}$, $(x-2)^2=2$, $x=2\pm\sqrt{2}$

$x>2$ より, $x=2+\sqrt{2}$

よって, $x=2+\sqrt{2}$ のとき, 最小値 $2+2\sqrt{2}$

〔問4〕 $n^2-12n+32=(n-4)(n-8)$ …①

①が素数であるから, $n-4=\pm 1$, $n-8=\pm 1$ のそれぞれの場合について調べる。

$n=5$ のとき, ①$=1\times(-3)=-3$ 　　不適。

$n=3$ のとき, ①$=-1\times(-5)=5$ 　　適する。

$n=9$ のとき, ①$=5\times 1=5$ 　　適する。

$n=7$ のとき, ①$=3\times(-1)=-3$ 　　不適。

よって, ①が素数となる自然数 n の値は3, 9

【3】〔問1〕 5050 　　〔問2〕 4951 　　〔問3〕 1810

〈解説〉〔問1〕 1, 3, 6, 10, 15, …の一般項については,

階差数列より, $a_n=1+\displaystyle\sum_{k=1}^{n-1}(k+1)=1+\dfrac{(n-1)n}{2}+n-1=\dfrac{1}{2}(n^2+n)$

よって, 1番左の列の上から100番目の数は,

$a_{100}=\dfrac{1}{2}(100^2+100)=5050$

〔問2〕 1, 2, 4, 7, 11, …の一般項については,

階差数列より, $b_n=1+\displaystyle\sum_{k=1}^{n-1}k=1+\dfrac{(n-1)n}{2}=\dfrac{1}{2}(n^2-n+2)$

よって, 1番上の行の左から100番目の数は,

$b_{100}=\dfrac{1}{2}(100^2-100+2)=4951$

〔問3〕 1番左の列の上から40番目の数は, $a_{40}=\dfrac{1}{2}(40^2+40)=820$ である。

ここから, 21列目にある数を求めるから,

51

$$820+(40+41+42+\cdots+59)=820+\frac{20}{2}\{2\times40+(20-1)\times1\}=1810$$

(別解)　１番上の行の左から21番目の数は$b_{21}=\frac{1}{2}(21^2-21+2)=211$である。ここから，40行目にある数を求めるから，

$$211+(22+23+24+\cdots+60)=211+\frac{39}{2}\{2\times22+(39-1)\times1\}=1810$$

【４】〔問1〕　25°

〔問2〕　△ARPと△ABPにおいて，

共通な辺は等しいので，

AP＝AP　…①

PQ＝PBより，同じ円で弦の長さが等しいので，

弧PQ＝弧PB　…②

②より円周角は等しいので，

∠BAP＝∠RAP　…③

また，円AでAC＝ABより同様に，

弧AC＝弧AB　…④

④より円周角は等しいので

∠APR＝∠APB　…⑤

①，③，⑤より，

一組の辺とその両端の角がそれぞれ等しいので，

△ARP≡△ABP

〔問3〕　18：25

〈解説〉〔問1〕　円Aの半径なので，△ABCはAB＝ACの二等辺三角形

よって，∠ABC＝∠ACB＝25°

円Oにおいて弦の長さが等しいので弧AB＝弧CA

よって，円周角の定理より，∠ACB＝∠APB＝25°

〔問2〕　△ARPと△ABPは図のようになる。

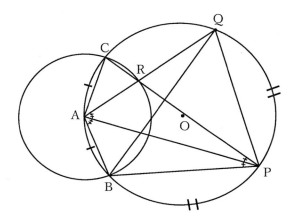

〔問3〕 問2の結果より，AB＝ARなので点Rは円A上の点である。

AB：BP＝3：5，AC：CP＝2：5であり，AB＝ACであるから，

AB＝AC＝6とすると，BP＝10，CP＝15となる。

BP＝RP＝10であるから，CR＝CP－RP＝15－10＝5

また，方べきの定理から，AR・RQ＝CR・RP

$6 \times RQ = 5 \times 10$ より，$RQ = \dfrac{25}{3}$

よって，$AR：RQ = 6：\dfrac{25}{3} = 18：25$

【5】〔問1〕 2 　　〔問2〕 $y = x^2 - 8x + 24$ 　　〔問3〕 $y = 2x - 1$

〔問4〕 $\dfrac{16}{3}$

〈解説〉〔問1〕 $y = x^2$ …①

A$(-1, 1)$，B$(3, 9)$であるから，直線ABの傾きは$\dfrac{9-1}{3+1} = 2$

〔問2〕 点Aが点Bに重なるとき，①がx軸方向に4，y軸方向に8だけ平行移動するとよいから，

$y - 8 = (x-4)^2$より，放物線②の方程式は，$y = x^2 - 8x + 24$

〔問3〕 ①上の点(t, t^2)における接線の方程式は，

$y' = 2x$より，$y - t^2 = 2t(x - t)$，$y = 2tx - t^2$

②が接することより，$x^2-8x+24=2tx-t^2$

$x^2-2(t+4)x+t^2+24=0$が重解をもつから，

$\dfrac{D}{4}=(t+4)^2-t^2-24=0$

$t=1$

よって，共通接線③の方程式は，$y=2x-1$

〔問4〕 ②と③より，接点の座標は，$x^2-8x+24=2x-1$

$(x-5)^2=0$

$x=5$より，接点(5，9)

求める面積をSとすると，図より，

$$S=\int_{1}^{3}\{x^2-(2x-1)\}dx+\int_{3}^{5}\{x^2-8x+24-(2x-1)\}dx$$

$$=\int_{1}^{3}(x-1)^2dx+\int_{3}^{5}(x-5)^2dx=\left[\dfrac{(x-1)^3}{3}\right]_{1}^{3}+\left[\dfrac{(x-5)^3}{3}\right]_{1}^{3}=\dfrac{8}{3}+\dfrac{8}{3}$$

$$=\dfrac{16}{3}$$

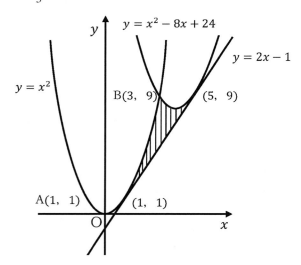

【6】〔問1〕$\dfrac{11}{20}$　　〔問2〕$\dfrac{6}{11}$

〈解説〉〔問1〕10枚のカードについて，3枚は表，裏が(赤，赤)，2枚は表，裏が(白，白)，5枚は表，裏が(赤，白)である。

1枚を取り出したときの色について，場合の数は$2 \times 10 = 20$〔通り〕であり，上面が赤となる場合の数は$2 \times 3 + 1 \times 5 = 11$〔通り〕である。

よって，求める確率は$\dfrac{11}{20}$

〔問2〕上面が赤であるとき，その裏も赤である確率は条件付き確率であるから，

両面が赤である確率は，$\dfrac{2 \times 3}{20} = \dfrac{6}{20}$

よって，求める確率は，$\dfrac{両面が赤である確率}{上面が赤である確率} = \dfrac{\frac{6}{20}}{\frac{11}{20}} = \dfrac{6}{11}$

【7】〔問1〕$a = 2$，$b = 5$　　〔問2〕4〔通り〕

〈解説〉〔問1〕$2 + 4 + 5 + a + b + 2 + 3 + 4 + 3 = 30$より，

$a + b = 7$　…①

$\dfrac{1}{30}(2 \times 2 + 3 \times 4 + 4 \times 5 + 5 \times a + 6 \times b + 7 \times 2 + 8 \times 3 + 9 \times 4 + 10 \times 3) = 6$より，

$5a + 6b = 40$　…②

①，②を解いて，$a = 2$，$b = 5$

〔問2〕$a + b = 7$であり，中央値が6，データ人数が30人であるから，小さい方から数えて，14番目まで，すなわち，$2 + 4 + 5 + a \leqq 14$であればよい。

$a \leqq 3$となり，$(a, b) = (0, 7)$，$(1, 6)$，$(2, 5)$，$(3, 4)$の4通り。

熊本県

【一次試験・中学校】

【1】次の(1)，(2)の各問いに答えなさい。

(1)　次の文章は，「中学校学習指導要領(平成29年告示)　第2章　第3節　数学」の「第2　各学年の目標及び内容　〔第1学年〕　1　目標」である。文中の[　ア　]～[　オ　]に当てはまる語句をそれぞれ答えなさい。

> (1)　正の数と負の数，文字を用いた式と一元一次方程式，平面図形と空間図形，比例と反比例，データの分布と確率などについての基礎的な概念や原理・法則などを[　ア　]するとともに事象を数理的に捉えたり，数学的に解釈したり，数学的に表現・処理したりする[　イ　]を身に付けるようにする。
>
> (2)　数の範囲を拡張し，数の性質や計算について考察したり，文字を用いて数量の関係や法則などを考察したりする力，図形の構成要素や構成の仕方に着目し，図形の性質や関係を直観的に捉え[　ウ　]に考察する力，数量の変化や対応に着目して関数関係を見いだし，その特徴を表，式，グラフなどで考察する力，データの分布に着目し，その傾向を読み取り[　エ　]に考察して判断したり，不確定な事象の起こりやすさについて考察したりする力を養う。
>
> (3)　[　オ　]の楽しさや数学のよさに気付いて粘り強く考え，数学を生活や学習に生かそうとする態度，問題解決の過程を振り返って検討しようとする態度，多面的に捉え考えよ

うとする態度を養う。

(2)　次の文章は,「中学校学習指導要領(平成29年告示)解説　数学編　第2章　数学科の目標及び内容　第1節　数学科の目標」の「(2)目標について　①「数学的な見方・考え方を働かせ」について」からの抜粋である。文中の[　ア　]〜[　オ　]は当てはまる語句を以下の①〜⑩からそれぞれ1つずつ選び,番号で答えなさい。

> 「数学的な見方・考え方」のうち,「数学的な見方」は,「[　ア　]を数量や図形及びそれらの関係についての概念等に着目してその特徴や[　イ　]を捉えること」であると考えられる。また,「数学的な考え方」は,「[　ウ　]に応じて数,式,図,表,グラフ等を活用しつつ,論理的に考え,問題解決の過程を振り返るなどして既習の知識及び技能を関連付けながら,[　エ　]・[　オ　]に考えること」であると考えられる。

①　目的　　②　主体的　　③　発展的　　④　事象
⑤　問題　　⑥　本質　　⑦　統合的　　⑧　内容
⑨　手段　　⑩　創造的

(☆☆☆◎◎◎◎◎)

【2】次の(1)〜(6)の各問いに答えなさい。

(1)　x^3-x^2-x+1を因数分解しなさい。

(2)　$a=\dfrac{\sqrt{3}-4}{\sqrt{7}}$,　$b=\dfrac{\sqrt{3}+4}{\sqrt{7}}$のとき,$(a-b)(a-2b)-b^2$の値を求めなさい。

(3)　2つの自然数a,bは,$4a^2-b^2-23=0$を満たしている。このとき,2つの自然数a,bの値をそれぞれ求めなさい。

(4)　中心が点Oの円周上の点Tを通る接線PTをひく。この円周上に点Tと異なる2点A,Bを次図のようにとるとき,

　　∠BTP＝∠BAT

であることを証明しなさい。

57

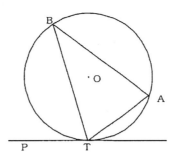

(5) 次の表は，あるクラスの生徒40人のゲームの得点とその人数をま
とめたものである。クラスの得点の平均が5.1点であるとき，a, bの
値を求め，この得点データを箱ひげ図に表しなさい。

得点（点）	1	2	3	4	5	6	7	8	9	10
人数（人）	0	3	a	6	8	6	b	2	1	1

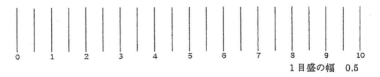

1目盛の幅　0.5

(6) 袋の中に赤球と白球が2個ずつ入っている。この袋の中から1個ず
つ球を取り出し，赤球が取り出されたときは白球に変えて袋に戻し，
白球が取り出されたときはその白球と別の白球を1個，合わせて2個
の白球を袋の中に戻す。この操作を繰り返すとき，3回以内で袋の
中がすべて白球になる確率を求めなさい。

(☆☆☆◎◎◎)

【3】次の図のように，放物線$y=\frac{1}{4}x^2$ …①と2直線$y=\frac{1}{2}x+12$ …②，$y=1$
…③があり，①と②の交点をA，Bとし，①と③の交点をC，Dとする
とき，以下の各問いに答えなさい。

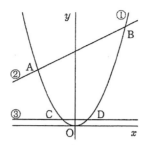

(1) y軸上に点Pを，AP＋PCの長さが最小になるようにとるとき，点P
の座標を求めなさい。

(2) 直線CD上に点Qを，四角形ACDBと△ACQの面積が等しくなるよ
うにとる。

点Qのx座標が正であるとき，点Qの座標を求めなさい。

(☆☆☆◎◎◎◎)

【4】次の図で，四角形ABCDは正方形である。頂点Aと頂点Cを結ぶ。
点Pは正方形ABCDの頂点B，頂点Cを除く辺BC上にある点である。頂
点Dと点Pを結び，対角線ACとの交点をQとする。点Qを通り線分DPと
垂直に交わる直線をひき，辺BCをCの方向に延ばした直線との交点を
Rとし，辺CDと線分QRの交点をSとする。

AB＝12cm，BP＝8cmのとき，以下の各問いに答えなさい。

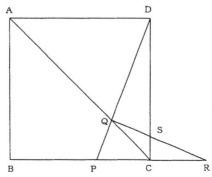

(1)　PQの長さを求めなさい。

(2)　頂点Bと点Qを結ぶとき，△BRQの面積を求めなさい。

(☆☆☆◎◎◎◎)

【5】次の図のように，AB＝4cm，AC＝3cm，∠CAB＝90°，AD＝10cm
の三角柱がある。CF上にCP＝3cmとなる点Pをとり，BE上に∠APQ＝
90°となる点Qをとるとき，以下の各問いに答えなさい。

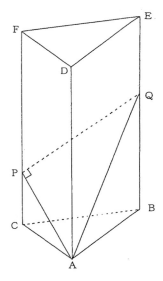

(1)　BQの長さを求めなさい。

(2)　立体ABQPCの体積を求めなさい。

(☆☆☆◎◎◎)

【一次試験・高等学校】

【1】「高等学校学習指導要領(平成30年告示)解説　数学編」について，
次の(1)～(3)の各問いに答えなさい。

(1)　次の文は，数学科の目標である。

数学的な[ア]を働かせ，数学的活動を通して，数学的に考える資質・能力を次のとおり育成することを目指す。

(1) 数学における基本的な概念や原理・法則を体系的に理解するとともに，事象を数学化したり，数学的に解釈したり，数学的に表現・処理したりする技能を身に付けるようにする。

(2) 数学を活用して事象を論理的に考察する力，事象の本質や他の事象との関係を認識し統合的・発展的に考察する力，数学的な表現を用いて事象を簡潔・明瞭・的確に表現する力を養う。

(3) [イ]を認識し積極的に数学を活用しようとする態度，粘り強く考え数学的論拠に基づいて判断しようとする態度，問題解決の過程を振り返って考察を深めたり，評価・改善したりしようとする態度や創造性の基礎を養う。

(i) [ア]に当てはまる語句を答えなさい。

(ii) [イ]に当てはまる語句を次の①〜⑤から1つ選び，番号で答えなさい。

① 数学の有用性　　② 数学の系統性　　③ 学ぶ過程

④ 数学の本質　　　⑤ 数学のよさ

(2) 次の①〜⑤のうち，科目と取り扱う内容の組合せが正しいものをすべて選び，番号で答えなさい。

	数学A	数学B	数学C
①	三角比	確率分布	平面上のベクトル
②	仮説検定の考え方	データの相関	導関数
③	確率	数列とその和	複素数平面
④	場合の数	正規分布	平面上の曲線
⑤	平面図形	空間座標とベクトル	数列の極限

(3) 次の(i)，(ii)が正しい場合は○を，正しくない場合は×をそれぞれ記入しなさい。

(i)　必履修科目は，「数学Ⅰ」だけである。

(ii)　「数学Ⅰ」，「数学Ⅱ」，「数学Ⅲ」の標準単位数は，すべて3である。

(☆☆☆☆◎◎◎◎)

【2】次の(1)〜(5)の各問いに答えなさい。ただし，答えのみを書きなさい。

(1)　負でない整数x, y, zについて，方程式$x+y+z=10$を満たす組(x, y, z)は何通りあるか求めなさい。

(2)　次のデータの標準偏差を求めなさい。

40　50　55　60　65　75　75　80

(3)　複素数平面上で$z\bar{z}+2i(z-\bar{z})+3=0$を満たす点$z$はどのような図形を描くか答えなさい。

(4)　不等式$\log_{\frac{1}{9}}(5x^2-5x+11)<\log_{\frac{1}{3}}\sqrt{2}\,(2x-1)$を解きなさい。

(5)　無限級数$\displaystyle\sum_{n=1}^{\infty}\frac{n}{e^n}$の和を求めなさい。ただし，必要ならば，$\displaystyle\lim_{n\to\infty}\frac{n}{e^n}=0$を用いなさい。

(☆☆☆☆◎◎◎◎)

【3】xy平面上において，原点Oと異なる2点P(x, y)，Q(s, t)について，Qは半直線OP上で，OP・OQ$=5$を満たす。このとき，次の(1)，(2)の各問いに答えなさい。

(1)　x, yを，それぞれs, tを用いて表しなさい。

(2)　点Pが直線$4x+3y=5$上を動くとき，点Qの軌跡を求め，図示しなさい。

(☆☆☆◎◎◎)

【4】$a_1=2$，$a_{n+1}=16a_n^3$ $(n=1, 2, 3, \cdots\cdots)$で定義される数列$\{a_n\}$について，次の(1)〜(3)の各問いに答えなさい。

(1)　$b_n=\log_2 a_n$とおくとき，数列$\{b_n\}$の一般項b_nを求めなさい。

(2)　$c_n＝a_1a_2a_3\cdots\cdots a_n$とおくとき，数列$\{c_n\}$の一般項$c_n$を求めなさい。

(3)　(2)におけるc_nについて，$c_n＞10^{100}$を満たす最小のnの値を求めなさい。ただし，必要ならば，$3.3＜\log_2 10＜3.4$を用いなさい。

(☆☆☆☆◎◎◎◎)

【5】nは2以上の整数とする。関数$f(x)＝e^x＋1$，$g(x)＝e^{nx}$について，次の(1)〜(3)の各問いに答えなさい。ただし，必要ならば，$e＞2.71$，$\sqrt{e}＜1.65$，$\displaystyle\lim_{t\to 0}\frac{e^t－1}{t}＝1$を用いなさい。

(1)　2曲線$y＝f(x)$，$y＝g(x)$は，第1象限において，ただ1つの交点をもつことを示しなさい。

(2)　(1)における2曲線の交点のx座標をa_nとするとき，$\displaystyle\lim_{n\to\infty}a_n＝0$を示し，$\displaystyle\lim_{n\to\infty}na_n$を求めなさい。

(3)　2曲線$y＝f(x)$と$y＝g(x)$，およびy軸で囲まれた部分の面積をS_nとするとき，$\displaystyle\lim_{n\to\infty}nS_n$を求めなさい。

(☆☆☆☆☆◎◎◎◎)

【二次試験・中学校】

【1】中学校数学において，「図形」の指導の意義とともに，第3学年「相似な図形の性質を具体的な場面で活用すること。」の指導について，どのように行うか，具体例を挙げて述べなさい。

(☆☆☆◎◎◎◎)

【二次試験・高等学校】

【1】数学Aの「場合の数と確率」の「確率」の指導に当たって，あなたはどのようなことに留意して授業を実施するか。「高等学校学習指導要領(平成30年告示)解説 数学編」に基づいて，具体的に述べなさい。

(☆☆☆◎◎◎◎)

熊本市

【1】次の各問いに答えなさい。

(問1)　次の文は，「中学校学習指導要領」(平成29年告示)の「第2章　第3節　数学　第1　目標」である。(ア)〜(ウ)に当てはまる語句の組合せとして正しいものを，次の1〜5から一つ選び，番号で答えなさい。

> 　数学的な見方・考え方を働かせ，数学的活動を通して，数学的に考える資質・能力を次のとおり育成することを目指す。
> (1)　数量や図形などについての基礎的な(ア)や原理・法則などを理解するとともに，事象を数学化したり，数学的に解釈したり，数学的に表現・処理したりする技能を身に付けるようにする。
> (2)　数学を活用して事象を論理的に(イ)する力，数量や図形などの性質を見いだし統合的・発展的に(イ)する力，数学的な表現を用いて事象を簡潔・明瞭・的確に表親する力を養う。
> (3)　数学的活動の楽しさや数学のよさを実感して(ウ)考え，数学を生活や学習に生かそうとする態度，問題解決の過程を振り返って評価・改善しようとする態度を養う。

	ア	イ	ウ
1	知識	探究	粘り強く
2	概念	考察	主体的に
3	概念	探究	粘り強く
4	知識	探究	主体的に
5	概念	考察	粘り強く

(問2)　次の文は，「中学校学習指導要領解説　数学編」(平成29年告示)
の「第2章　第2節　1　(1)数学科の内容について」の一部である。
(　ア　)～(　ウ　)に当てはまる語句の組合せとして正しいものを，
以下の1～5から一つ選び，番号で答えなさい。

---

⑧数学的に説明し伝え合うこと

　数の概念及びその範囲の拡張についての理解，ユークリッ
ド空間の把握及び関数についての理解など確定した事象並び
に不確定な事象を考察できるようにしていく過程では，数学
的に説明し伝え合う活動が重要である。

　問題発見・解決の過程では，何を考え，どのように感じて
いるのか，自分自身と向き合わなければならない。自分自身
の言葉で着想や思考を表すことにより，自分の考えを(　ア　)
することができる。こうして言語で表されたものは，自分の
考えを見つめ直す(　イ　)を生み出し，更に研ぎ澄まされたも
のとなっていく。この自己内対話の過程は，他者とのコミュ
ニケーションによって一層促進され，考えを質的に高める可
能性を広げてくれる。説明し伝え合う活動における他者との
関わりは，一人では気付かなかった新しい視点をもたらし，
理由などを問われることは根拠を明らかにし，それに基づい
て筋道立てて説明する(　ウ　)を生み出す。そして，数学的な
知識及び技能，数学的な表現などのよさを実感する機会も生
まれる。

	ア	イ	ウ
1	整理	反省的思考	必要性
2	再認識	批判的思考	客観性
3	再認識	反省的思考	必要性
4	整理	批判的思考	客観性
5	整理	批判的思考	必要性

(☆☆☆◎◎◎◎◎)

【２】次の各問いの[　　]に当てはまる数値を求めなさい。

(問1)　$\sqrt{3}+1$の整数部分をa，小数部分をbとするとき，$\dfrac{a^2+b^2}{b}$の値は

[　ア　]$\sqrt{[\ \ イ\ \ ]}+$[　ウ　]である。

(問2)　$2x^2+5xy-3y^2-4x-5y+2$を因数分解すると，

$(x+$[　ア　]$y-$[　イ　]$)($[　ウ　]$x-y-$[　エ　]$)$である。

(問3)　$\left|x-\dfrac{1}{3}\right|<a$を満たす整数$x$が5個であるような$a$の値の範囲は$\dfrac{[\ \ ア\ \ ]}{[\ \ イ\ \ ]}<a\leqq\dfrac{[\ \ ウ\ \ ]}{[\ \ エ\ \ ]}$である。

(☆☆☆◎◎◎◎)

【３】商品Aは定価の20%引きで120円，商品Bの定価は100円である。このとき，次の各問いの[　　]に当てはまる数値を求めなさい。

(問1)　商品Aの定価は[　アイウ　]円である。

(問2)　商品Aを[　アイ　]個，商品Bを[　ウ　]個，ともに定価で買ったとき，合計金額が2750円であった。ただし，商品Aを商品Bより5個多く買ったとする。

(問3)　商品Aと商品Bを何個かずつ，ともに定価で買ったとき，合計金額がちょうど2750円であるような買い方は全部で[　ア　]通りある。

(問4)　商品Aは定価の$10x$%引きで(x^2+12)個売れるものとする。このとき，売り上げ金額が最高となるのは定価の[　イ　]%引きのときで，また，そのときの売り上げ金額は[　ウエオカ　]円である。ただし，$0\leqq x\leqq10$とする。

(☆☆☆◎◎◎◎◎)

【４】次の(図1)のように，四角形ABCDの4つの内角の二等分線によって四角形EFGHがつくられている。

このとき，以下の各問いに答えなさい。

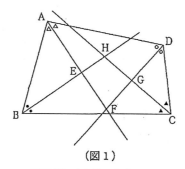

（図1）

(問1)　四角形ABCDが平行四辺形のとき，∠BHC＝[　アイ　]°である。
　　　　ただし，AB＜BCとする。
　　　　　このとき，[　　]に当てはまる数値を求めなさい。

(問2)　四角形ABCDがAB＝2，BC＝4，∠ABC＝60°の平行四辺形であ
　　　　るとき，四角形EFGHの面積は√[　ア　]である。
　　　　　このとき，[　　]に当てはまる数値を求めなさい。

(問3)　(図1)において四角形EFGHが円に内接することを証明しなさい。

（☆☆☆☆◎◎◎）

【5】次の各問いの[　　]に当てはまる数値を求めなさい。

(問1)　次のような5枚のカードが入っている箱から，カードを続けて2
　　　　枚取り出す。1枚目を十の位，2枚目を一の位として2けたの数をつ
　　　　くるとき，その数が偶数になる確率は$\dfrac{[　ア　]}{[　イ　]}$である。

(問2)　次のような2n枚のカードが入っている箱から，カードを続けて
　　　　2枚取り出す。1枚目を十の位，2枚目を一の位として2けたの数をつ
　　　　くるとき，その数の十の位の数と一の位の数の積が偶数になる確率
　　　　は$\dfrac{[　ア　]n-[　イ　]}{[　ウ　]n-[　エ　]}$である。

67

(☆☆☆◎◎◎)

【6】次の図のように，関数$y=x^2$のグラフ上に2点A，Bがある。点A$の$x座標は-1で，直線ABの傾きは1である。

このとき，以下の各問いの[　　]に当てはまる数値を求めなさい。

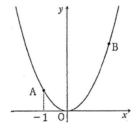

(問1)　直線ABとy軸との交点をCとするとき，△OBCの面積は[　ア　]である。

(問2)　△OBCをy軸を回転の軸として360°回転させてできる立体の体積は$\dfrac{[　ア　]}{[　イ　]}\pi$である。

(問3)　関数$y=ax^2+bx+c$のグラフが2点A，Bと点(0，4)を通るとき，$a=-[　ア　]$，$b=[　イ　]$，$c=[　ウ　]$である。

(問4)　(問3)で求めた放物線と，放物線$y=x^2$で囲まれた部分の面積は[　ア　]である。

(☆☆◎◎◎◎)

【7】15個の数値からなるデータがある。このデータのうち5個のデータの平均は4，分散は5であり，残り10個のデータの平均は7，分散は8である。このとき，次の各問いの[　　]に当てはまる数値を求めなさい。

(問1)　15個のデータの平均は[　ア　]である。

(問2)　15個のデータの分散は[　ア　]である。

(☆☆☆◎◎◎◎)

68

解答・解説

熊本県

【一次試験・中学校】

【1】(1) ア 理解　イ 技能　ウ 論理的　エ 批判的
オ 数学的活動　(2) ア ④　イ ⑥　ウ ①　エ ⑦
オ ③

〈解説〉学習指導要領における目標は数学的活動を通して育成を目指す資質・能力である「知識及び技能」,「思考力,判断力,表現力等」,「学びに向かう力,人間性等」の3つの柱で構成されている。

【2】(1) $x^3 - x^2 - x + 1$

$= x^3 - x - x^2 + 1$

$= x(x^2 - 1) - (x^2 - 1)$

$= (x^2 - 1)(x - 1)$

$= (x + 1)(x - 1)(x - 1)$

$= (x + 1)(x - 1)^2$

答え　$(x + 1)(x - 1)^2$

(2) $(a - b)(a - 2b) - b^2$

$= a^2 - 3ab + 2b^2 - b^2$

$= a^2 - 3ab + b^2$

$= (a - b)^2 - ab$

$a = \dfrac{\sqrt{3} - 4}{\sqrt{7}}$, $b = \dfrac{\sqrt{3} + 4}{\sqrt{7}}$ を代入すると

$= \left(\dfrac{\sqrt{3} - 4}{\sqrt{7}} - \dfrac{\sqrt{3} + 4}{\sqrt{7}} \right)^2 - \left(\dfrac{\sqrt{3} - 4}{\sqrt{7}} \right) \times \left(\dfrac{\sqrt{3} + 4}{\sqrt{7}} \right)$

$= \left(-\dfrac{-8}{\sqrt{7}} \right)^2 - \left(\dfrac{\sqrt{3} - 4}{\sqrt{7}} \times \dfrac{\sqrt{3} + 4}{\sqrt{7}} \right)$

$= \dfrac{64}{7} - \dfrac{3 - 16}{7}$

$$=\frac{64}{7}+\frac{13}{7}$$

$$=\frac{77}{7}$$

$$=11$$
答え　11

(3)　$4a^2-b^2-23=0$

$4a^2-b^2=23$

$(2a+b)(2a-b)=23$

23は素数なので，その因数は$(1, \ 23)(-1, \ -23)$の組となる。

a，bが自然数より，$(-1, \ -23)$の組は不適。

$2a+b=23 \cdots ①$，$2a-b=1 \cdots ②$

$(a, \ b$が自然数より$2a+b=1$，$2a-b=23$の組は不適。$)$

①＋②より　$4a=24$

$a=6$

$a=6$を②に代入すると　$12-b=1$

$b=11$

よって　$a=6$，$b=11$
答え　$a=6$，$b=11$

(4)

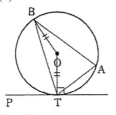

【証明】

中心Oと円周上の2点T，Bを結ぶ。

$OT=OB$　（円Oの半径）

$\angle OTB=a$とすると$\triangle OTB$は二等辺三角形より

$\angle TOB=180°-2a$

$\angle BAT$は，弧BTの円周角より

$\angle BAT=90°-a \cdots ①$

また，接点を通る半径と接線は垂直に交わることより

∠BTP＝90°－∠OTB

　　　　＝90°－a …②

よって，①，②より

∠BTP＝∠BAT

(5)　$a+b=40-27$ …①

$$\frac{6+3a+24+40+36+7b+16+9+10}{40}=5.1 …②$$

①，②より

$$\begin{cases} a+b=13 …③ \\ 3a+7b=63 …④ \end{cases}$$

③×3－④より　　$-4b=-24$

　　　　　　　　　　　$b=6$

よって，$a=7$

表から，

最小値2　　最大値10

第1四分位数　3.5

第2四分位数　5

第3四分位数　6.5

答え　$a=7$，$b=6$

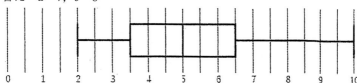

(6)　3回以内にすべて白球になるのは，①赤→赤　②赤→白→赤　③
白→赤→赤 の3通り。

①赤→赤　　　　$\dfrac{1}{2}\times\dfrac{1}{4}=\dfrac{1}{8}$

②赤→白→赤　　$\dfrac{1}{2}\times\dfrac{3}{4}\times\dfrac{1}{5}=\dfrac{3}{40}$

③白→赤→赤　　$\dfrac{1}{2}\times\dfrac{2}{5}\times\dfrac{1}{5}=\dfrac{1}{25}$

　　求める確率は①＋②＋③なので，$\dfrac{1}{8}+\dfrac{3}{40}+\dfrac{1}{25}=\dfrac{6}{25}$　　　　　　答え　$\dfrac{6}{25}$

〈解説〉解答参照

【３】(1)　点A，B，C，Dを求める。

　点A，Bは①，②の交点より

$$\dfrac{1}{4}x^2=\dfrac{1}{2}x+12$$

$$x^2=2x+48$$

$$x^2-2x-48=0$$

$$(x-8)(x+6)=0$$

$$x=8,\ -6$$

　点A(−6，9)　　　点B(8，16)

　点C，Dは①，③の交点より

$$\dfrac{1}{4}x^2=1$$

$$x^2=4$$

$$x=2,\ -2$$

　点C(−2，1)　　　点D(2，1)

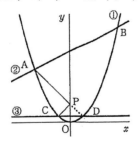

　上図のように，AP＋PCの長さが最小になるのは，2点A，Dを結んだ
線分の長さと等しいとき

　よって，2点A，Dを通る式の変化の割合は

$$\dfrac{1-9}{2-(-6)}=\dfrac{-8}{8}=-1$$

よって，$y=-x+b$

この直線は点D(2，1)を通ることより

$1=-2+b$

$b=3$

線分ADの式は，$y=-x+3$　　切片の座標Pは(0，3)

答え　点P(0，3)

(2)

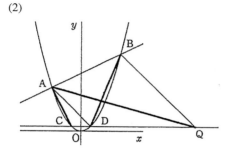

四角形ACDBと△ACQのうち，△ACDは共通であるから，△ADB＝△ADQとなる点Qを求める。

点Bを通り，線分ADと平行な直線と直線CDとの交点を点Qとする。

直線ADは(1)より，$y=-x+3$

直線BQは傾き-1，点(8，16)を通る直線の式となるので，

$y=-x+b$

$16=-8+b$

$b=24$

$y=-x+24$

直線CDとの交点Qのx座標は，

$1=-x+24$

$x=23$　　　　　　　　　　　　答え　点Q(23，1)

〈解説〉解答参照。

【4】(1)　直角三角形DPCにおいて，

DP＝$\sqrt{12^2+4^2}$＝$4\sqrt{10}$〔cm〕

また，△AQD∽△CQPより，

AD：CP＝DQ：PQ＝12：4＝3：1

PQ＝DP×$\dfrac{1}{1+3}$＝$4\sqrt{10}$×$\dfrac{1}{4}$＝$\sqrt{10}$〔cm〕　　　　　　　　答え　$\sqrt{10}$〔cm〕

(2)　△DPC∽△RPQより，

DP：RP＝PC：PQ

$4\sqrt{10}$：RP＝4：$\sqrt{10}$

RP＝10〔cm〕

これより，BR＝8＋10＝18〔cm〕

さらに，点Qを通り，辺BCに垂直な直線と辺BC，ADとの交点をそれぞれH，Iとすると，HI＝12

QI：QH＝AD：CP＝3：1だから，QH＝12×$\dfrac{1}{4}$＝3

よって，△BRQ＝$\dfrac{1}{2}$×18×3＝27〔cm²〕

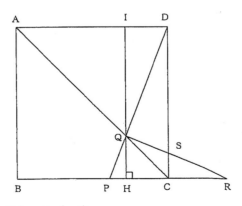

答え　27〔cm²〕

〈解説〉解答参照

【5】(1)

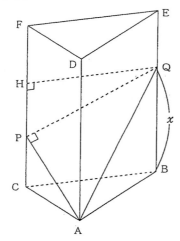

上の図のように，QからFCに垂線を下ろし，BQ＝xとおくと，HP＝$x-3$となる。

また，△ABCは直角三角形より，BC＝5〔cm〕

△HPQに三平方の定理を用いて，$QP^2=5^2+(x-3)^2$ …①

同様に，△PACで，$PA^2=3^2+3^2=18$ …②

△QBAで，$QA^2=x^2+4^2$ …③

ここで△APQで，$QP^2+PA^2=QA^2$ となるので，①，②，③を代入し，

$5^2+(x-3)^2+18=x^2+4^2$

よって，BQ＝6　　　　　　　　　　　　　　　　　　答え　6〔cm〕

(2)　台形BQPCを底面とすると，底面積は

$(3+6)\times5\times\dfrac{1}{2}=\dfrac{45}{2}$〔cm²〕

ここで，次図のように，△ABCにおいて頂点Aから線分BCに垂線を下ろし，その交点をIとすると，AIが台形PCBQを底面とする立体の高さとなる。

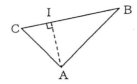

△ACIに三平方の定理を用いて，$AC^2 = CI^2 + AI^2 \cdots$①

同様に△ABIで，$AB^2 = (BC - CI)^2 + AI^2 \cdots$②

①，②より　$AI = \dfrac{12}{5}$〔cm〕

したがって，立体ABQPCの体積は，$\dfrac{45}{2} \times \dfrac{12}{5} \times \dfrac{1}{3} = 18$

答え　18〔cm³〕

〈解説〉解答参照

【一次試験・高等学校】

【1】(1) (i)　見方・考え方　　(ii)　⑤　　(2)　③，④　　(3)　(i)　○　　(ii)　×

〈解説〉(1)　高等学校学習指導要領解説数学編　第1章　第3節　数学科の目標第4節　数学科の科目編成についての問題。(i)について，各教科ではそれぞれの見方・考え方を働かせた学習活動通して資質・能力の育成を目指すことが示されている。　(2)　解答参照。

(3)　(ii)について，数学Ⅱの標準単位数は4である。

【2】(1)　66〔通り〕　　(2)　$\dfrac{15\sqrt{3}}{2}$　　(3)　中心$2i$で，半径1の円を描く　　(4)　$\dfrac{1}{2} < x < \dfrac{1+\sqrt{13}}{2}$　　(5)　$\dfrac{e}{(e-1)^2}$

〈解説〉(1)　$x + y + z = 10$　$(x \geqq 0,\ y \geqq 0,\ z \geqq 0)$　この方程式を満たす組合せは，

I○○○○○○I○○○○→$x=0,\ y=6,\ z=4$

○○○I○○○○I○○○→$x=3,\ y=4,\ z=3$

○○I○○○○○○○○I→$x=2,\ y=8,\ z=0$

のような重複組合せなので,

$$_{12}C_2=\frac{12\cdot11}{2!}=66 〔通り〕$$

(2) 平均：$\bar{x}=\dfrac{1}{8}(40+50+55+60+65+75+75+80)$

$=\dfrac{1}{8}\times500=\dfrac{125}{2}$

分散：$s^2=\dfrac{1}{8}(40^2+50^2+55^2+60^2+65^2+75^2+75^2+80^2)-\left(\dfrac{125}{2}\right)^2$

$=\dfrac{25}{8}(8^2+10^2+11^2+12^2+13^2+15^2+15^2+16^2)-\dfrac{25^3}{4}$

$=\dfrac{25}{8}(64+100+121+144+169+225+225+256-2\times25^2)$

$=\dfrac{25}{8}(1304-1250)==\dfrac{25}{8}\times54=\dfrac{25\times27}{4}$

よって，標準偏差：$s=\sqrt{\dfrac{25\times27}{4}}=\dfrac{15\sqrt{3}}{2}$

(3) $z\bar{z}+2i(z-\bar{z})+3=0$, $z(\bar{z}+2i)-2i\bar{z}+3=0$

$z(\bar{z}+2i)-2i(\bar{z}+2i)+(2i)^2+3=0$, $(z-2i)(\bar{z}+2i)=1$

よって，$(z-2i)(\overline{z-2i})=1$, $|z-2i|^2=1$

すなわち，$|z-2i|=1$となり，中心$2i$，半径1の円を表す。

(4) $\log_{\frac{1}{9}}(5x^2-5x+11)<\log_{\frac{1}{3}}\sqrt{2}\,(2x-1)$ $\cdots$①

真数は正であるから，$5x^2-5x+11>0$, $2x-1>0$

ゆえに，$x>\dfrac{1}{2}$ $\cdots$②

①の左辺は$\log_{\frac{1}{9}}(5x^2-5x+11)=\dfrac{\log_{\frac{1}{3}}(5x^2-5x+11)}{\log_{\frac{1}{3}}\frac{1}{9}}=\dfrac{\log_{\frac{1}{3}}(5x^2-5x+11)}{2}$

よって，①より，$\log_{\frac{1}{3}}(5x^2-5x+11)<2\log_{\frac{1}{3}}\sqrt{2}\,(2x-1)$

底$0<\dfrac{1}{3}<1$であるから，$5x^2-5x+11>\{\sqrt{2}\,(2x-1)\}^2$

$5x^2-5x+11>8x^2-8x+2$, $x^2-x-3<0$より，$\dfrac{1-\sqrt{13}}{2}<x<\dfrac{1+\sqrt{13}}{2}$

ゆえに，②より，求めるxの範囲は$\dfrac{1}{2}<x<\dfrac{1+\sqrt{13}}{2}$

(5)　$S_n=\dfrac{1}{e}+\dfrac{2}{e^2}+\dfrac{3}{e^3}+\dfrac{4}{e^4}+\cdots+\dfrac{n}{e^n}$　…①

$\dfrac{1}{e}S_n=\dfrac{1}{e^2}+\dfrac{2}{e^3}+\dfrac{3}{e^4}+\cdots+\dfrac{n-1}{e^n}+\dfrac{n}{e^{n+1}}$　…②

①－②より，$\left(1-\dfrac{1}{e}\right)S_n=\dfrac{1}{e}+\dfrac{1}{e^2}+\dfrac{1}{e^3}+\dfrac{1}{e^4}+\cdots+\dfrac{1}{e^n}-\dfrac{n}{e^{n+1}}$

$=\dfrac{\dfrac{1}{e}\left\{1-\left(\dfrac{1}{e}\right)^n\right\}}{1-\dfrac{1}{e}}-\dfrac{n}{e^{n+1}}$

$(e-1)S_n=\dfrac{e}{e-1}\left\{1-\left(\dfrac{1}{e}\right)^n\right\}-\dfrac{n}{e^n}$

よって，$S_n=\dfrac{e}{(e-1)^2}\left\{1-\left(\dfrac{1}{e}\right)^n\right\}-\dfrac{1}{e-1}\cdot\dfrac{n}{e^n}$

$\displaystyle\lim_{n\to\infty}\left(\dfrac{1}{e}\right)^n=0$，$\displaystyle\lim_{n\to\infty}\dfrac{n}{e^n}=0$であるから，$\displaystyle\lim_{n\to\infty}S_n=\dfrac{e}{(e-1)^2}$

ゆえに，$\displaystyle\sum_{n=1}^{n}\dfrac{n}{e^n}=\dfrac{e}{(e-1)^2}$

【3】(1)　$\mathrm{OP}=p(>0)$，$\mathrm{OQ}=q(>0)$とおくと，$x:s=p:q$，$y:t=p:q$であるから

$x=\dfrac{p}{q}s$，$y=\dfrac{p}{q}t$

$\mathrm{OP}\cdot\mathrm{OQ}=5$により，$p=\dfrac{5}{q}$であるから，$x=\dfrac{5s}{q^2}$，$y=\dfrac{5t}{q^2}$

$q^2=s^2+t^2$であるから，

$x=\dfrac{5s}{s^2+t^2}$，$y=\dfrac{5t}{s^2+t^2}$，ただし，$s=t=0$を除く　……(答)

(2)　点Pが直線$4x+3y=5$上を動くとき，(1)により

$4\cdot\dfrac{5s}{s^2+t^2}+3\cdot\dfrac{5t}{s^2+t^2}=5$　（ただし，$s=t=0$を除く）

$4s+3t=s^2+t^2$

$(s-2)^2+\left(t-\dfrac{3}{2}\right)^2=\dfrac{25}{4}$

したがって，求める軌跡は中心$\left(2, \dfrac{3}{2}\right)$，半径$\dfrac{5}{2}$の円，ただし，原点を除く　……(答)

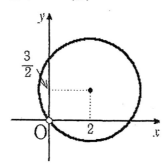

〈解説〉解答参照。

【4】(1)　$a_1=2>0$，$a_{n+1}=16a_n{}^3$より，すべての自然数nにおいて$a_n>0$である。

よって，$a_{n+1}=16a_n{}^3$の両辺の2を底とする対数をとると，

$\log_2 a_{n+1}=\log_2 16a_n{}^3$　より　$\log_2 a_{n+1}=\log_2 16+3\log_2 a_n$

よって　$b_{n+1}=3b_n+4$ …①

①を変形して　$b_{n+1}+2=3(b_n+2)$

数列$\{b_n+2\}$は初項$b_1+2=\log_2 2+2=3$，公比3の等比数列であるから

$b_n+2=3\cdot3^{n-1}=3^n$　すなわち　$b_n=3^n-2$　……(答)

(2)　すべての自然数nにおいて$a_n>0$であるので，$c_n>0$

$c_n=a_1a_2a_3\cdots\cdots a_n$の両辺の2を底とする対数をとると

$\log_2 c_n=\log_2 a_1+\log_2 a_2+\cdots\cdots+\log_2 a_n$

$\qquad=b_1+b_2+b_3+\cdots\cdots b_n$

(1)より

$\log_2 c_n=\displaystyle\sum_{k=1}^{n}b_k=\sum_{k=1}^{n}(3^k-2)=\dfrac{3(3^n-1)}{3-1}-2n=\dfrac{3^{n+1}}{2}-2n-\dfrac{3}{2}$ …②

よって，$c_n=2^{\frac{3^{n+1}}{2}-2n-\frac{3}{2}}$　……(答)

(3)　$c_n>10^{100}$について，両辺ともに正より，両辺の底を2(>1)とする対

79

数をとると

$\log_2 c_n > 100\log_2 10$

$3.3 < \log_2 10 < 3.4$ より，$300 < 100\log_2 10 < 340$ …③

$\log_2 c_4 = \dfrac{3^{4+1}}{2} - 2 \cdot 4 - \dfrac{3}{2} = 112 < 330$

$\log_2 c_5 = \dfrac{3^{5+1}}{2} - 2 \cdot 5 - \dfrac{3}{2} = 353 > 340$

$a_n (\geqq 2)$ が単調に増加することから，c_n も正の値で単調に増加するので

③を満たす最小の自然数nは　$n = 5$　……(答)

【別解】

$2^3 = 8 < 10$，$2^{10} = 1024 > 10^3$ より

$c_4 = 2^{112} = 2(2^3)^{37} < 2 \cdot 10^{37} < 10^{100}$

$c_5 = 2^{353} = 2^3 \cdot (2^{10})^{35} > 2^3 \cdot (10^3)^{35} = 8 \cdot 10^{105} > 10^{100}$

$a_n (\geqq 2)$ が単調に増加することから，c_n も正の値で単調に増加するので

最小の自然数nは　$n = 5$　……(答)

〈解説〉解答参照。

【5】(1)　$e^x + 1 = e^{nx}$ とおくと

$e^{nx} - e^x - 1 = 0$

ここで，$p(x) = e^{nx} - e^x - 1$ とおくと

$p'(x) = ne^{nx} - e^x = e^x\{ne^{(n-1)x} - 1\}$

$n \geqq 2$ であり，$x > 0$ のとき $e^{(n-1)x} > 1$ なので $ne^{(n-1)x} - 1 > 0$

よって，$x > 0$ のとき $p'(x) > 0$ …①

また，$p(0) = -1 < 0$ …②

$\displaystyle\lim_{x \to \infty} p(x) = \lim_{x \to \infty} [e^x\{e^{(n-1)x} - 1\} - 1] = \infty$ …③

①，②，③より

関数$p(x)$は，$x > 0$ において，$p(x) = 0$ の実数解はただ1つ存在する。

さらに，$f(x) > 0$，$g(x) > 0$ であるので

2曲線$y = f(x)$，$y = g(x)$ は，第1象限において，ただ1つの交点をもつ。

……(答)

【別解】

$e^x+1=e^{nx}$とおくと

$1+e^{-x}=e^{(n-1)x}$

$e^{(n-1)x}-e^{-x}-1=0$

ここで，$q(x)=e^{(n-1)x}-e^{-x}-1$とおくと

$q'(x)=(n-1)e^{(n-1)x}+e^{-x}>0$ …①

また，$q(0)=-1<0$ …②

$\lim\limits_{x\to\infty}q(x)=\infty$ …③

①，②，③より

関数$q(x)$は，$x>0$において，$q(x)=0$の実数解はただ1つ存在する。

さらに，$f(x)>0$，$g(x)>0$であるので

2曲線$y=f(x)$，$y=g(x)$は，第1象限において，ただ1つの交点をもつ。

……(答)

(2) $p\left(\dfrac{1}{n}\right)=c-c^{\frac{1}{n}}-1\geqq c-c^{\frac{1}{2}}-1=c-\sqrt{c}-1>2.71-1.65-1=0.06>0$

よって，$p\left(\dfrac{1}{n}\right)>0$ …④

①，②，④より，$0<a_n<\dfrac{1}{n}$となり$\lim\limits_{n\to\infty}\dfrac{1}{n}=0$ となるので

はさみうちの原理より，$\lim\limits_{n\to\infty}a_n=0$ ……(答)

また，$c^{a_n}+1=c^{na_n}$ なので

$na_n=\log(c^{a_n}+1)$

よって，$\lim\limits_{n\to\infty}na_n=\lim\limits_{n\to\infty}\log(c^{a_n}+1)=\log2$ ……(答)

【別解】

$q\left(\dfrac{1}{n-1}\right)=c-c^{\frac{1}{n-1}}-1=c-\dfrac{1}{c^{\frac{1}{n-1}}}-1>c-1-1=c-2>0$ …④

②，④より，$0<a_n<\dfrac{1}{n-1}$となり，$\lim\limits_{n\to\infty}\dfrac{1}{n-1}=0$ となるので，

はさみうちの原理より，$\lim\limits_{n\to\infty}a_n=0$ ……(答)

また，$c^{a_n}+1=c^{na_n}$ なので

$na_n=\log(c^{a_n}+1)$

よって，$\displaystyle\lim_{n\to\infty}na_n=\lim_{n\to\infty}\log(c^{a_n}+1)=\log2$　……(答)

(3)　$\displaystyle S_n=\int_0^{a_n}\{(e^x+1)-e^{nx}\}dx=\left[e^x+x-\frac{1}{n}e^{nx}\right]_0^{a_n}$

$\displaystyle\qquad=e^{a_n}+a_n-\frac{1}{n}e^{na_n}-1+\frac{1}{n}$

よって，$\displaystyle nS_n=ne^{a_n}-n+na_n-e^{na_n}+1=na_n\frac{e^{a_n}-1}{a_n}+na_n-e^{na_n}+1$

ここで，$\displaystyle\lim_{t\to0}\frac{e^t-1}{t}=1$なので

$\displaystyle\lim_{n\to\infty}nS_n=(\log2)\cdot1+\log2-e^{\log2}+1$

$\qquad\qquad=2\log2-2+1$

$\qquad\qquad=2\log2-1$　……(答)

〈解説〉解答参照。

【二次試験・中学校】

【１】(解答例)　図形の相似について，数学的活動を通して，次の事項を
身に付けることができるように指導する。

[1]　次のような知識及び技能を身に付けること。

(ア)　平面図形の相似の意味及び三角形の相似条件について理解する
こと。

(イ)　基本的な立体の相似の意味及び相似な図形の相似比と面積比や

体積比との関係について理解すること。

[2]　次のような思考力，判断力，表現力等を身に付けること。

(ア)　三角形の相似条件などを基にして図形の基本的な性質を論理的に確かめること。

(イ)　平行線と線分の比についての性質を見いだし，それらを確かめること。

(ウ)　相似な図形の性質を具体的な場面で活用すること。

[1]の(ア)について，相似の意味を理解する場合，いろいろな割合で拡大したり，縮小したりして図を描くこと。拡大，縮小は「図形Aを拡大して図形Bを描く」，「図形Aを縮小して図形Bを描く」によって，一つの図形を操作して新たな図形を作ることを意味する。これに対して「図形Aと図形Bは相似である」のように，相似は2つの図形で，その関係を表し，2つの図形は次の場合に相似である。

①　一方の図形を拡大または縮小したときに他方の図形と合同になる。

②　対応する線分の比がすべて等しく，対応する角がそれぞれ等しい。

③　適当に移動して相似の位置に置くことができる。

三角形の相似条件

・対応する3組の辺の比がすべて等しい

・対応する2組の辺の比とその間の角がそれぞれ等しい

・対応する2組の角がそれぞれ等しい

[1]の(イ)について，

・相似な平面図形では対応する線分の長さの比は相似比に等しい

・相似な図形の面積比は相似比の2乗に等しい

・相似な立体の体積比は相似比の3乗に等しい

になっていることを理解できるようにする。

[2]の(ア)の[例1]

直角三角形ABCの直角の頂点Aから対辺BCに垂線ADを引くと

△DBAと△DACが，△ABCに相似であることの説明。

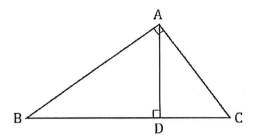

[2]の(イ)の[例2]

点P，Qが線分AB，AC上にあるとき，PQ//BCならば，

AP：AB＝AQ：AC＝PQ：BCであることの説明。

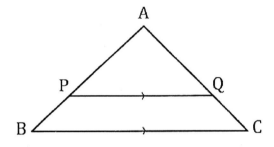

[2]の(ウ)の[例3]

△ABCにおいて，∠Aの二等分線と辺BCの交点をDとするとき，

AB：AC＝BD：CDであることの説明。

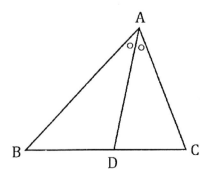

[1]の(イ)の[例4]

①大，小2つの正方形があり，相似比が2：1である。大きい正方形の面積が48cm²のとき，小さい正方形の面積を求める。

②2つの相似な立体P，Qがあって，P，Qの表面積の比が9：25である。立体Qの体積が125cm³のとき，立体Pの体積を求める。

[例題]の指導上の留意点

[例1]　相似条件を考えさせる(対応する2角が等しい)

[例2]　三角形の相似から，各辺の比を考えさせる

[例3]　平行な直線を作図させ，三角形の相似を考えさせる

[例4]　相似な図形(立体)について，相似比，面積比，体積比の把握

　生徒には単に答が出せるだけではなく，図形の相似について興味をもたせて指導をしていくことが大切である。相似条件を考えさせることが最も大切である。図形を正しく描き，問題の解き方，さらに，応用問題などの扱い方にも慣れるように指導をしていく。

〈解説〉学習指導要領解説数学編　第3章　各学年の目標及び内容　第3節　第3学年　2　内容　B　図形から「図形の相似」を参照して論を進めていくこと。実際の授業展開を予測して具体例を示していくこと。生徒の誰にでも分かるような例題を取り入れ，授業を展開することが大切である。その際，生徒の活動が教師側からの一方通行にならないように，生徒のいろいろな意見を取り入れて活動をしていくことが必要である。そして，具体的な指導例の場面では単に抽象的な論にとどまるだけでなく，具体的な例と授業展開の場面を結びつけた指導になっていることに留意し，本問題の解答を作成すること。

【二次試験・高等学校】

【1】(解答例)　場合の数と確率に関しては中学校第1学年では相対度数として，全体(総度数)に対する部分(各階級の度数)の割合を示す値で，各階級の頻度とみなされることや多数の観察や多数回の試行の結果を基にして，不確実な事象の起こりやすさの傾向を読み取り，表現する力，第2学年では同様に確からしいことに着目し，確率を求める方法

を考察するとともに，確率を用いて不確実な事象を捉え考察する力を養っている。「数学A」では確率の意味や基本的な法則についての理解を深めるとともに，それらに基づいて不確実な事象の起こりやすさを判断したり，期待値を意思決定に活用したりする力を養うような次の指導していく。

[i]　確率の意味：$P(A) = \dfrac{\text{事象Aに含まれる根元事象の数}}{\text{全ての根元事象の数}}$

(例1)　2個のさいころを投げる試行において，目の和が5の倍数となる確率を求める。

[ii]　確率の性質や法則

・任意の事象Aについて　$0 \leqq P(A) \leqq 1$

・空事象$\emptyset$の確率は　$P(\emptyset) = 0$，全事象Uの確率は　$P(U) = 1$

・事象A，Bが互いに排反であるとき　$P(A \cup B) = P(A) + P(B)$

・事象Aの余事象の確率　$P(\overline{A}) = 1 - P(A)$

(例2)　赤球4個と白球5個が入っている袋から，3個の球を取り出すとき，① 3個とも同じ色である確率　② 少なくとも1個が白球である確率を求める。

[iii]　独立試行の確率，反復試行の確率

・独立な試行S，Tを行うとき，試行Sでは事象Aが起こり，試行Tでは事象Bが起こるという事象Cの確率は　$P(C) = P(A)P(B)$

・試行Tにおいて，事象Aの起こる確率をpとする。試行Tをn回繰り返すとき，事象Aがr回おこる確率は${}_nC_r p^r q^{n-r}$（ただし，$q = 1 - p$）

(例3)　1個のさいころを2回続けて投げるとき，1回目は3以下の目，2回目は5以上の目が出る確率を求める。

(例4)　1組52枚トランプから1枚のカードを引き，マークを確認して元に戻す試行を5回繰り返すとき，① ハートのカードを4回引く確率 ② 5回目に4度目のハートを引く確率を求める。

[iv]　条件付き確率

図のようにして，

$P(A) = \dfrac{n(A)}{n(U)}$，$P(A \cap B) = \dfrac{n(A \cap B)}{n(U)}$ より，

$$P_A(B) = \frac{n(A \cap B)}{n(A)} = \frac{\dfrac{n(A \cap B)}{n(U)}}{\dfrac{n(A)}{n(U)}} = \frac{P(A \cap B)}{P(A)}$$

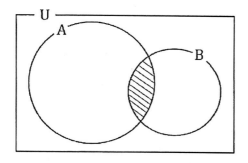

(例5)　ある製品はs工場で40%，t工場で60%生産されていた。s工場では2%，t工場で1%の不良品が出ている。この製品の中から1個を取りだし検査をする。

①　取り出した製品が不良品である確率を求める。

②　取り出した製品が不良品であるとき，この製品がs工場の製品である確率を求める。

[v]　期待値

変数Xの値がx_1，x_2，$\cdots$，x_nでこれらの値をとる確率がp_1，p_2，$\cdots$，p_nであるとき，期待値：$E(X) = x_1 p_1 + x_2 p_2 +，\cdots，x_n p_n$

(例6)　2個さいころを投げたときに出る目の和の期待値を求める。

(例7)　図のようなルーレットで，1等，2等，3等が出る確率は面積比で考えることができ，各賞に賞金を決めれば期待値が計算できる。

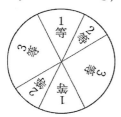

[例題]の指導上の留意点

(例1)　目の和が5の倍数となる場合を考える。

(例2)　①　赤球3個，白球3個は互いに排反　②　余事象を考える。

(例3)　1回目3以下の目，2回目5以上目が出る事象は互いに独立

(例4)　①　ハートが出る確率は$\frac{13}{52}=\frac{1}{4}$の反復試行　②　4回目までは反復試行

(例5)　①　s, t工場の不良品は互いに独立　②　条件付き確率を考える

(例6)　2つのさいころの目の和を考えての確率から期待値を考える

(例7)　日常の事象や社会の事象で具体的に期待値が用いられる例

　以上のような具体的な問題を生徒に与え，解かせることが大切である。基本的な例題であるが計算が面倒なこともあり，粘り強く指導を継続する必要がある。生徒は場合の数や確率の考え方で分かりづらいこともあるが，あきらめさせないことが重要である。今後の数学の学習ではこれらの基本問題から，さらに応用問題にも分かりやすく指導することが必要である。

〈解説〉学習指導要領解説数学編　第2章　各科目　第4節　数学A　3　内容の取り扱い　(2)「場合の数と確率」を参照して論を進めていくこと。実際の授業展開を予測して具体例を示していくこと。生徒の誰にでも分かるような例題を取り入れ，授業を展開することが大切である。その際，生徒の活動が教師側からの一方通行にならないように，生徒のいろいろな意見を取り入れて活動をしていくことが必要である。単に，抽象的な論にとどまるだけでなく，具体的な例と授業展開の場面を結びつけた指導になっていることに留意し，本問題の解答を作成すること。

熊本市

【1】(問1)　5　　(問2)　3

〈解説〉(問1)　新学習指導要領において各教科の目標は，「知識及び技能」，「思考力，判断力，表現力等」，「学びに向かう力，人間性等」の三つの柱に基づいて構成されている。　(問2)　数学的に説明し合うことの意義は，自分の考えを整理し批判的思考を生み出すこと，他者との関わりの中で自身の考えを説明する必要性を生み出すことで考えを質的に高める可能性を広げること，数学的な知識及び技能，数学的な表現などのよさを実感する機会を作ることである。

【2】(問1)　ア　3　　イ　3　　ウ　1　　(問2)　ア　3　　イ　1　　ウ　2　　エ　2　　(問3)　　ア　7　　イ　3　　ウ　8　　エ　3

〈解説〉(問1)　$1 < \sqrt{3} < 2$であるから，$2 < \sqrt{3} + 1 < 3$，

$\sqrt{3} + 1 = 2 + (\sqrt{3} - 1)$として，整数部分$a = 2$，小数部分$b = \sqrt{3} - 1$

よって，$\dfrac{a^2 + b^2}{b} = \dfrac{a^2}{b} + b = \dfrac{4}{\sqrt{3} - 1} + \sqrt{3} - 1 = 3\sqrt{3} + 1$

(問2)　$2x^2 + 5xy - 3y^2 - 4x - 5y + 2$

$= 2x^2 + (5y - 4)x - (3y^2 + 5y - 2)$

$= 2x^2 + (5y - 4)x - (y + 2)(3y - 1)$

$= \{x + (3y - 1)\}\{2x - (y + 2)\}$

$= (x + 3y - 1)(2x - y - 2)$

(問3)　$\left| x - \dfrac{1}{3} \right| < a$において，

下図の$y_1 = \left| x - \dfrac{1}{3} \right|$，$y_2 = a$のグラフより，$x = \dfrac{1}{3}$を基にして，

$x = 3$のとき，$a = \dfrac{8}{3}$，$x = -2$のとき，$a = \dfrac{7}{3}$

すなわち，$\dfrac{7}{3} < a \leqq \dfrac{8}{3}$のとき，

不等式$y_1 < y_2$を満たす整数が2，1，0，-1，-2となり，適する。

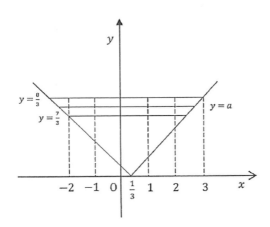

【３】(問1)　ア　1　　イ　5　　ウ　0　　(問2)　ア　1　　イ　3
　ウ　8　　(問3)　ア　9　　(問4)　ア　6　　イ　0　　ウ　2　　エ　8
　オ　8　　カ　0

〈解説〉(問1)　商品Aの定価をa円とすると，

$$a \times \left(1-\frac{20}{100}\right)=120 \text{より，} a=150 \text{〔円〕}$$

(問2)　賞品Aをm個，商品Bをn個，定価で買ったとすると，

題意より，$\begin{cases} 150m+100n=2750 \\ m=n+5 \end{cases}$　これを解いて，$m=13$，$n=8$

よって，商品Aを13個，商品Bを8個買った。

(問3)　賞品Aをx個，商品Bをy個，定価で買ったとすると，
題意より，$150x+100y=2750$　よって，$3x+2y=55$　…①
①を満たす整数　$x\geqq0$，$y\geqq0$の組を求めればよい。
$x=1$，$y=26$は①を満たすから，$3\cdot1+2\cdot26=55$　…②
①－②より，$3(x-1)+2(y-26)=0$
2，3は互いに素であるから，$x-1=2k$，$y-26=-3k$
よって，$x=2k+1$，$y=-3k+26(k$は整数$)$となるから，

$x=2k+1\geqq0$, $y=-3k+26\geqq0$より, $-\dfrac{1}{2}\leqq k\leqq\dfrac{26}{3}$

すなわち, kの値は$k=0$, 1, 2, …, 8となり, x, yの組は9通りある。

ゆえに, 賞品A, 商品Bの買い方は9通りである。

(問4) 賞品Aの売上金額をy円とすれば, 題意より,

$y=\left(1-\dfrac{10x}{100}\right)\times150\times(x^2+12)=15(10-x)(x^2+12)=15(-x^3+10x^2-12x+120)$

$f(x)=-x^3+10x^2-12x+120(0\leqq x\leqq10)$として,

$f'(x)=-3x^2+20x-12=0$より, $(3x-2)(x-6)=0$, $x=\dfrac{2}{3}$, 6

$f(x)$の$0\leqq x\leqq10$における増減表は次のようになる。

x	0	……	$\dfrac{2}{3}$	……	6	……	10
$f'(x)$		$-$	0	$+$	0	$-$	
$f(x)$	120	↘	極小	↗	極大	↘	0

$x=6$のとき, 極大値$f(6)=192$となる。

よって, $10\times6=60$〔%〕の値引きで,

最高の売上げ金額は$y=15\times192=2880$〔円〕

【4】(問1) ア 9 イ 0 (問2) ア 3

(問3)〔証明〕

仮定より,

$\angle$HEF$+\angle$HGF

$=180°-\dfrac{1}{2}(\angle$DAB$+\angle$ABC$)+180°-\dfrac{1}{2}(\angle$BCD$+\angle$CDA$)$

$=360°-\dfrac{1}{2}(\angle$DAB$+\angle$ABC$+\angle$BCD$+\angle$CDA$)$

$=360°-180°$

$=180°$

よって, 向かい合う角の和が$180°$になるから, 四角形EFGHは円に内接する。

〔別証明〕($\angle$EFG$+\angle$EHG$=180°$を証明してもよい)

$\angle EFG + \angle EHG$

$= 180° - \dfrac{1}{2}(\angle DAB + \angle CDA) + 180° - \dfrac{1}{2}(\angle ABC + \angle BCD)$

$= 180°$

〈解説〉(問1)　平行四辺形の隣り合う角の和は180°なので∠ABC＋

∠DCB＝180°より，$\dfrac{1}{2}(\angle ABC + \angle DCB) = 90°$

よって，△HBCにおいて，

∠HBC＋∠HCB＝$\dfrac{1}{2}(\angle ABC + \angle DCB) = 90°$となるから，

∠BHC＝180°－90°＝90°

(問2)　AB＝2，BC＝4，∠ABC＝60°の平行四辺形であるから，

下図のようになり，点F，Hはそれぞれ辺BC，AD上である。

∠BHC＝∠AEB＝90°であるから，直角三角形(90°，60°，30°)の各辺の

長さが分かり，BH＝$2\sqrt{3}$，BE＝$\sqrt{3}$，AF＝2，AE＝1より，

EH＝$2\sqrt{3} - \sqrt{3} = \sqrt{3}$，EF＝2－1＝1

よって，四角形EFGH＝EH×EF＝$\sqrt{3} \times 1 = \sqrt{3}$

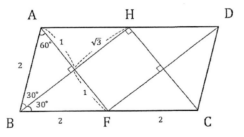

(問3)　解答参照

【5】(問1)　ア　2　　イ　5　　(問2)　ア　3　　イ　1　　ウ　4
　エ　2

〈解説〉(問1)　2枚取り出して，2桁の数が偶数になるのは，

12，14，24，32，34，42，52，54の8通りであるから，求める確率は，

$\dfrac{8}{{}_5P_2} = \dfrac{8}{5 \cdot 4} = \dfrac{2}{5}$

(問2) 数の積が奇数となるときの余事象を考える。

このとき，カードを2枚取り出して，$2n$枚の中に奇数がn枚あるから十の位と一の位の積が奇数となるのは${}_nP_2$〔通り〕

よって，2枚を取り出した2桁の数が偶数となる確率は，

$$1-\frac{{}_nP_2}{{}_{2n}P_2}=1-\frac{n(n-1)}{2n(2n-1)}=\frac{2(2n-1)-(n-1)}{2(2n-1)}=\frac{3n-1}{4n-2}$$

【6】(問1) ア 2 (問2) ア 8 イ 3 (問3) ア 1 イ 2 ウ 4 (問4) ア 9

〈解説〉(問1) A(-1, 1)であるから，

直線AB：$y-1=1\cdot(x+1)$，$y=x+2$

y軸との交点より，C(0, 2)

また，$\begin{cases} y=x^2 \\ y=x+2 \end{cases}$ より，$(x, y)=(-1, 1)$, $(2, 4)$

よって，B(2, 4)

$\triangle OBC=\frac{1}{2}\times OC\times|$点Bの$x$座標$|=\frac{1}{2}\times2\times2=2$

(問2) D(0, 4)として，求める立体の体積をVとすると，

$$V=\frac{\pi}{3}\times|点Bのx座標|^2\times OD-\frac{\pi}{3}\times|点Bのx座標|^2\times CD$$

$$=\frac{\pi}{3}\times2^2\times4-\frac{\pi}{3}\times2^2\times2=\frac{8}{3}\pi$$

(問3) $y=ax^2+bx+c$が3点A(-1, 1)，B(2, 4)，(0, 4)を通るから，

$\begin{cases} a-b+c=1 \\ 4a+2b+c=4 \\ c=4 \end{cases}$ これより，$a=-1$, $b=2$, $c=4$

(問4) 求める面積をSとすると，

$$S=\int_{-1}^{2}(-x^2+2x+4-x^2)\,dx=-2\int_{-1}^{2}(x^2-x-2)\,dx$$

$$=-2\times\frac{(-1)}{6}\times(2+1)^3=9$$

$\left(ax^2+bx+c=0の解を\alpha, \betaとすると\int_{\alpha}^{\beta}(ax^2+bx+c)\,dx=-\frac{a}{6}(\beta-\alpha)^3\right)$

【7】(問1)　ア　6　　(問2)　ア　9
〈解説〉15個のデータを a_1, a_2, a_3, $\cdots$, a_{15} とする。

題意から，$\dfrac{1}{5}(a_1+a_2+\cdots+a_5)=4$ より，

$a_1+a_2+\cdots+a_5=20$　　$\cdots$①

$\dfrac{1}{5}(a_1{}^2+a_2{}^2+\cdots+a_5{}^2)-4^2=5$ より，

$a_1{}^2+a_2{}^2+\cdots+a_5{}^2=105$　　$\cdots$②

$\dfrac{1}{10}(a_6+a_7+\cdots+a_{15})=7$ より，

$a_6+a_7+\cdots+a_{15}=70$　　$\cdots$③

$\dfrac{1}{10}(a_6{}^2+a_7{}^2+\cdots+a_{15}{}^2)-7^2=8$ より，

$a_6{}^2+a_7{}^2+\cdots+a_{15}{}^2=570$　　$\cdots$④

(問1)　①，③より，15個のデータの平均は，

$\dfrac{1}{15}\{(a_1+a_2+\cdots+a_5)+(a_6+a_7+\cdots+a_{15})\}=\dfrac{1}{15}(20+70)=6$

(問2)　②，④と問1の平均6より，15個のデータの分散は，

$\dfrac{1}{15}\{(a_1{}^2+a_2{}^2+\cdots+a_5{}^2)+(a_6{}^2+a_7{}^2+\cdots+a_{15}{}^2)\}-6^2$

$=\dfrac{1}{15}(105+570)-36=45-36=9$

2022年度 実施問題

熊本県

【一次試験・中学校】

【1】次の(1)，(2)の各問いに答えなさい。

(1) 次の文章は，「中学校学習指導要領(平成29年告示) 第2章 第3節 数学」の「第1 目標」である。文中の[ア]～[オ]に当てはまる語句をそれぞれ答えなさい。

> 数学的な見方・考え方を働かせ，数学的活動を通して，数学的に考える資質・能力を次のとおり育成することを目指す。
>
> (1) 数量や図形などについての基礎的な概念や[ア]・法則などを理解するとともに，事象を[イ]したり，数学的に解釈したり，数学的に表現・処理したりする技能を身に付けるようにする。
>
> (2) 数学を活用して事象を論理的に考察する力，数量や図形などの[ウ]を見いだし統合的・[エ]に考察する力，数学的な表現を用いて事象を簡潔・明瞭・的確に表現する力を養う。
>
> (3) 数学的活動の楽しさや数学のよさを実感して粘り強く考え，数学を[オ]や学習に生かそうとする態度，問題解決の過程を振り返って評価・改善しようとする態度を養う。

(2) 次の文章は，「中学校学習指導要領(平成29年告示) 第2章 第3節 数学」の「第3 指導計画の作成と内容の取扱い」からの抜粋である。文中の[ア]～[オ]に当てはまる語句を以下の①～⑩からそれぞれ1つずつ選び，番号で答えなさい。

1　指導計画の作成に当たっては，次の事項に配慮するものとする。

  (1)　単元など内容や時間の[　ア　]を見通して，その中で育む資質・能力の育成に向けて，数学的活動を通して，生徒の主体的・対話的で深い学びの実現を図るようにすること。

  (4)　障害のある生徒などについては，学習活動を行う場合に生じる[　イ　]に応じた指導内容や指導方法の工夫を計画的，[　ウ　]に行うこと。

2　第2の内容の取扱いについては，次の事項に配慮するものとする。

  (3)　各領域の指導に当たっては，具体物を操作して考えたり，データを収集して整理したりするなどの具体的な[　エ　]を伴う学習を充実すること。

3　数学的活動の取組においては，次の事項に配慮するものとする。

  (1)　数学的活動を楽しめるようにするとともに，数学を学習することの[　オ　]や数学の必要性などを実感する機会を設けること。

① 組織的　　② 意義　　③ 主体的　　④ 体験
⑤ 全体　　　⑥ 実感　　⑦ まとまり　⑧ 課題
⑨ 困難さ　　⑩ 意味

(☆☆☆◎◎◎)

【2】次の(1)～(6)の各問いに答えなさい。

(1)　連立方程式 $\begin{cases} \dfrac{1}{x} + \dfrac{1}{y} = -4 \\ xy = 2 \end{cases}$ の x と y の値を求めなさい。ただし，$x > y$ とする。

(2)　$4(a-b)(a+b)-(b-1)(5b-1)$ を因数分解しなさい。

96

(3) 1辺の長さが6cmである正五角形の対角線の長さを求めなさい。

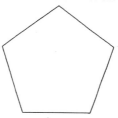

(4) 次の図のように、関数 $y=\dfrac{1}{2}x^2$ のグラフ上に4点A，B，C，Dがあり、線分ADと線分BCはx軸に平行である。線分ADとy軸の交点をEとすると、AE＝BCであり、△BCEは正三角形である。

　　このとき，点Cの座標を求めなさい。

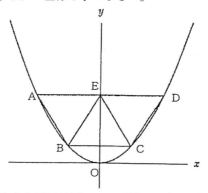

(5) 次の図のような正三角形ABCの頂点Aに点Pがある。

　　さいころを1回投げるごとに、点Pは以下のルールに従って反時計回りに頂点を移動し，何周も移動し続ける。

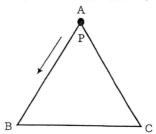

```
＜ルール＞
・さいころの目の数が1のとき，点Pは1つ先の頂点に移動する。
・さいころの目の数が2，3のとき，点Pは2つ先の頂点に移動
 する。
・さいころの目の数が4，5，6のとき，点Pは3つ先の頂点に移
 動する。
```

　　さいころを3回投げ終えたとき，点Pが点Aにある確率を求めなさい。

(6)　次の表は，生徒10人のテストの点数で，以下はその箱ひげ図である。

　　平均値が62点であるとき，表のア，イ，ウ，エの値をそれぞれ求めなさい。

　　ただし，ア＜イ＜ウ＜エとする。

出席番号	1	2	3	4	5	6	7	8	9	10
点数	44	33	ア	52	イ	ウ	76	エ	80	70

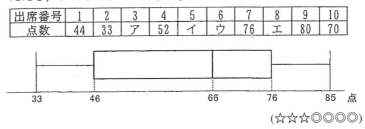

(☆☆☆◎◎◎◎)

【３】次の図のように，$y=2x^2$のグラフと$y=ax^2$（aは正の定数）のグラフがある。x軸上を原点Oから同時に出発して動く2点P，Qがあり，点Pはx軸上を正の方向に毎秒1cmの速さで，点Qはx軸上を負の方向に毎秒0.5cmの速さで動く。点Pを通り，y軸と平行な直線と$y=ax^2$のグラフとの交点をA，点Qを通り，y軸と平行な直線と$y=2x^2$のグラフとの交点をBとする。2点P，Qが同時に原点Oを出発してから8秒後の点Aのy座標が16になった。

　　このとき，以下の(1)，(2)の各問いに答えなさい。ただし，座標の1目盛りを1cmとする。

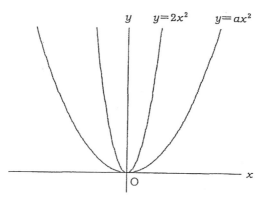

(1)　aの値を求めなさい。

(2)　直線$y=16x$と2点A，Bを通る直線との交点をRとするとき，△ORBの面積が△OARの面積の3倍となるのは，2点P，Qが原点Oを出発してから何秒後か求めなさい。

(☆☆☆○○○)

【4】次の図のように，円Oの周上に4点A，B，C，Dがあり，AD＝BDである。点Aを通りBCに平行な直線と円Oとの交点をEとする。また，AEとBDとの交点をF，AEとCDとの交点をGとする。

このとき，以下の(1)，(2)の各問いに答えなさい。

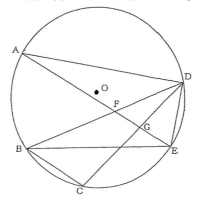

99

(1)　△AGD≡△BEDであることを証明しなさい。

(2)　AD＝10cm，DE＝3cm，CG＝5cmのとき，FBの長さを求めなさい。

(☆☆☆◎◎◎◎)

【5】次の図の三角錐は，正三角形ABCを底面とし，3つの側面はすべて
合同な二等辺三角形で，OA＝6cm，∠AOB＝30˚である，辺OB，OC，
OA上にそれぞれ点P，Q，Rをとり，4つの線分の長さの和AP＋PQ＋
QR＋RBが最短になるとき，以下の(1)，(2)の各問いに答えなさい。

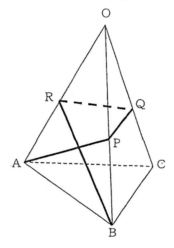

(1)　OPの長さを求めなさい。

(2)　この三角錐を3点P，Q，Rを通る平面で切断するとき，点Oを含む
立体の体積は，もとの三角錐OABCの体積の何倍になるか求めなさ
い。

(☆☆☆◎◎◎◎)

【一次試験・高等学校】

【1】「高等学校学習指導要領(平成30年告示)解説 数学編」について，次の(1)〜(3)の各問いに答えなさい。

(1) 次の文は，数学科の目標である。

> 数学的な見方・考え方を働かせ，数学的活動を通して，数学的に考える[ア]を次のとおり育成することを目指す。
>
> (1) 数学における基本的な概念や原理・法則を体系的に理解するとともに，事象を数学化したり，数学的に解釈したり，数学的に表現・処理したりする技能を身に付けるようにする。
>
> (2) 数学を活用して事象を論理的に考察する力，事象の本質や他の事象との関係を認識し統合的・発展的に考察する力，[イ]事象を簡潔・明瞭・的確に表現する力を養う。
>
> (3) 数学のよさを認識し積極的に数学を活用しようとする態度，粘り強く考え数学的論拠に基づいて判断しようとする態度，問題解決の過程を振り返って考察を深めたり，評価・改善したりしようとする態度や創造性の基礎を養う。

(i) [ア]に当てはまる語句を答えなさい。

(ii) [イ]に当てはまる語句を，次の①〜④から1つ選び，番号で答えなさい。

① 論理的な思考力を働かせて ② 数学的論拠に基づいて

③ 数学的な表現を用いて ④ 協働的な学びの中で

(2) 高等学校数学科において，次のa，b，cを取り扱う科目を，以下の①〜⑥からそれぞれ1つずつ選び，番号で答えなさい。

a ベクトル b データの分析 c 数学と人間の活動

① 数学Ⅰ ② 数学Ⅱ ③ 数学Ⅲ ④ 数学A

⑤ 数学B ⑥ 数学C

(3)　次の(i), (ii)が正しい場合は○を，正しくない場合は×をそれぞれ記入しなさい。

(i)　「課題学習」が位置付けられている科目は，「数学Ⅰ」,「数学Ⅱ」及び「数学Ⅲ」である。

(ii)　「数学B」及び「数学C」は，「数学Ⅰ」の履修の後の履修が原則であり，「数学B」と「数学C」の間に履修の順序が規定されている。

(☆☆☆◎◎◎◎)

【2】次の(1)〜(5)の各問いに答えなさい。ただし，答えのみを書きなさい。

(1)　1個のさいころを4回投げるとき，出る目の積が4の倍数になる確率を求めなさい。

(2)　直線$l：y＝ax$(aは定数)と，曲線$C：y＝|x^2－5x＋4|＋x－1$が異なる4個の共有点をもつようなaの値の範囲を求めなさい。

(3)　xy平面において，不等式$x≧0$，$y≧0$，$x＋4y≦4n$の表す領域に含まれる格子点(x座標，y座標がともに整数である点)の個数を求めなさい。ただし，nは自然数とする。

(4)　次の表は①から⑥の6人の生徒の数学と英語の試験の得点である。ただし，a, b, cは異なる3つの正の整数で$a＞b$を満たすものとする。

	①	②	③	④	⑤	⑥
数学	a	b	c	a	c	b
英語	b	b	a	b	a	a

数学と英語の得点の平均値は等しいとする。数学の得点の中央値が72，英語の得点の分散が9のとき，a, b, cの値を求めなさい。

(5)　極限値$\displaystyle\lim_{x\to+0}\frac{x^2}{\sin x(1－\cos x)}\{\log(x^2＋x)－\log x\}$を求めなさい。

(☆☆☆◎◎◎◎)

【3】四面体OABCにおいて，$OA=1$，$OB=OC=\dfrac{3}{2}$，$\angle AOB=\angle BOC=$ $\angle COA=\dfrac{\pi}{2}$とする。辺OAの中点をM，三角形OBCの重心をGとし，直線MG上にOP⊥MGを満たす点Pをとる。また，直線OPと平面ABCの交点をQとし，$\overrightarrow{OA}=\vec{a}$，$\overrightarrow{OB}=\vec{b}$，$\overrightarrow{OC}=\vec{c}$とおく。このとき，次の(1)～(3)の各問いに答えなさい。ただし，(1)については，答えのみを書きなさい。

(1)　$\overrightarrow{MG}$を$\vec{a}$，$\vec{b}$，$\vec{c}$を用いて表しなさい。

(2)　$\overrightarrow{OP}$，$\overrightarrow{OQ}$を$\vec{a}$，$\vec{b}$，$\vec{c}$を用いて表しなさい。

(3)　四面体PQBCの体積Vを求めなさい。

（☆☆☆◎◎◎）

【4】$0\leqq\theta\leqq\pi$とする。座標平面上において，点$P_1(\sin\theta+\cos\theta$，$2\sin\theta\cos\theta)$を中心とする半径1の円を$C_1$とし，原点Oに関して，点$P_1$と対称な点$P_2$を中心とする半径1の円を$C_2$とする。このとき，次の(1)～(3)の各問いに答えなさい。

(1)　θが$0\leqq\theta\leqq\pi$の範囲で動くとき，点P_1の軌跡の方程式を求めなさい。また，その軌跡を座標平面上に図示しなさい。

(2)　2つの円C_1とC_2が異なる2点で交わるようなθの値の範囲を求めなさい。

(3)　円C_1の周および内部の領域をD_1，円C_2の周および内部の領域をD_2とし，D_1とD_2の共通部分をDとする。(2)のとき，Dの面積の最大値を求めなさい。

（☆☆☆◎◎◎）

【5】関数$f(x)=x\sqrt{4-x^2}$について，次の(1)，(2)の各問いに答えなさい。

(1)　関数$f(x)$の最大値，最小値を求めなさい。また，そのときのxの値を求めなさい。

(2)　曲線$y=f(x)$とx軸で囲まれた部分をy軸の周りに1回転させてでき

る立体の体積を求めなさい。

(☆☆☆◎◎◎◎)

【二次試験・中学校】

【１】中学校数学において，「数と式」の指導の意義とともに，第1学年「等式の性質を基にして，一元一次方程式を解く方法を考察し表現すること。」の指導について，どのように行うか，具体例を挙げて述べなさい。

(☆☆☆◎◎◎)

【二次試験・高等学校】

【１】数学Ⅰの「数と式」の「数と集合」の指導に当たって，あなたはどのようなことに留意して授業を実施するか。「高等学校学習指導要領(平成30年告示)解説　数学編」に基づいて，具体的に述べなさい。

(☆☆☆◎◎◎)

熊本市

【１】次の各問いに答えなさい。

(問1)　次の文は，「中学校学習指導要領(平成29年告示)」の「第2章　第3節　数学　第1　目標」に関する記述である。(　ア　)〜(　ウ　)に当てはまる語句の組合せとして正しいものを，1〜5から一つ選び，番号で答えなさい。

　　数学的な(　ア　)を働かせ，数学的活動を通して，数学的に考える資質・能力を次のとおり育成することを目指す。

(1)　数量や図形などについての基礎的な概念や原理・法則などを理解するとともに，事象を数学化したり，数学的に解釈したり，数学的に表現・処理したりする技能を身に付けるようにする。

---

(2) 数学を活用して事象を(イ)する力，数量や図形などの
性質を見いだし統合的・発展的に考察する力，数学的な表
現を用いて事象を簡潔・明瞭・的確に表現する力を養う。

(3) 数学的活動の楽しさや数学のよさを実感して粘り強く考
え，数学を生活や学習に生かそうとする態度，問題解決の
過程を振り返って(ウ)しようとする態度を養う。

	ア	イ	ウ
1	見方・考え方	課題として設定	評価・改善
2	知識	論理的に考察	活用・探究
3	知識	課題として設定	評価・改善
4	見方・考え方	論理的に考察	評価・改善
5	見方・考え方	課題として設定	活用・探究

(問2) 次の文は，「中学校学習指導要領(平成29年告示)解説　数学編」
の「第4章　3　数学的活動の取組における配慮事項」に関する記述
である。(ア)～(ウ)に当てはまる語句の組合せとして正し
いものを，1～5から一つ選び，番号で答えなさい。

(1) 数学的活動を楽しめるようにするとともに，数学を
学習することの意義や数学の(ア)などを実感する
機会を設けること。

　生徒が数学的活動の楽しさを実感することについては，中
学校数学科の目標にも示されており，生徒が数学的活動に主
体的に取り組むことができるようにする上で重要である。第2
章第1節でも述べた通り，数学的活動の楽しさを実感するには，
単にでき上がった数学を知るだけでなく，事象を理想化した
り抽象化したりして数学の舞台にのせ，事象に潜む法則を見
つけたり，(イ)などによって数や図形の性質などを見いだ
し，見いだした性質を発展させたりする活動などを通して数

学を学ぶことを重視することが大切である。さらに，（　ウ　）な活動を通して数学を学ぶことを体験する機会を設け，その過程で様々な工夫，驚き，感動を味わい，数学を学ぶことの面白さ，考えることの楽しさを味わえるようにすることが大切である。また，こうした経験を基にして，生徒が数学を学習する意義や数学の(　ア　)について自らに問いかけ，自分なりの答えを見いだすことができるようにすることにも配慮する。

	ア	イ	ウ
1	必要性	観察や操作，実験	自立的，協働的
2	有用性	観察や操作，実験	自立的，協働的
3	有用性	数学的思考や推論	具体的，操作的
4	必要性	数学的思考や推論	具体的，操作的
5	必要性	数学的思考や推論	自立的，協働的

(☆☆☆◎◎◎◎)

【2】次の各問いの[　　]に当てはまる数値を求めなさい。

(問1)　$\sqrt{168n}$ が自然数となるような最小の自然数 n を求めると，$n=$[　アイ　]となる。

(問2)　方程式 $x^3-3x^2-x+3=0$ を解くと，$x=-$[　ア　]，[　イ　]，[　ウ　]となる。

(問3)　$0\leqq\theta<2\pi$ のとき，方程式 $\sin\theta+\cos2\theta=0$ を満たす θ の値は，$\dfrac{[　ア　]}{[　イ　]}\pi$，$\dfrac{[　ウ　]}{[　エ　]}\pi$，$\dfrac{[　オカ　]}{[　キ　]}\pi$ である。

(問4)　不等式 $\left(\dfrac{1}{27}\right)^{x-1}<\left(\dfrac{1}{9}\right)^{x}$ を解くと，$x>$[　　　]となる。

(☆☆☆◎◎◎◎)

【3】Aさんは，車でP地を出発してQ地まで行く。このとき，次の各問い
の[　]に当てはまる数値を求めなさい。

(問1)　Aさんは，時速36kmの速さで，11分40秒間走ると，[　]km進
むことになる。

(問2)　Aさんは，ある時刻にP地を出発し，時速28kmの速さでQ地へ
行くと，予定の時刻より15分遅く着いてしまうので，時速36kmの速
さでQ地へ行き，予定の時刻より11分40秒早く着いた。

　　　　P地を出発した時刻から，予定の時刻までは，[　ア　]時間
[　イウ　]分である。

　　　　また，時速[　エオ　]kmで行くと，予定の時刻に到着する。

(問3)　このPQ間を，Aさんが時速36kmでP地を出発してQ地へ向かう
と同時に，Bさんは，車でQ地を出発してP地へ向かった。Aさんと
Bさんがすれ違った30分後に，BさんはP地に到着した。このとき，
Bさんは，時速[　アイ　]kmで走ったことになる。

(☆☆◎◎◎◎)

【4】中心(5，0)，半径3の円Pがある。このとき，次の各問いの[　]に
当てはまる数値を求めなさい。

(問1)　円Pの方程式は，$x^2-[　アイ　]x+y^2+[　ウエ　]=0$である。

(問2)　原点から円Pに引いた接線の方程式を求めると，$y=\pm\dfrac{[　ア　]}{[　イ　]}$
xとなる。

(問3)　点Qが円Pの周上を動くとき，原点Oと点Qを結ぶ線分の中点R
の軌跡は，中心$\left(\dfrac{[　ア　]}{[　イ　]},\ [　ウ　]\right)$，半径$\dfrac{[　エ　]}{[　オ　]}$の円である。

(☆☆☆◎◎◎◎)

【５】次のグラフにおいて，曲線①は$y=\frac{1}{4}x^2$のグラフであり，直線②は曲線①上の点A(8，a)，点B(−4，4)を通る直線である。

　　また，点Aからx軸に垂線をおろした点をCとし，曲線①上を点Aから点Bまで動く点をTとした。

　　このとき，以下の各問いの[　　]に当てはまる数値を求めなさい。

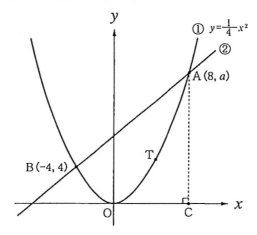

(問1)　直線②とy軸の交点の座標は，(0，[　　])となる。

(問2)　△AOBの面積と△ATBの面積が等しくなる点O以外の点Tの座標は，([　ア　]，[　イ　])となる。

(問3)　△OCTの面積が，点Aで曲線①と接する直線，直線②，y軸の3本の直線で囲まれる三角形の面積の半分になるとき，点Tの座標は，([　ア　]$\sqrt{[　イ　]}$，[　ウエ　])となる。

(問4)　△OCTの面積が，曲線①と直線②で囲まれる部分の面積の半分になるとき，点Tの座標は，([　ア　]，[　イ　])となる。

(☆☆☆◎◎◎◎)

【６】次の図1～図4は，20人の生徒に行った国語，数学，英語のテストの結果を表した箱ひげ図とヒストグラムである。このとき，以下の各問いに答えなさい。

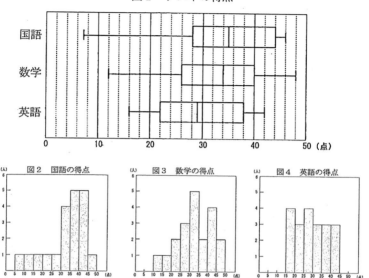

図1　テストの得点

図2　国語の得点

図3　数学の得点

図4　英語の得点

(問1)　図1～図4から読み取れる内容として適切なものを，1～7から二つ選び，番号で答えなさい。

1　範囲が最も大きい教科は英語である。

2　すべての教科において，四分位範囲は12点以上である。

3　数学のヒストグラムでは，度数が最も大きい階級に第3四分位数が入っている。

4　すべての教科の中で最も高い得点だったのは，国語のテストでの得点である。

5　平均値が最も高いのは数学である。

6　英語の中央値と国語の第1四分位数は，ともに25点以上30点未満である。

7　すべての教科において，40点以上45点未満の階級の相対度数は，0.3より大きい。

(問2)　次の表は，数学と英語のテストの得点をまとめたものである。

　数学の得点をx，英語の得点をyで表し，x，yの平均値をそれぞれ $\overline{x}$ ，$\overline{y}$ で表す。ただし，表の数値はすべて正確な値であり，四捨五入されていないものとする。

表

生徒番号	x	y	$x-\overline{x}$	$(x-\overline{x})^2$	$y-\overline{y}$	$(y-\overline{y})^2$	$(x-\overline{x})(y-\overline{y})$
1	30	28	-2	4	-1	1	2
⋮	⋮	⋮	⋮	⋮	⋮	⋮	⋮
20	34	29	2	4	0	0	0
合計	640	580	0	1788	0	1434	1537
平均	32	29	0	89.4	0	71.7	76.85
中央値	34	29	2	56.5	0	65	42.5

　変量xと変量yの散布図として適切なものを，1〜4から一つ選び，番号で答えなさい。

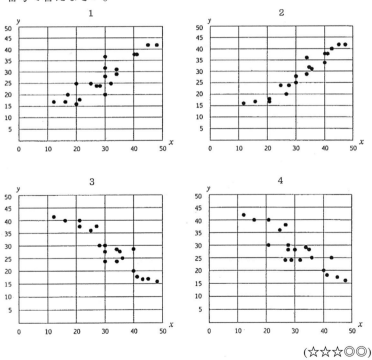

【7】袋Aには赤球2個と白球4個が入っており，袋Bには赤球3個と白球2個が入っている。さいころを1回投げて，偶数の目が出たら袋A，奇数の目が出たら袋Bを選び，選んだ袋から球を1個取り出す。このとき，次の各問いの[　]に当てはまる数値を求めなさい。

(問1)　取り出した球が赤球である確率は，$\dfrac{[\ ア\ ]}{[\ イウ\ ]}$である。

(問2)　取り出した球が赤球であるとき，その球を取り出した袋が袋Aである確率は，$\dfrac{[\ ア\ ]}{[\ イウ\ ]}$である。

(☆☆☆◎◎◎)

解答・解説

熊本県

【一次試験・中学校】

【1】(1) ア　原理　イ　数学化　ウ　性質　エ　発展的
オ　生活　(2) ア　⑦　イ　⑨　ウ　①　エ　④　オ　②

〈解説〉(1) 「中学校学習指導要領　第2章　第3節　数学」の「第1　目標」についての問題。各教科の目標は，育成を目指す資質・能力である「知識及び技能」，「思考力，判断力，表現力等」，「学びに向かう力，人間性等」の三つの柱で構成されている。　(2) 「中学校学習指導要第2章　第3節　数学」の「第3　指導計画の作成と内容の取扱い」についての問題。主体的・対話的で深い学びを実現するための授業改善，各教科等の特質に応じた体験活動を重視すること，障害のある生徒への配慮，については各教科で共通する事項である。

【２】(1)　$\dfrac{1}{x}+\dfrac{1}{y}=-4$の両辺に$xy$をかけると

$y+x=-4xy$　…①

①に$xy=2$を代入する

$y+x=-8$

この式をyについて解くと$y=-x-8$　…②

②を$xy=2$に代入する

$x(-x-8)=2$

$x^2+8x+2=0$　…③

③を解くと

$x=-4\pm\sqrt{16-2}$

$x=-4\pm\sqrt{14}$

$x=-4+\sqrt{14}$のとき　$y=-4-\sqrt{14}$

$x=-4-\sqrt{14}$のとき　$y=-4+\sqrt{14}$

$x>y$より

$x=-4+\sqrt{14},\ y=-4-\sqrt{14}$

答え　$x=-4+\sqrt{14},\ y=-4-\sqrt{14}$

(2)　$4(a-b)(a+b)-(b-1)(5b-1)$

$\begin{aligned}
&=4(a^2-b^2)-(5b^2-6b+1)\\
&=4a^2-4b^2-5b^2+6b-1\\
&=4a^2-9b^2+6b-1\\
&=4a^2-(9b^2-6b+1)\\
&=(2a)^2-(3b-1)^2\\
&=(2a+3b-1)(2a-3b+1)
\end{aligned}$

答え　$(2a+3b-1)(2a-3b+1)$

(3)

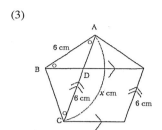

△ABD∽△ACBよりAB：AC＝AD：AB

AC＝x〔cm〕とすると

$6：x＝(x－6)：6$

$x(x－6)＝36$

$x^2－6x－36＝0$

$x＝3±\sqrt{9+36}$

$\quad ＝3±\sqrt{45}$

$\quad ＝3±3\sqrt{5}$

$x＞0$より　$x＝3＋3\sqrt{5}$

答え　$x＝3＋3\sqrt{5}$〔cm〕

(4)　点C$\left(a,\ \dfrac{1}{2}a^2\right)$とすると，点D$(2a,\ 2a^2)$となる。

直線BCとy軸との交点をPとすると点Pの座標は$\left(0,\ \dfrac{1}{2}a^2\right)$

△EBCは正三角形よりPC：EP＝1：$\sqrt{3}$

よって，点Eのy座標は$\dfrac{1}{2}a^2＋\sqrt{3}\,a$と表すことができ，点Dの$y$座標と

等しくなることから，

$\dfrac{1}{2}a^2＋\sqrt{3}\,a＝2a^2$

$\dfrac{3}{2}a^2－\sqrt{3}\,a＝0$

$a\left(\dfrac{3}{2}a－\sqrt{3}\right)＝0$

$a>0$より　$a=\dfrac{2\sqrt{3}}{3}$

よって，点Cの座標は$\left(\dfrac{2\sqrt{3}}{3},\ \dfrac{2}{3}\right)$

答え　点C$\left(\dfrac{2\sqrt{3}}{3},\ \dfrac{2}{3}\right)$

(5)　1つ移動するときをa，2つ移動するときをb，3つ移動するときをc
とすると，点Pが移動して点Aにある組み合わせは次の4通り

$\{a,\ a,\ a\},\ \{a,\ b,\ c\},\ \{b,\ b,\ b\},\ \{c,\ c,\ c\}$

$\{a,\ a,\ a\}$のとき

aは「1」の1通りしかなく，$(a,\ a,\ a)$の出方は1通りしかないので

$(1\times1\times1)\times1=1$〔通り〕

$\{a,\ b,\ c\}$のとき

bは「2，3」の2通り，cは「4，5，6」の3通りあり，

$\{a,\ b,\ c\}$の出方は，$(a,\ b,\ c)(a,\ c,\ b)(b,\ a,\ c)(b,\ c,\ a)(c,\ a,\ b)(c,$
$b,\ a)$の6通り考えられるので，$(1\times2\times3)\times6=36$〔通り〕

$\{b,\ b,\ b\}$のとき

bは「2，3」の2通りあり，

$(b,\ b,\ b)$の出方は1通りしかないので，$(2\times2\times2)\times1=8$〔通り〕

$\{c,\ c,\ c\}$のとき

cは「2，3，4」の3通りあり，

$(c,\ c,\ c)$の出方は1通りしかないので，$(3\times3\times3)\times1=27$〔通り〕

さいころを3回投げるので，$6\times6\times6=216$〔通り〕

ゆえに，$\dfrac{1+36+8+27}{216}=\dfrac{72}{216}=\dfrac{1}{3}$

答え　$\dfrac{1}{3}$

(6)　最大値が85より，エ(85)

第1四分位数(46)は点数が低い方から3番目より，ア(46)

52を5番目の数と仮定すると，

114

第2四分位数(66)は5番目と6番目の平均の点数となることから，6番目の数が80となり矛盾し，不適。

よって，52は4番目の数，イが5番目の数になることが分かる。

また，平均値が62点より，イ＋ウ＝134

6番目の数をウと仮定すると，第2四分位数(66)は5番目と6番目の平均値より，イ＋ウ＝132となる。この式とテストの平均値の関係式イ＋ウ＝134を同時に満たす値がないことより不適。

よって6番目は70。

ゆえに，第2四分位数の関係より，イ(62)

平均値の関係より，ウ(72)

答え　ア(46)，イ(62)，ウ(72)，エ(85)

〈解説〉解答参照。

【3】(1)

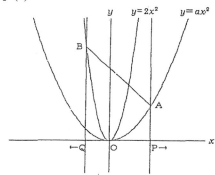

8秒後の点Aのy座標が16になるので$y=ax^2$に$x=8$，$y=16$を代入すると

$16=64a$　より　$a=\dfrac{1}{4}$

答え　$a=\dfrac{1}{4}$

(2)　t秒後に△ORBの面積が△OARの面積の3倍となるとすると，点A$\left(t,\ \dfrac{1}{4}t^2\right)$，B$\left(-\dfrac{1}{2}t,\ \dfrac{1}{2}t^2\right)$と表せる。

△ORB：△OAR＝3：1なので

点Rは，線分ABを1：3に内分する点である。

よって　$R\left(\dfrac{-\dfrac{1}{2}t+3t}{1+3}, \dfrac{\dfrac{1}{2}t^2+\dfrac{3}{4}t^2}{1+3}\right)$

整理すると　$R\left(\dfrac{5}{8}t, \dfrac{5}{16}t^2\right)$

点Rは，$y＝16x$上にあるので代入すると

$\dfrac{5}{16}t^2＝16\times\dfrac{5}{8}t$

整理すると　$t^2-32t＝0$

$t(t-32)＝0$

$t\neq0$　なので　$t＝32$

答え　32秒後

〈解説〉解答参照。

【4】(証明)

△AGDと△BEDにおいて仮定より　　AD＝BD　…①

$\overset{\frown}{DE}$ に対する円周角は等しいので　∠DAG＝∠DBE　…②

$\overset{\frown}{AB}$ に対する円周角は等しいので　∠ADF＝∠AEB　…③

AE//BCより錯角は等しいので　∠AEB＝∠EBC　…④

$\overset{\frown}{CE}$ に対する円周角は等しいので　∠EBC＝∠EDG　…⑤

③，④，⑤より　　∠ADF＝∠EDG・・・⑥

また，

∠ADG＝∠ADF＋∠FDG　…⑦

∠BDE＝∠EDG＋∠FDG　…⑧

⑥，⑦，⑧より　　∠ADG＝∠BDE　…⑨

①，②，⑨より1組の辺とその両端の角がそれぞれ等しいので

△AGD≡△BED

(2)　△AGD≡△BEDより　　AD＝BD＝10，DE＝DG＝3

FB＝xとおくと，DF＝$10-x$と表せる。

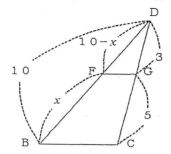

FG//BCより △DFG∽△DBC

相似な図形では対応する辺の比は等しいので

DF：DB＝DG：DC

$(10-x)$：$10＝3$：8

$8(10-x)＝30$

これを解くと　$x＝\dfrac{25}{4}$

答え　$\dfrac{25}{4}$〔cm〕

〈解説〉解答参照。

【5】(1)　4つの線分の長さの和，AP＋PQ＋QR＋RBが最短になるのは，次の展開図で点Aと点Bを結んだ線が直線になるときである。

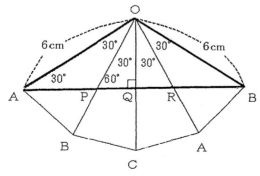

図の太線の△OABは二等辺三角形で，∠AOB＝120°なので，

∠OAQ＝∠OBQ＝30°

∠AOQ＝60°なので，∠OQA＝90°

△OAQは90°，60°，30°の直角三角形なので

OA：OQ＝2：1　より　OQ＝3〔cm〕

△OPQは，90°，60°，30°の直角三角形なので

OP：OQ＝2：$\sqrt{3}$　より　OP＝$2\sqrt{3}$〔cm〕

答え　$2\sqrt{3}$〔cm〕

(2)　次の図のように，点Oを含む立体は三角錐OPQRである。

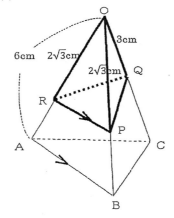

三角錐OPQRの底面を△ORP，三角錐OABCの底面を△OABで考える。

△ORP∽△OABで，相似比は　$2\sqrt{3}$：6＝$\sqrt{3}$：3

よって，△ORPと△OABの面積比は　$(\sqrt{3})^2$：3^2＝3：9＝1：3　…①

三角錐OPQRと三角錐OABCの高さの比は，点Dを辺ABの中点とし，

次の図の△ODCで考える。

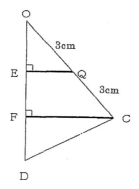

点Qから，面ORPに下した垂線と面ORPとの交点をE，点Cから面OAB
に下した垂線と面OABとの交点をFとする。このとき，点E，Fは線分
OD上にある。

△OEQ∽△OFCなので，EQ：FC＝1：2となり，三角錐OPQRの高さ
EQと三角錐OABCの高さFCの比は，1：2　…②

①，②より三角錐OPQRと三角錐OABCの体積比は　1×1：3×2＝1：
6

よって，点Oを含む立体の体積は，もとの三角錐の体積の$\frac{1}{6}$である。

答え　$\frac{1}{6}$〔倍〕

〈解説〉(1)　解答参照。

(2)　(参考)　三角錐OPQRの体積V_1と三角錐OBCAの体積V_2の比は$\frac{V_1}{V_2}$
$=\dfrac{OP \times OQ \times OR}{OB \times OC \times OA}$である。

本問では，$\dfrac{V_1}{V_2} = \dfrac{2\sqrt{3} \times 3 \times 2\sqrt{3}}{6 \times 6 \times 6} = \dfrac{36}{216} = \dfrac{1}{6}$となる。

【一次試験・高等学校】

【1】(1) (i)　資質・能力　　(ii)　③　　(2) a　⑥　　b　①　　c　④

(3) (i)　○　　(ii)　×

〈解説〉(1)　「高等学校学習指導要領　第2章　第4節　数学」の「第1款　目標」及び，「高等学校学習指導要領解説　数学編」についての問題である。数学に限らず各教科で育成を目指すものは生徒の資質・能力である。また，学習指導要領では，この育成を目指す資質・能力を「知識及び技能」，「思考力，判断力，表現力等」，「学びに向かう力，人間性等」の三つの柱で構成しており，文中の(2)は「思考力，判断力，表現力等」に関する目標である。　(2)　「高等学校学習指導要領解説　数学編」における数学各科目の「数学Ⅰ，Ⅱ，Ⅲ，A，B，C」の細かい各単元内容についての問題。同学習指導要領では，それまで数学Bで扱っていた「ベクトル」が数学Cへ，数学活用で扱っていた「数学と人間の活動」が数学Bへ移行している。　(3)　「課題学習」の位置付けと「数学B」，「数学C」の履修順序についての問題である。「数学B」及び「数学C」は「数学Ⅰ」の履修後の履修が原則であるが，両科目の履修の順序は規定されていない。

【２】(1)　$\dfrac{37}{48}$　　(2)　$\dfrac{3}{4} < a < 6 - 2\sqrt{5}$　　(3)　$(n+1)(2n+1)$

(4)　$a = 75$，$b = 69$，$c = 72$　　(5)　2

〈解説〉(1)　さいころを4回投げるとき，出る目の積が4の倍数でないのは，すべて奇数の目1，3，5が出る場合$3 \times 3 \times 3 \times 3 = 81$〔通り〕

4回のうち3回が奇数目で，1回が2の目が出る場合　$3 \times 3 \times 3 \times 1 \times 4 = 108$〔通り〕

4回のうち3回が奇数目で，1回が6の目が出る場合　$3 \times 3 \times 3 \times 1 \times 4 = 108$〔通り〕

よって，$81 + 108 + 108 = 297$〔通り〕

したがって，出た目の積が4の倍数である確率は，余事象の確率より，

$$1 - \dfrac{297}{6^4} = \dfrac{1296 - 297}{1296} = \dfrac{999}{1296} = \dfrac{37}{48}$$

(2)　曲線$C : y = |x^2 - 5x + 4| + x - 1$　…①

$|x^2 - 5x + 4| = |(x-1)(x-4)|$であるから，

$x<1$のとき, $y=x^2-5x+4+x-1=x^2-4x+3=(x-2)^2-1$

$1\leqq x<4$のとき, $y=-(x^2-5x+4)+x-1=-x^2+6x-5=-(x-3)^2+4$

$x\geqq 4$のとき, $y=x^2-5x+4+x-1=x^2-4x+3=(x-2)^2-1$

よって, ①のグラフは図1のようになる。

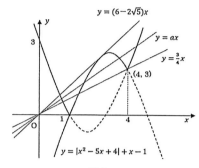

図1

直線l: $y=ax$ …②

①, ②の共有点の個数が4個になるためには

②が点$(4, 3)$を通るとき, $3=4a$より, $a=\dfrac{3}{4}$

②が$y=-x^2+6x-5$と接するとき,

$-x^2+6x-5=ax$, $x^2+(a-6)x+5=0$

判別式$D=(a-6)^2-20=0$, $a=6\pm 2\sqrt{5}$

図より, $a=6-2\sqrt{5}$, よって, 求めるaの値の範囲は

$\dfrac{3}{4}<a<6-2\sqrt{5}$

(3) 格子点は図2のように,

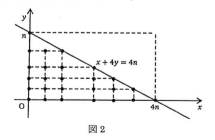

図2

121

x軸方向では$4n+1$〔個〕，y軸方向では$n+1$〔個〕である。

また，直線$x+4y=4n$上では$n+1$〔個〕を考えて

$\{(4n+1)(n+1)+n+1\}\div2=(n+1)(2n+1)$〔個〕

(4)　数学と英語の平均が等しいので，

$a+b+c+a+c+b=b+b+a+b+a+a$より，$c=\dfrac{a+b}{2}$

$a>b$であり，数学の得点の中央値が72であるから，

c，c，b，b，a，aのとき，$c<b$とならないから不適。

b，b，c，c，a，aのとき，$b<c$，$c<a$が成り立ち，$c=\dfrac{a+b}{2}=72$，$a+b=144$　…①

b，b，a，a，c，cのとき，$a<c$とならないから不適。

また，英語の平均は$\overline{x}=\dfrac{3a+3b}{6}=\dfrac{a+b}{2}$

よって，分散$s^2=\dfrac{1}{6}\left\{\left(a-\dfrac{a+b}{2}\right)^2\times3+\left(b-\dfrac{a+b}{2}\right)^2\times3\right\}=\dfrac{(a-b)^2}{4}=9$

$a>b$より，$a-b=6$　…②

したがって，①，②より，$a=75$，$b=69$，$c=72$

(5)　$\dfrac{x^2}{\sin x\,(1-\cos x)}\{\log(x^2+x)-\log x\}=\dfrac{x^2}{\sin x\,2\sin^2\dfrac{x}{2}}\{\log(x+1)\}$

$=\dfrac{x^2}{4\cos\dfrac{x}{2}\sin^3\dfrac{x}{2}}\{\log(x+1)-\log1\}$

$=\dfrac{1}{4\cos\dfrac{x}{2}}\cdot8\left(\dfrac{\dfrac{x}{2}}{\sin\dfrac{x}{2}}\right)^3\cdot\dfrac{\log(1+x)-\log1}{x}$

ここで，$\displaystyle\lim_{x\to0}\dfrac{\dfrac{x}{2}}{\sin\dfrac{x}{2}}=1$，$\displaystyle\lim_{x\to0}\dfrac{\log(1+x)-\log1}{x}=\{\log X\}'_{X=1}=\left\{\dfrac{1}{X}\right\}_{X=1}=1$

よって，$\displaystyle\lim_{x\to0}\dfrac{x^2}{\sin x\,(1-\cos x)}\{\log(x^2+x)-\log x\}=\dfrac{1}{4\cos0}\cdot8\cdot1^3\cdot1=2$

【3】(1) $\overrightarrow{MG}=-\dfrac{1}{2}\overrightarrow{a}+\dfrac{1}{3}\overrightarrow{b}+\dfrac{1}{3}\overrightarrow{c}$

(2) 点Pは直線MG上であるから，$\overrightarrow{OP}=(1-t)\overrightarrow{OM}+t\overrightarrow{OG}$ (tは実数)とおける。

よって，$\overrightarrow{OP}=\dfrac{1-t}{2}\overrightarrow{a}+\dfrac{t}{3}\overrightarrow{b}+\dfrac{t}{3}\overrightarrow{c}$　…①

$\overrightarrow{OP}\perp\overrightarrow{MG}$であるから，$\overrightarrow{OP}\cdot\overrightarrow{MG}=0$，すなわち，

$\left(\dfrac{1-t}{2}\overrightarrow{a}+\dfrac{t}{3}\overrightarrow{b}+\dfrac{t}{3}\overrightarrow{c}\right)\cdot\left(-\dfrac{1}{2}\overrightarrow{a}+\dfrac{1}{3}\overrightarrow{b}+\dfrac{1}{3}\overrightarrow{c}\right)=0$　…②

$|\overrightarrow{a}|=1$，$|\overrightarrow{b}|=|\overrightarrow{c}|=\dfrac{3}{2}$，$\overrightarrow{a}\cdot\overrightarrow{b}=\overrightarrow{b}\cdot\overrightarrow{c}=\overrightarrow{c}\cdot\overrightarrow{a}=0$であるから，②より

$\dfrac{t-1}{4}\cdot1^2+\dfrac{t}{9}\cdot\left(\dfrac{3}{2}\right)^2+\dfrac{t}{9}\cdot\left(\dfrac{3}{2}\right)^2=0$

$\dfrac{t-1}{4}+\dfrac{t}{4}+\dfrac{t}{4}=0$　よって　$t=\dfrac{1}{3}$

①より，$\overrightarrow{OP}=\dfrac{1}{3}\overrightarrow{a}+\dfrac{1}{9}\overrightarrow{b}+\dfrac{1}{9}\overrightarrow{c}$

$\overrightarrow{OQ}=k\overrightarrow{OP}=\dfrac{k}{3}\overrightarrow{a}+\dfrac{k}{9}\overrightarrow{b}+\dfrac{k}{9}\overrightarrow{c}$

点Qが平面ABC上であるから　$\dfrac{k}{3}+\dfrac{k}{9}+\dfrac{k}{9}=1$

よって，$k=\dfrac{9}{5}$だから　$\overrightarrow{OQ}=\dfrac{3}{5}\overrightarrow{a}+\dfrac{1}{5}\overrightarrow{b}+\dfrac{1}{5}\overrightarrow{c}$

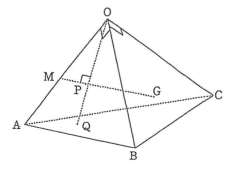

(3)　点Qから平面OBCに垂線QHを下ろすと，線分QH，OAともに平面OBCに垂直であるから，QH//OAとなり，$\overrightarrow{QH}=s\,\vec{a}$（sは実数）とおける。

よって，$\overrightarrow{OH}=\overrightarrow{OQ}+\overrightarrow{QH}=\left(\dfrac{3}{5}+s\right)\vec{a}+\dfrac{1}{5}\vec{b}+\dfrac{1}{5}\vec{c}$　…①

ここで，点Hは平面OBC上より，$\overrightarrow{OH}$は$\vec{b}$と$\vec{c}$のみで表されるから，①より

$\dfrac{3}{5}+s=0$，すなわち，$s=-\dfrac{3}{5}$

よって，$\overrightarrow{QH}=-\dfrac{3}{5}\vec{a}$となり，$QH=|\overrightarrow{QH}|=\dfrac{3}{5}|\vec{a}|=\dfrac{3}{5}\cdot1=\dfrac{3}{5}$

四面体QOBCの体積をV_1，底面積を△OBC，高さをQHとすると，

$V_1=\dfrac{1}{3}\cdot\triangle OBC\cdot QH=\dfrac{1}{3}\cdot\dfrac{1}{2}\cdot\dfrac{3}{2}\cdot\dfrac{3}{2}\cdot\dfrac{3}{5}=\dfrac{9}{40}$

また，$\overrightarrow{OQ}=\dfrac{9}{5}\overrightarrow{OP}$であるから，OP：PQ＝5：4

よって，$V=\dfrac{4}{9}V_1=\dfrac{4}{9}\cdot\dfrac{9}{40}=\dfrac{1}{10}$

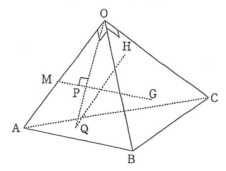

〈解説〉(1)　題意より，$\overrightarrow{OM}=\dfrac{\vec{a}}{2}$，$\overrightarrow{OG}=\dfrac{\vec{b}+\vec{c}}{3}$

よって，$\overrightarrow{MG}=\overrightarrow{OG}-\overrightarrow{OM}=\dfrac{\vec{b}+\vec{c}}{3}-\dfrac{\vec{a}}{2}=-\dfrac{1}{2}\vec{a}+\dfrac{1}{3}\vec{b}+\dfrac{1}{3}\vec{c}$

(2)，(3)　解答参照。

【4】(1) 条件を満たす点P_1の座標を(x, y)とすると,

$x=\sin\theta+\cos\theta$, $y=2\sin\theta\cos\theta$

$x^2=(\sin\theta+\cos\theta)^2=1+y$であるから, 点$P_1$の軌跡の方程式は

$y=x^2-1$

ここで, $x=\sin\theta+\cos\theta=\sqrt{2}\sin\left(\theta+\dfrac{\pi}{4}\right)$

$0\leqq\theta\leqq\pi$ より, $\dfrac{\pi}{4}\leqq\theta+\dfrac{\pi}{4}\leqq\dfrac{5}{4}\pi$ であるから, $-1\leqq x\leqq\sqrt{2}$

よって, 点P_1の軌跡は, 放物線$y=x^2-1$の$-1\leqq x\leqq\sqrt{2}$ の部分であり, 次図の実線部分である。

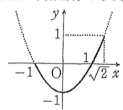

(2) $P_1P_2=d$とおくと, (1)より点P_1の軌跡は$y=x^2-1$だから, 点P_1は原点とはならないので$d>0$

また, 2円が異なる2点で交わることは, $d<$(2円の半径の和)となることであり, $P_2(-\sin\theta-\cos\theta, -2\sin\theta\cos\theta)$であることから,

$d^2=(2\sin\theta+2\cos\theta)^2+(4\sin\theta\cos\theta)^2$

$\quad=16\sin^2\theta\cos^2\theta+8\sin\theta\cos\theta+4$

$\quad=4\sin^2 2\theta+4\sin2\theta+4$

$d<2$により, $d^2<2^2$

$4\sin^2 2\theta+4\sin2\theta+4<4$

$\sin^2 2\theta+\sin2\theta<0$

$\sin2\theta(\sin2\theta+1)<0$

$-1<\sin2\theta<0$

$0\leqq\theta\leqq\pi$ より, $0\leqq2\theta\leqq2\pi$ であるから, $\pi<2\theta<\dfrac{3}{2}\pi$, $\dfrac{3}{2}\pi<2\theta<2\pi$

よって，$\dfrac{\pi}{2}<\theta<\dfrac{3}{4}\pi$，$\dfrac{3}{4}\pi<\theta<\pi$

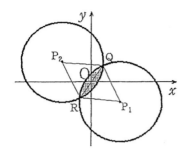

(3)　領域Dの面積が最大となることは，dが最小となることだから，

$d^2=4\sin^2 2\theta+4\sin 2\theta+4$

$\qquad=4\left(\sin 2\theta+\dfrac{1}{2}\right)^2+3$

であることから，d^2の最小値は3であり，dの最小値は$\sqrt{3}$となる。

このとき，$\sin 2\theta=-\dfrac{1}{2}$ $(0\leqq 2\theta\leqq 2\pi)$であるから，$\theta=\dfrac{7}{12}\pi$，$\dfrac{11}{12}\pi$と

なり，(2)を満たす。

さらに，2円の交点をQ，Rとすると，△P_1QR，△P_2QRはともに，1辺

の長さが1の正三角形であるから求める面積は，

$2\left(\pi\cdot 1^2\cdot\dfrac{1}{6}-\dfrac{1}{2}\cdot 1\cdot 1\cdot\sin\dfrac{\pi}{3}\right)=\dfrac{\pi}{3}-\dfrac{\sqrt{3}}{2}$

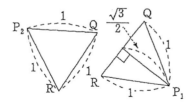

〈解説〉(1)，(2)　解答参照。

(3)　求める面積は下図の扇形の面積から正三角形を引いた面積の2倍

である。

126

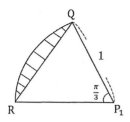

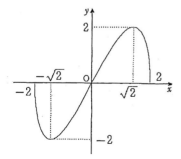

【5】 (1)　関数$f(x)$の定義域は，$-2 \leqq x \leqq 2$である。

$$f'(x) = \sqrt{4-x^2} + x \cdot \frac{-2x}{2\sqrt{4-x^2}} = \frac{4-2x^2}{\sqrt{4-x^2}}$$

増減表は次のようになる。

x	-2	$\cdots$	$-\sqrt{2}$	$\cdots$	$\sqrt{2}$	$\cdots$	2
$f'(x)$		$-$	0	$+$	0	$-$	
$f(x)$	0	$\searrow$	-2	$\nearrow$	2	$\searrow$	0

よって，$x = \sqrt{2}$ のとき，最大値2，$x = -\sqrt{2}$ のとき，最小値-2をとる。

(2)　$0 \leqq x \leqq 2$において，$y = x\sqrt{4-x^2}$をxについて解くと，

$$x = \sqrt{2 \pm \sqrt{4-y^2}}$$

ここで，$f(-x) = -f(x)$であるから，$y = f(x)$の表すグラフは原点に関して対称である。求める体積をVとすると，

$$V = 2\int_0^2 \left\{ \pi\left(\sqrt{2+\sqrt{4-y^2}}\right)^2 - \pi\left(\sqrt{2-\sqrt{4-y^2}}\right)^2 \right\} dy$$

$$= 4\pi\int_0^2 \sqrt{4-y^2}\,dy$$

$y = 2\sin\theta$ とおくと，$dy = 2\cos\theta\,d\theta$

y	0	$\to$	2
θ	0	$\to$	$\dfrac{\pi}{2}$

よって，

$$V = 4\pi\int_0^{\frac{\pi}{2}} \sqrt{4-4\sin^2\theta} \cdot 2\cos\theta\,d\theta$$

$$= 16\pi\int_0^{\frac{\pi}{2}} \cos^2\theta\,d\theta$$

$$= 16\pi\int_0^{\frac{\pi}{2}} \frac{1+\cos2\theta}{2}\,d\theta$$

$$= 8\pi\left[\theta + \frac{1}{2}\sin2\theta\right]_0^{\frac{\pi}{2}}$$

$$= 4\pi^2$$

〈解説〉解答参照。

【二次試験・中学校】

【１】(解答例)　一元一次方程式について，数学的活動を通して次の事項を身に付けることができるように指導する。

[1]　次のような知識及び技能を身に付けること。

(ア)　方程式の必要性と意味及び方程式の中の文字や解の意味を理解すること。

(イ)　簡単な一元一次方程式を解くこと。

[2]　次のような思考力，判断力，表現力等を身に付けること。

(ア)　等式の性質を基にして，一元一次方程式を解く方法を考察し表現すること。

(イ)　一元一次方程式を具体的な場面で活用すること。

[1]の(ア)について，例えば方程式$x+2=5$は「xと2の和が5に等しい」という数学的な表現であることを示し，xの値に…-2，-1，0，1，2，3，4，…を代入すると$x=3$のときにだけに成り立っている。この値が方程式の解であることを示す。

[2]の(イ)について，等式の性質$a=b$ならば，

①　$a+c=b+c$　②　$a-c=b-c$　③　$ac=bc$　④　$c\neq0$のとき，$\dfrac{a}{c}=\dfrac{b}{c}$を用いて，一元一次方程式$ax+b=0$の解が求められるようにする。

[2]の(ア)，(イ)について，以下の①～④の手順のように日常の生活的な場面における問題を方程式の活用で解決できるようにする。

①　求めたい数量に着目し，それを文字で表す。

②　数量やその関係から，二通りに表される数量を見いだし，文字を用いた式で表す。

③　それらを等号で結んで方程式をつくり，その方程式を解く。

④　求めた解が問題に即しているかを確認して，答えとする。

　以上の点を踏まえ，次の基本的な問題の具体例で指導をしていく。

[例1]　次の方程式を解きなさい。

①　$7x-3=5(x-1)$…②　$1.2x-0.3=1.5x-3$…③　$\dfrac{2}{5}x+1=-\dfrac{1}{3}x$

[例2]　xの方程式$ax+8=2x+4a$の解は$x=-2$であるという。aの値を求めよ。

[例3]　ある数の6倍に，もとの数の半分をたすと91になる。ある数を求めよ。

[例4]　妹が徒歩で学校に向かって分速60mで出発してから，12分後に兄が分速300mの自転車で妹を追いかけた。兄が妹に追いつくのは出発してから何分後か求めよ。

[例5]　6%の食塩水300gと3%の食塩水を混ぜて，5%の食塩水を作りたい。3%の食塩水は何g必要か求めよ。

★　[例題]の指導上の留意点

[例1]　②は10倍，③は15倍して整数係数の一次方程式にして解く。

[例2]　$x=-2$を代入して，aについての方程式を解く。

[例3]　ある数をxとして，方程式をつくり，解く。

[例4]　出発してからx分後として，速度，時間，距離の関係を用いて関係式をつくる。

[例5]　食塩水の量×濃度＝食塩の量であることを理解させて，関係式をつくる。

　　生徒には単に問題の答えが導き出せるだけではなく，一次方程式について興味をもたせて指導をしていくことが大切である。一次方程式はこれから学習する連立方程式，2次方程式などの基本となるので，解き方，応用問題などの扱い方にも慣れるように指導をしていく。

〈解説〉「学習指導要領解説　数学編」の「第3章　各学年の目標及び内容　第1節　第1学年　目標　A　数と式」から「一元一次方程式」を参照して論を進めていくこと。実際の授業展開を予測して具体例を示していくこと。生徒の誰にでも分かるような例題を取り入れ，授業を展開することが大切である。その際，生徒の活動が教師側からの一方通行にならないように，生徒のいろいろな意見を取り入れて活動をしていくことが必要である。単に，抽象的な論にとどまるだけでなく，具体的な例と授業展開の場面を結びつけた指導になっていることに留意し，解答を作成すること。

【二次試験・高等学校】

【1】(解答例)　数に関しては数を実数まで拡張する意義や数の体系についての理解を深めさせる。その際，実数が四則計算に関して閉じていることや，直線上の点と1対1に対応していることを理解させるとともに，簡単な無理数の四則計算ができるようにする。集合については，基本的な事柄として，集合に関する用語・記号$a \in A$，$A \cap B$，$A \cup B$，$A \subset B$，$\overline{A}$(Aの補集合)などを取り扱うこと，集合の考えを用いて命題について学習させることである。命題の真偽については，集合の包含関係と関連付けて理解できるようにする。さらに，「必要条件，十分

条件」などの指導も図示による包含関係から理解させるようにする。そして，中学校で学習した数の性質や図形の性質など簡単な証明で「対偶を利用した証明」や「背理法による証明」を扱い，命題として表現させることである。また，これらは日常の生活の中で取り上げられる事象でもよい。会話や言葉から，必要，十分条件，対偶，背理法などを考える授業も大切であり，数学が楽しく学べるように指導をしていくことである。

　以上の点を踏まえ，次の基本的な問題の具体例で指導をしていく。

[例1]　次の計算をしなさい。

①　$\sqrt{12} - 3\sqrt{48} + 2\sqrt{27}$　　②　$(\sqrt{2} + 3\sqrt{7})(4\sqrt{2} - \sqrt{7})$

③　$\dfrac{1}{3 - \sqrt{5}} - \dfrac{1}{\sqrt{5} - 1}$

[例2]　$U = \{1, 2, 3, 4, 5, 6, 7, 8\}$を全体集合とする。

Uの部分集合を$A = \{2, 4, 5, 6\}$，$B = \{1, 3, 4, 7\}$とするとき，次の集合をそれぞれ求めよ。

①　$A \cap B$　　②　$A \cup B$　　③　$\overline{B}$　　④　$\overline{A \cup B}$　　⑤　$\overline{A} \cap \overline{B}$

⑥　$\overline{A \cap B}$　　⑦　$\overline{A} \cup \overline{B}$

[例3]　次の命題の真偽を調べよ。

①「$x > 1 \Rightarrow x > -2$」　　②　aを実数とする。「$a^2 = 16 \Rightarrow a = 4$」

③　mを自然数とする。「mは奇数$\Rightarrow m$は素数」

[例4]　空欄部分に当てはまる語句をそれぞれ答えなさい。

①　$a = \pm\sqrt{7}$は$a^2 = 7$であるための[　　]条件

②　$a^2 > 0$は$a < 0$であるための[　　]条件

③　四角形ABCDが平行四辺形であることは，AB//DC であるための[　　]条件

[例5]　nを整数とするとき，n^2が偶数ならばnも偶数であることを証明せよ。(対偶を利用した証明)

[例6]　直線外の1点からその直線に引ける垂線は1本だけであることを

131

証明せよ。(背理法の証明)

★　[例題]の指導上の留意点

[例1]　①，②は平方根の計算，③は分母を有理化して計算する。

[例2]　④〜⑦は$\overline{A \cup B} = \overline{A} \cap \overline{B}$，$\overline{A \cap B} = \overline{A} \cup \overline{B}$(ド・モルガンの法則)について指導する。

[例3]，[例4]は2つの集合の包含関係から，命題の真偽を，また，必要条件，十分条件，必要十分条件が分かるように指導をする。

[例5]　初めの命題と対偶命題が「同値関係」であることを確認させる。

[例6]　結論を否定して，矛盾を導くことに留意して指導をする。

「垂線が1本である」を否定すると「2本以上になる」ことに注意する。

　平方根では，計算が複雑化することもあるが，板書を利用し粘り強く指導を継続する必要がある。証明問題では「対偶」や「否定」について，しっかりと理解させる必要がある。生徒にとっては抽象的で難解な箇所もあるが，図表や具体的な事象を提示するなどして直感的に理解させることが重要である。今後の数学の学習でこれらの基本的な事項はよく扱われるので，念入りな指導が必要である。

〈解説〉「学習指導要領解説　数学編」の「第2章　各科目　第1節　数学Ⅰ　3　内容の取り扱い」から「数と集合」を参照して論を進めていくこと。実際の授業展開を予測して具体例を示していくこと。生徒の誰にでも分かるような例題を取り入れ，授業を展開することが大切である。その際，生徒の活動が教師側からの一方通行にならないように，生徒のいろいろな意見を取り入れて活動をしていくことが必要である。単に抽象的な論にとどまるだけでなく，具体的な例と授業展開の場面を結びつけた指導になっていることに留意し，解答を作成すること。

熊本市

【1】(問1) 4 (問2) 1

〈解説〉(問1)「中学校学習指導要領 第2章 第3節 数学」の「第1 目標」についての問題である。「見方・考え方」とは物事を捉える視点や考え方のことであり，数学だけでなく全教科共通として，各教科に応じた「見方・考え方」を働かせる学習の充実が図られている。また，教科の目標は，育成を目指す資質・能力である「知識及び技能」，「思考力，判断力，表現力等」，「学びに向かう力，人間性等」の三つの柱で構成されている。 (問2)「中学校学習指導要領解説 数学編」の「第4章 3 数学的活動の取組における配慮事項」についての問題である。数学的活動の取組においては，数学の必要性などを実感させるために，観察や実験を通して，事象を数学的に捉えさせ，法則について考察させることや生徒の主体的・対話的で深い学びの実現を図るために，問題を自立的，協働的に解決し，学習の過程を振り返る学習の充実に配慮することが求められる。

【2】(問1) ア 4 イ 2 (問2) ア 1 イ 1 ウ 3
(問3) ア 1 イ 2 ウ 7 エ 6 オ 1 カ 1
キ 6 (問4) ア 3

〈解説〉(問1) $\sqrt{168n}=\sqrt{2^3\times3\times7\times n}$であるから，
根号が外れるための最小の自然数は，$n=2\times3\times7=42$
(問2) $x^3-3x^2-x+3=0$, $x^2(x-3)-(x-3)=0$, $(x-3)(x^2-1)=0$,
$(x+1)(x-1)(x-3)=0$, よって，$x=-1$, 1, 3
(問3) $\sin\theta+\cos2\theta=0$, $\sin\theta+1-2\sin^2\theta=0$, $2\sin^2\theta-\sin\theta-1=0$,
$(\sin\theta-1)(2\sin\theta+1)=0$より，$\sin\theta=1$, $-\dfrac{1}{2}$

$0\leqq\theta<2\pi$であるから，$\theta=\dfrac{\pi}{2}$, $\dfrac{7\pi}{6}$, $\dfrac{11\pi}{6}$

(問4)　$\left(\dfrac{1}{27}\right)^{x-1}<\left(\dfrac{1}{9}\right)^{x}$,　$(3^{-3})^{x-1}<(3^{-2})^{x}$,　$3^{-3x+3}<3^{-2x}$

3＞1であるから，$-3x+3<-2x$より，$x>3$

【3】(問1)　7　　(問2)　ア　1　　イ　4　　ウ　5　　エ　3　　オ　2
(問3)　ア　4　　イ　8

〈解説〉(問1)　11分40秒を時間に換算すると，$11\times\dfrac{1}{60}+40\times\dfrac{1}{60^{2}}=\dfrac{700}{60^{2}}$ $=\dfrac{7}{36}$〔時間〕より，$36\times\dfrac{7}{36}=7$〔km〕進むことになる。

(問2)　予定の時刻までをx時間とする。15分を時間に換算すると$\dfrac{1}{4}$時間なので，

PQ間の距離について，$28\times x+28\times\dfrac{1}{4}=36\times x-36\times\dfrac{7}{36}$が成り立つ。

よって，$x=\dfrac{7}{4}$

時間に換算すると予定の時刻までは，1時間45分である。

PQ間の距離は$28\times\dfrac{7}{4}+7=56$〔km〕より，予定の時速は，$56\div\dfrac{7}{4}=32$〔km/h〕

(問3)　Bさんの時速をx〔km/h〕，2人がすれ違うまでの時間をy〔時間〕とする。

$$\begin{cases} 36y+xy=56 & \cdots① \\ x\times\dfrac{1}{2}=36y & \cdots② \end{cases}$$

②より，$y=\dfrac{x}{72}$を①に代入して，$\dfrac{x}{2}+\dfrac{x^{2}}{72}=56$,　$x^{2}+36x-4032=0$,

$(x+84)(x-48)=0$,　$x>0$より，$x=48$,　$y=\dfrac{2}{3}$

よって，Bさんの時速は，48〔km/h〕

【4】(問1)　ア　1　　イ　0　　ウ　1　　エ　6　　(問2)　ア　3
イ　4　　(問3)　ア　5　　イ　2　　ウ　0　　エ　3　　オ　2
〈解説〉(問1)　中心(5, 0)，半径3より，

円P：$(x-5)^2+y^2=3^2$，$x^2-10x+y^2+16=0$

(問2) 原点を通る直線の方程式を$y=mx$　として，

$x^2-10x+y^2+16=0$に代入して，$x^2-10x+m^2x^2+16=0$

$(m^2+1)x^2-10x+16=0$

接する条件は，判別式をDとすると

$\dfrac{D}{4}=(-5)^2-16(m^2+1)=0$より，$16m^2=9$，$m=\pm\dfrac{3}{4}$

よって，接線の方程式は$y=\pm\dfrac{3}{4}x$

(問3)　円P：$(x-5)^2+y^2=9$において，

$x-5=3\cos\theta$，$y=3\sin\theta$として，円P上の点Qの座標を
Q$(3\cos\theta+5,\ 3\sin\theta)$とおく。

線分OQの中点Rの座標はR$\left(\dfrac{3\cos\theta+5}{2},\ \dfrac{3\sin\theta}{2}\right)$となる。

$X=\dfrac{3\cos\theta+5}{2}$，$Y=\dfrac{3\sin\theta}{2}$とおいて，$\cos\theta=\dfrac{2X-5}{3}$，$\sin\theta=\dfrac{2Y}{3}$

$\sin^2\theta+\cos^2\theta=1$より，$\left(\dfrac{2X-5}{3}\right)^2+\left(\dfrac{2Y}{3}\right)^2=1$，

これより，$\left(X-\dfrac{5}{2}\right)^2+Y^2=\dfrac{9}{4}$

よって，点Rの軌跡は，$\left(x-\dfrac{5}{2}\right)^2+y^2=\dfrac{9}{4}$，

すなわち，中心$\left(\dfrac{5}{2},\ 0\right)$，半径$\dfrac{3}{2}$の円である。

【5】(問1)　8　　　(問2)　ア　4　　イ　4　　　(問3)　ア　4　　イ　3
　　ウ　1　　エ　2　　(問4)　ア　6　　イ　9

〈解説〉(問1)　$y=\dfrac{x^2}{4}$　…①

点A$(8,\ a)$は①上であるから，$a=\dfrac{8^2}{4}=16$

よって，A$(8,\ 16)$，B$(-4,\ 4)$より，

直線AB：$y=x+8$　…②

直線②とy軸との交点の座標は，$(0，8)$

(問2)　△AOB＝△ATB より，②に平行な直線$y＝x$と曲線①との交点を求める。

$\dfrac{x^2}{4}＝x$より，$x＝0，4$

よって，T$(4，4)$

(問3)　①より，$y'＝\dfrac{x}{2}$　よって，点A$(8，16)$における接線の方程式は，

$y－16＝4(x－8)$，$y＝4x－16$　…③

②，③，y軸で囲まれた図形(三角形)の面積は図より，

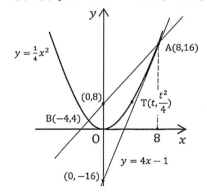

$\dfrac{1}{2}×(8＋16)×8＝96$

$△OCT＝\dfrac{1}{2}×8×\dfrac{t^2}{4}＝t^2$

よって，$t^2＝\dfrac{96}{2}＝48$，$t>0$より，$t＝\sqrt{48}＝4\sqrt{3}$

ゆえに，T$(4\sqrt{3}，12)$

(問4)　曲線①と直線②で囲まれる部分の面積をSとすると，

$S＝\displaystyle\int_{-4}^{8}\left(x＋8－\dfrac{x^2}{4}\right)dx＝\dfrac{1}{6}×\dfrac{1}{4}(8＋4)^3＝\dfrac{12^3}{24}＝72$

$\left(ax^2＋bx＋c＝0\text{の解を }\alpha，\beta\text{ とするとき，}\displaystyle\int_{\alpha}^{\beta}(ax^2＋bx＋c)dx＝\dfrac{|a|}{6}（\beta－\right.$

α)³である。)

よって，$t^2=\dfrac{72}{2}=36$，$t>0$より，$t=\sqrt{36}=6$

ゆえに，T(6，9)

【6】(問1) 2，6 (問2) 2

〈解説〉(問1) 1 範囲は，国語：46－7＝39，数学：48－12＝36，英語：42－16＝26 であるため，誤り。 2 四分位範囲は，国語：44－28＝16，数学：40－26＝14，英語：38－22＝16であるため，正しい。
3 数学の度数が最も大きい階級は30点以上35点未満である。しかし，第3四分位数は40点なので，誤り。 4 最も高い得点は数学の48点であるため，誤り。
5 階級を5～9，10～14，15～19，…として，各教科の平均値を求めると，

国語：$\overline{x}=\dfrac{1}{20}(7\times1+12\times1+17\times1+22\times1+27\times1+32\times4+37\times5+$
$42\times5+47\times1)$
$=\dfrac{655}{20}=32.75$

数学：$\overline{x}=\dfrac{1}{20}(12\times1+17\times1+22\times2+27\times3+32\times5+37\times2+42\times4+$
$47\times2)$
$=\dfrac{650}{20}=32.5$

英語：$\overline{x}=\dfrac{1}{20}(17\times4+22\times3+27\times4+32\times3+37\times3+42\times3)=\dfrac{575}{20}$
$=28.75$

よって，平均値が最も高いのは国語であるため，誤りである。
6 英語の中央値は28～30点にあり，国語の第1四分位数は28点であるため，正しい。
7 40点以上45点未満の人数はそれぞれ，国語：5人，数学：4人，英

語：3人であり，それぞれの相対度数は，$\dfrac{5}{20}=0.25$，$\dfrac{4}{20}=0.2$，$\dfrac{3}{20}=$ 0.15であるため，誤り。

(問2)　相関係数$r=\dfrac{\Sigma(x-\overline{x})(y-\overline{y})}{\sqrt{\Sigma(x-\overline{x})^2}\sqrt{\Sigma(y-\overline{y})^2}}=\dfrac{1537}{\sqrt{1788\cdot1434}}\fallingdotseq0.96>0$

したがって，散布図3，4は不適。

また，散布図2でxの中央値34は小さい方から11番目であり，

yの中央値29は小さい方から10番目なので条件を満たす。

したがって，適切な散布図は2である。

【7】(問1)　ア　7　　イ　1　　ウ　5　　(問2)　ア　5　　イ　1
　　ウ　4

〈解説〉(問1)　さいころを投げて偶数と奇数の目が出る確率はそれぞれ$\dfrac{1}{2}$である。袋Aから赤球を取り出す確率は，$\dfrac{1}{2}\times\dfrac{2}{6}=\dfrac{1}{6}$

袋Bから赤球を取り出す確率は，$\dfrac{1}{2}\times\dfrac{3}{5}=\dfrac{3}{10}$

よって，求める確率は，$\dfrac{1}{6}+\dfrac{3}{10}=\dfrac{7}{15}$

(問2)　求める確率は条件付き確率であるから，

$\dfrac{袋Aから赤球を取り出す確率}{赤球を取り出す確率}=\dfrac{\dfrac{1}{6}}{\dfrac{7}{15}}=\dfrac{5}{14}$

実施問題

熊本県

【一次試験・中学校】

【1】次の(1)～(3)の各問いに答えなさい。

(1) 次の文章は，新「中学校学習指導要領　第2章　第3節　数学」の「第1　目標」である。

文章中の[　ア　]～[　オ　]に当てはまる語句をそれぞれ答えなさい。

> 数学的な[　ア　]を働かせ，数学的活動を通して，数学的に考える資質・能力を次のとおり育成することを目指す。
>
> (1)は略
>
> (2)　数学を活用して事象を[　イ　]に考察する力，数量や図形などの性質を見いだし[　ウ　]・発展的に考察する力，数学的な表現を用いて事象を簡潔・明瞭・的確に表現する力を養う。
>
> (3)　数学的活動の楽しさや数学のよさを実感して[　エ　]考え，数学を生活や学習に生かそうとする態度，問題解決の[　オ　]を振り返って評価・改善しようとする態度を養う。

(2)　新中学校学習指導要領に示してある数学科の内容における領域は，次の4つの領域で示されている。[　ア　]，[　イ　]に当てはまる語句をそれぞれ答えなさい。

> 「A　[　ア　]」，「B　図形」，「C　関数」，「D　[　イ　]」

(3)　新「中学校学習指導要領解説　数学編」の「第1章　総説　2　数

学科改訂の趣旨及び要点　(3)　数学科の内容の改善　④具体的な内容の移行について」において，中学校で新たに指導することになった内容を次のア〜クの中から3つ選び，記号で答えなさい。ただし，小学校から中学校へ移行した内容や中学校の学年間で移行した内容は除く。

ア　用語「素数」

イ　自然数を素数の積として表すこと

ウ　用語「平均値，中央値，最頻値，階級」

エ　用語「累積度数」

オ　多数の観察や多数回の試行によって得られる確率

カ　誤差や近似値，$a \times 10^n$ の形の表現

キ　用語「反例」

ク　四分位範囲や箱ひげ図

(☆☆☆◎◎◎)

【2】次の(1)〜(8)の各問いに答えなさい。

(1)　$(2x+y)(2x+y-10)+9$ を因数分解しなさい。

(2)　$\sqrt{7}$ の小数部分を a とするとき，a^2+5a+4 の値を求めなさい。

(3)　関数 $y=ax^2$ (a は定数)について，x の値が s から t まで増加したときの変化の割合は，$a(s+t)$ で表されることを説明しなさい。ただし，$s \neq t$ とする。

(4)　次の表は，生徒10人のテストの点数で，下はその箱ひげ図である。箱ひげ図のア〜オに入る値をそれぞれ求めなさい。

出席番号	1	2	3	4	5	6	7	8	9	10
点数	44	33	85	52	62	46	76	72	80	70

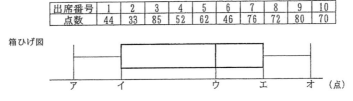

箱ひげ図

ア　イ　　　　　ウ　エ　　オ　（点）

(5)　連立二元一次方程式

$$\begin{cases} 2x-y=4 \\ -ax+y=5 \end{cases}$$

が$-2\leqq y\leqq 6$の範囲で解をもつとき，aの値の範囲を求めなさい。

(6)　次の図のような四角形ABCDがあり，対角線の交点をOとする。△BCD＝32，△CDA＝25，△DAB＝48のとき，△OBCの面積を求めなさい。

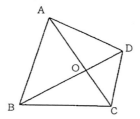

(7)　次の図のようなAB＝5cm，BC＝3cm，CA＝4cmの直角三角形ABCがある。辺AB上に2点D，E，辺BC上に点F，辺CA上に点Gをとる。

　　四角形DEFGが，正方形になるとき，その一辺の長さを求めなさい。

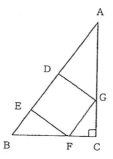

(8)　さいころの出た目の数によって移動する遊びを考える。以下のルールで2回さいころを投げるとき，3マス以上進んでいる確率を求めなさい。ただし，さいころのどの目が出ることも同様に確からしいとする。

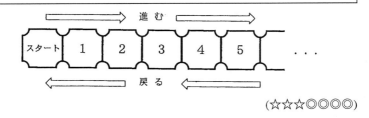

＜ルール＞
① 奇数の目がでたら，その目の数だけ進む
② 偶数の目がでたら，その目の数だけ戻る
ただし，スタート地点より戻ることはないとする

（☆☆☆◎◎◎◎）

【３】次の図のように，関数$y＝ax^2$ （aは定数)のグラフ上に2点P，Qがあり，Qの座標は(3，－3)である。また，点Oは原点，点Aは直線PQとy軸との交点であり，PA：AQ＝2：1である。このとき，下の(1)～(3)の各問いに答えなさい。

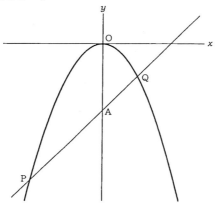

(1) aの値および直線PQの式を求めなさい。

(2) 点Aを通り，△OPQの面積を二等分する直線の式を求めなさい。

(3) △OPQがx軸を軸として1回転してできる立体の体積を求めなさい。

（☆☆☆◎◎◎）

142

【4】次の図のように，底面が1辺6cmの正方形で，高さが4cmの正四角錐
OABCDがあり，その正四角錐の底面及び4つの側面に球Pが内接して
いる。さらに，球Pに外接し，正四角錐の4つの側面に内接する球Qを
つくる。このとき，下の(1)，(2)の各問いに答えなさい。

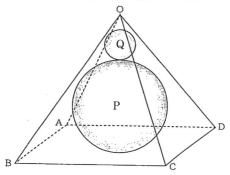

(1)　△OCDの面積を求めなさい。
(2)　球Qの半径を求めなさい。

(☆☆☆◎◎◎)

【5】次の図の△ABCで，∠BACの二等分線と辺BCとの交点をDとし，
辺AC上に点Eをとり，線分ADとBEとの交点をFとする。
　AB＝16cm，BC＝14cm，AC＝12cm，CE＝7cmであるとき，あとの
(1)～(3)の各問いに答えなさい。

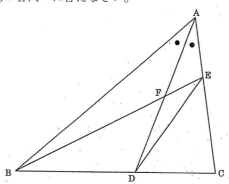

(1)　CDの長さを求めなさい。

(2)　△CAD∽△CBEとなることを証明しなさい。

(3)　△BAF∽△DEFとなることを証明し，△BAFと△DEFの相似比を求めなさい。

(☆☆☆◎◎◎)

【一次試験・高等学校】

【１】現行の「高等学校学習指導要領解説　数学編」について，次の(1)～(3)の各問いに答えなさい。

(1)　次の文は，現行の高等学校数学科の目標である。

> 　[　ア　]を通して，数学における基本的な概念や原理・法則の[　イ　]を深め，事象を数学的に考察し表現する能力を高め，創造性の基礎を培うとともに，数学のよさを認識し，それらを積極的に活用して数学的論拠に基づいて判断する態度を育てる。

(i)　[　ア　]に当てはまる語句を答えなさい。

(ii)　[　イ　]に当てはまる語句を，次の①～④から1つ選び，番号で答えなさい。

①　系統的な知識　　②　論理的な思考　　③　体験的な学習
④　体系的な理解

(2)　次の文は，「数学Ⅰ」，「数学Ⅱ」，「数学Ⅲ」の各科目の目標である。

数学Ⅰ

> 　数と式，図形と計量，二次関数及びデータの分析について理解させ，基礎的な知識の習得と技能の習熟を図り，事象を数学的に[　a　]とともに，それらを活用する態度を育てる。

数学Ⅱ

> いろいろな式，図形と方程式，指数関数・対数関数，三角関数及び微分・積分の考えについて理解させ，基礎的な知識の習得と技能の習熟を図り，事象を数学的に[b]とともに，それらを活用する態度を育てる。

数学Ⅲ

> 平面上の曲線と複素数平面，極限，微分法及び積分法についての理解を深め，知識の習得と技能の習熟を図り，事象を数学的に[c]とともに，それらを積極的に活用する態度を育てる。

[a], [b], [c]に当てはまる語句を，次の①～④からそれぞれ1つずつ選び，番号で答えなさい。

① 考察し表現する能力を養う

② 考察する能力を培い，数学のよさを認識できるようにする

③ 考察し表現する能力を伸ばす

④ 考察する能力を伸ばし，確かな学力を確立する

(3) 次の(i)，(ii)が正しい場合は○を，正しくない場合は×をそれぞれ書きなさい。

(i) 「数学Ⅱ」，「数学Ⅲ」の履修については，「数学Ⅰ」の履修の後の履修が原則であるが，「数学Ⅱ」と「数学Ⅲ」の履修の順序についての原則はない。

(ii) 「数学Ⅰ」，「数学Ⅱ」，「数学Ⅲ」及び「数学活用」は，その内容のすべてを履修する科目であり，「数学A」，「数学B」は，生徒の実態や単位数等に応じてその内容を選択して履修する科目である。

(☆☆☆◎◎◎)

【２】次の(1)～(6)の各問いに答えなさい。ただし，答えのみを書きなさい。

(1) 座標空間において，4点A(0，－1，0)，B(1，1，1)，C(3，3，0)，P(2，1，a)が同一平面上にあるとき，定数aの値を求めなさい。

(2) 四面体PABCがあり，AB＝5，BC＝7，CA＝8，PA＝PB＝PC＝7である。この四面体の体積を求めなさい。

(3) $0 \leq \theta \leq \dfrac{\pi}{4}$とする。関数$y = 2\sin^2\theta - 2\sqrt{3}\sin\theta\cos\theta$の最大値と最小値，およびそのときの$\theta$の値を求めなさい。

(4) 定積分$\displaystyle\int_0^1 x\sqrt{4-x^2}\,dx$を求めなさい。

(5) aは実数の定数とする。xの3次方程式$x^3 - 2(a+2)x^2 + (3a^2+8a+1)x - 4(3a^2+1) = 0$の3つの解を$\alpha$，$\beta$，$\gamma$とする。ただし，$\alpha$は実数とする。複素数平面上で4点O(0)，A($\alpha$)，B($\beta$)，C($\gamma$)をとるとき，四角形OBACは平行四辺形となる。このとき，aの値を求めなさい。

(6) 袋の中に数字1を書いたカードが1枚，数字2を書いたカードがx枚，数字3を書いたカードがy枚入っている。ただし，x, yは自然数である。袋の中から2枚のカードを同時に取り出すとき，それらのカードの数の和が4以上となる確率が$\dfrac{6}{7}$であった。このとき，自然数x，yの組(x, y)をすべて求めなさい。

(☆☆☆◎◎◎◎)

【３】2つの実数p，qが$p^2 + q^2 \leq 1$をみたしながら変化するとき，次の(1)，(2)の各問いに答えなさい。

(1) $x = p + q$，$y = pq$とするとき，点(x, y)の表す領域Sを図示しなさい。

(2) 点(x, y)が(1)の領域S内を動くとき，$\dfrac{4y+9}{2x+3\sqrt{2}}$のとりうる値の範囲を求めなさい。

(☆☆☆◎◎◎)

【4】数列$\{a_n\}$, $\{b_n\}$, $\{c_n\}$を次のように定める。

$$\{a_n\} : a_1 = \frac{2}{5}, \quad a_{n+1} = \begin{cases} 2a_n & \left(a_n < \frac{1}{2}\text{のとき}\right) \\ 2a_n - 1 & \left(a_n \geqq \frac{1}{2}\text{のとき}\right) \end{cases} \quad (n=1, 2, 3, \cdots)$$

$\{b_n\} : b_1 = 1$, $b_{n+1} = b_n + 2$ $(n=1, 2, 3, \cdots)$

$\{c_n\} : c_n = a_n b_n$ $(n=1, 2, 3, \cdots)$

また，$S_n = \displaystyle\sum_{k=1}^{n} c_k$とする。このとき，次の(1)〜(3)の各問いに答えなさい。ただし，(1)については，答えのみを書きなさい。

(1) a_4とc_{10}の値をそれぞれ求めなさい。

(2) S_{20}の値を求めなさい。

(3) $S_n > 1000$となる最小のnの値を求めなさい。

(☆☆☆◎◎◎)

【5】eは自然対数の底とする。関数$f(x) = \dfrac{2}{e^x + 1}$について，曲線$y = f(x)$上の$x = 0$である点における接線を$l$とする。このとき，次の(1)〜(3)の各問いに答えなさい。ただし，(1)については，答えのみを書きなさい。

(1) $f'(x)$, $f''(x)$および接線lの方程式をそれぞれ求めなさい。

(2) 関数$y = f(x)$について，yの増減，グラフの凹凸を調べ，グラフの概形を描きなさい。

(3) $p > 2$とする。関数$y = f(x)$のグラフ，接線lの$0 \leqq x \leqq 2$の部分，x軸および直線$x = p$で囲まれた部分の面積を$S(p)$とするとき，$S(p)$をpで表しなさい。また，$\displaystyle\lim_{p \to \infty} e^p \{S(p) - 2\log 2 + 1\}$を求めなさい。

(☆☆☆◎◎◎)

【二次試験・中学校】

【1】中学校数学において，「関数」の指導の意義とともに，第2学年「一次関数として捉えられる二つの数量について，変化や対応の特徴を見いだし，表，式，グラフを相互に関連付けて考察し表現すること。」の指導について，どのように行うか，具体例を挙げて述べなさい。

(☆☆☆◎◎◎)

【二次試験・高等学校】

【1】数学Ⅱの「図形と方程式」の「軌跡と領域」の指導に当たって，あなたはどのようなことに留意して授業を実施するか。現行の「高等学校学習指導要領解説　数学編」に基づいて，具体的に述べなさい。

(☆☆☆◎◎◎)

熊本市

【1】次の文は，「中学校学習指導要領(平成29年告示)」の「第2章　第3節　数学　第1　目標」に関する記述である。(ア)〜(ウ)に当てはまる語句の組合せとして正しいものを，1〜5から一つ選び，番号で答えなさい。

> 　数学的な見方・考え方を働かせ，数学的活動を通して，数学的に考える資質・能力を次のとおり育成することを目指す。
> (1)　数量や図形などについての基礎的な概念や原理・法則などを理解するとともに，事象を(ア)したり，数学的に解釈したり，数学的に(イ)したりする技能を身に付けるようにする。
> (2)　数学を活用して事象を論理的に考察する力，数量や図形などの性質を見いだし統合的・発展的に考察する力，数学的な表現を用いて事象を簡潔・明瞭・的確に表現する力を養う。
> (3)　数学的活動の楽しさや数学のよさを実感して粘り強く考え，数学を生活や学習に生かそうとする態度，問題解決の過程を振り返って(ウ)しようとする態度を養う。

	ア	イ	ウ
1	一般化	表現・処理	評価・改善
2	数学化	思考・判断	活用・探究
3	一般化	表現・処理	活用・探究

```
4   数学化    表現・処理    評価・改善
5   一般化    思考・判断    評価・改善
```

(☆☆☆◎◎◎)

【2】次の文は,「中学校学習指導要領(平成29年告示)解説　数学編」の
「第1章　総説　2　数学科改訂の趣旨及び要点　(3)　数学科の内容の
改善　④具体的な内容の移行について」に関する記述である。下線部
【ア】,【イ】に当てはまる内容の組合せとして適切なものを,1〜5か
ら一つ選び,番号で答えなさい。

> ④　具体的な内容の移行について
> 　　基礎的・基本的な知識及び技能の習得と思考力,判断力,表
> 現力等の育成を図るために,小学校算数科において学習したこ
> とを素地として中学校において活用できるようにするとともに
> 統計教育を充実させたことなどを踏まえて,一部の内容の指導
> 時期を改めた。【ア】小・中学校間で移行された内容,中学校に
> おいて学年間で移行された内容及び【イ】中学校において新たに
> 指導することになった内容は次のとおりである。

```
    【ア】に当てはまる内容      【イ】に当てはまる内容
1   用語「素数」              用語「累積度数」
2   用語「累積度数」          四分位範囲や箱ひげ図
3   用語「素数」              用語「標準偏差」
4   用語「反例」              用語「散布図」
5   用語「累積度数」          用語「最頻値」
```

(☆☆☆◎◎◎)

【3】何人かの子どもに,お菓子を配る。1人に7個ずつ配ると,35個余る
が,1人に14個ずつ配ると,最後の子どもはお菓子をもらえるが,他
の子どもより少ない。
　　このとき,子どもの数は[　ア　]人で,お菓子の個数は[　イウ　]個

149

である。

(☆☆☆◎◎◎)

【4】 $x=\dfrac{\sqrt{6}-\sqrt{2}}{\sqrt{6}+\sqrt{2}}$　のときは，$x^3+\dfrac{1}{x^3}$ の値は，[　アイ　]となる。

(☆☆◎◎◎)

【5】 nを自然数とする。xについての2次方程式$x^2-8x+(n-3)=0$が，すべて整数解となるようにnを定めると，nは全部で[　]個となる。

(☆☆☆◎◎◎)

【6】 2次関数$y=x^2-kx+k^2-4$のグラフが，x軸の-2から-1の間と，-1から0の間で，x軸と交わるようにkの値を定めると，

$$\dfrac{-[\ ア\ ]-\sqrt{[\ イウ\ ]}}{[\ エ\ ]}<k<-[\ オ\ ]となる。$$

(☆☆☆◎◎◎)

【7】 $\sin^2 35°+\sin 140°\cos 50°+\tan 25°\tan 65°+\sin 50°\cos 320°+\sin^2 55°$の値は，[　]となる。

(☆☆☆◎◎◎)

【8】 次のデータは，AからEの5人の生徒に，10点満点の数Ⅰ，数Ⅱのテストをおこなった結果である。

	A	B	C	D	E
数Ⅰ	9	8	8	6	4
数Ⅱ	8	6	6	3	2

$\sqrt{6}=2.45$として，数Ⅰの得点と数Ⅱの得点の相関係数を，小数第3位を四捨五入して求めると，0.[　アイ　]となる。

(☆☆☆◎◎◎)

【9】 xについての2次方程式$x^2+(m-2)x+m^2-4m-8=0$が異なる実数解　α，βをもつとき，$\alpha^2+\beta^2$のとりうる範囲は，[　ア　]$<\alpha^2+\beta^2$

＜[　イウ　]となる。

(☆☆☆○○○)

【10】a, b, cは正の数とし，$a:b=1:2$，$b:c=3:5$である。

$\dfrac{2}{a^2}+\dfrac{1}{ab}+bc+ca$は，$a=\dfrac{\sqrt{[\ ア\ ]}}{[\ イ\ ]}$，$b=\sqrt{[\ ウ\ ]}$，

$c=\dfrac{[\ エ\ ]\sqrt{[\ オ\ ]}}{[\ カ\ ]}$のときに，最小値は[　キク　]となる。

(☆☆☆○○○)

【11】直線$3x+y-5=0$と円$x^2+y^2=10$の2つの交点をA，Bとするとき，線分ABの長さは，$\sqrt{[\ アイ\ ]}$となる。

(☆☆○○○)

【12】x，yが4つの不等式$x\geqq0$，$y\geqq0$，$2x+3y\leqq12$，$3x+y\leqq9$を同時に満たすとき，$2x+y$の最大値は，$\dfrac{[\ アイ\ ]}{[\ ウ\ ]}$となる。

(☆☆☆○○○○)

【13】$0\leqq\theta<2\pi$のとき，不等式$\sin2\theta\geqq\cos\theta$を満たすのは，

$\dfrac{\pi}{[\ ア\ ]}\leqq\theta\leqq\dfrac{\pi}{[\ イ\ ]}$，$\dfrac{[\ ウ\ ]}{[\ エ\ ]}\pi\leqq\theta\leqq\dfrac{[\ オ\ ]}{[\ カ\ ]}\pi$となる。

(☆☆☆○○○)

【14】不等式$\log_{\frac{1}{2}}\left(x-\dfrac{1}{4}\right)>3$を解くと，$\dfrac{[\ ア\ ]}{[\ イ\ ]}<x<\dfrac{[\ ウ\ ]}{[\ エ\ ]}$となる。

(☆☆☆○○○)

【15】関数$y=x^2-2x+4$のグラフに，点$(0,\ -5)$から引いた接線の方程式は，$y=[\ ア\ ]x-[\ イ\ ]$と$y=-[\ ウ\ ]x-[\ エ\ ]$となる。

(☆☆☆○○○○)

【16】2つの自然数a，bの最大公約数が3，最小公倍数が195であるとき，2つの自然数の組$(a,\ b)$を求めると，$(a,\ b)=([\ ア\ ],\ [\ イウエ\ ])$,

([　オカ　], [　キク　])である。ただし，$a \leqq b$とする。

(☆☆◎◎◎)

【17】3点A(2，1，3)，B(0，3，7)，C(3，3，4)を頂点とする△ABCの面積を求めると，[　ア　]$\sqrt{[　イ　]}$である。

(☆☆☆◎◎◎)

【18】水槽に水を満たすのに，A，Bの蛇口がある。Aの蛇口だけを使うと，Bの蛇口だけを使う場合より，8分早く満水になる。また，A，B両方の蛇口を9分間使い，その後Aの蛇口を閉じ，Bの蛇口だけを11分間使ったら，水槽は満水になる。

　　このとき，水槽に水を満たすのに，Aの蛇口だけを使うと[　アイ　]分間かかり，Bの蛇口だけを使うと[　ウエ　]分間かかる。

(☆☆☆◎◎◎)

【19】同じ長さの棒を使って，正方形をつくる。その正方形で次の図のように，階段をつくり，1段ずつ段数を増やしていく。

　　20段の階段をつくると，棒は[　アイウ　]本必要である。

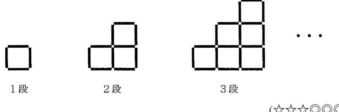

1段　　　　2段　　　　3段

(☆☆☆◎◎◎)

【20】1辺が6の立方体ABCD－EFGHがある。辺AB，ADの中点をそれぞれ点P，Qとする。点P，Q，Gを通る平面で，この立方体を切るとき，その切り口の面積を求めると$\dfrac{[　アイ　]\sqrt{[　ウエ　]}}{[　オ　]}$となる。

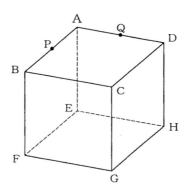

(☆☆☆◯◯◯)

解答・解説

熊本県

【一次試験・中学校】

【1】(1) ア 見方・考え方　イ 論理的　ウ 統合的　エ 粘り強く　オ 過程　(2) ア 数と式　イ データの活用
(3) エ, キ, ク

〈解説〉中学校学習指導要領の数学科の目標と数学科の内容については最も重要なので, 学習指導要領を精読し, しっかりと理解する必要がある。また, 学習指導要領解説に基づいて, 「数学科改訂の趣旨及び要点」の「具体的な内容の移行」についてもしっかりと学習しておきたい。

【２】(1)　$2x+y=A$ とおくと

$(2x+y)(2x+y-10)+9 = A(A-10)+9$
$= A^2-10A+9$
$= (A-1)(A-9)$

A をもとにもどすと

$(2x+y-1)(2x+y-9)$　　答え　$(2x+y-1)(2x+y-9)$

(2)　$2<\sqrt{7}<3$　から　$a=\sqrt{7}-2$

a^2+5a+4
$=(a+1)(a+4)$
$=(\sqrt{7}-2+1)(\sqrt{7}-2+4)$
$=(\sqrt{7}-1)(\sqrt{7}+2)$
$=7+\sqrt{7}-2$
$=5+\sqrt{7}$　　答え　$5+\sqrt{7}$

(3)　変化の割合 $=\dfrac{y\text{の増加量}}{x\text{の増加量}}=\dfrac{at^2-as^2}{t-s}=\dfrac{a(t^2-s^2)}{t-s}$

$=\dfrac{a(t+s)(t-s)}{t-s}=a(s+t)$

よって，関数 $y=ax^2$ の変化の割合は $a(s+t)$ で求めることができる。

(4)　小さい値の順に並べると

$33,\ 44,\ 46,\ 52,\ 62,\ 70,\ 72,\ 76,\ 80,\ 85$

ゆえに最小値33，最大値85

中央値(第2四分位数)は5番目(62)と6番目(70)の平均値となるので66

第1四分位数は3番目(46)，第3四分位数は8番目(76)

ア　33　　イ　46　　ウ　66　　エ　76　　オ　85

(5)　連立二元一次方程式

$\begin{cases} 2x-y=4 & \cdots ① \\ -ax+y=5 & \cdots ② \end{cases}$

①より　$y=2x-4$

②より　$y=ax+5$

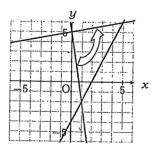

上図のようにグラフで考えると，$-2 \leqq y \leqq 6$の範囲で解をもつので，

aの値は，

点$(1, -2)$を通るとき最小　…③

点$(5, 6)$を通るとき最大　　…④　であることが分かる。

③より$a=-7$

④より$a=\dfrac{1}{5}$

よって求める範囲は，$-7 \leqq a \leqq \dfrac{1}{5}$　　答え　$-7 \leqq a \leqq \dfrac{1}{5}$

(6)

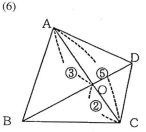

$\triangle BCD：\triangle DAB=32：48=2：3$

辺BDは，$\triangle BCD$と$\triangle DAB$の共通辺だから

$CO：AO=2：3$

$\triangle OCD：\triangle CDA=2：5$

$\triangle CDA=25$だから

$\triangle OCD：25=2：5$

よって，$\triangle OCD=10$

$\triangle OBC=\triangle BCD-\triangle OCD=32-10=22$　　答え　$\triangle OBC=22$

(7)

正方形の一辺の長さをx〔cm〕とすると

△ABC∽△GFCより

$5：4＝x：CG$

$CG＝\dfrac{4}{5}x$

△ABC∽△AGDより

$3：5＝x：AG$

$AG＝\dfrac{5}{3}x$

$CG＋AG＝\dfrac{4}{5}x＋\dfrac{5}{3}x＝\dfrac{37}{15}x$

AC＝CG＋AG＝4より

$\dfrac{37}{15}x＝4$

$x＝4×\dfrac{15}{37}＝\dfrac{60}{37}$　　答え　$\dfrac{60}{37}$〔cm〕

(8)　さいころの目の出方は36通り

条件を満たすのは,

(1, 3)(1, 5)

(2, 3)(2, 5)

(3, 1)(3, 3)(3, 5)

$(4, 3)(4, 5)$

$(5, 1)(5, 2)(5, 3)(5, 5)$

$(6, 3)(6, 5)$

以上15通り

よって $\dfrac{15}{36} = \dfrac{5}{12}$　　答え　$\dfrac{5}{12}$

〈解説〉(1)　$2x+y=A$とおく。

(2)　$2 < \sqrt{7} < 3$より，$a = \sqrt{7} - 2$と表せる。

(3)　変化の割合$= \dfrac{y\text{の増加量}}{x\text{の増加量}}$で求める。

(4)　点数のデータを小さい順に並べてみる。

(5)　$2x-y=4$ $(-2 \leqq y \leqq 6)$ の線分が$-ax+y=5$と共有点をもつaの範囲をグラフを用いて考える。

(6)　$\triangle BCD : \triangle DAB = CO : AO$，$\triangle OCD : \triangle CAD = CO : CA$である。

(7)　正方形の1辺をx〔cm〕として，$\triangle ABC \backsim \triangle GFC$，$\triangle ABC \backsim \triangle AGD$より，CG，AGを$x$で表す。

(8)　条件を満たす目を列記してみる。

【3】(1)　$y=ax^2$は，$Q(3, -3)$を通るので代入すると

$-3=9a$　より　$a=-\dfrac{1}{3}$

点Qのx座標は3，$PA : AQ = 2 : 1$なので平行線と線分の比の定理から，

点Pのx座標は-6である。

$y=-\dfrac{1}{3}x^2$に代入すると$P(-6, -12)$である。

直線PQの式を$y=sx+t$とおいて

点P，Qの座標を代入すると

$-3=3s+t$，$-12=-6s+t$

これを解くと

$s=1$，$t=-6$　となり

直線PQの式は　$y=x-6$　である。　　　　答え　$a=-\dfrac{1}{3}$，$y=x-6$

(2)

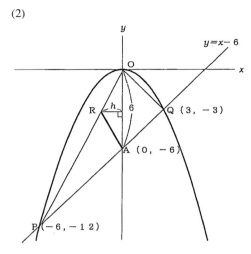

$\triangle$OPQ＝$\triangle$OPA＋$\triangle$OAQ　である。

直線PQの式は$y=x-6$から切片が－6なので，OAの長さは6である。

これを底辺と考え，点Pのx座標は－6なので

$\triangle$OPA＝$6\times6\times\dfrac{1}{2}=18$

同様に，点Qのx座標は3なので

$\triangle$OAQ＝$6\times3\times\dfrac{1}{2}=9$

よって，$\triangle$OPQ＝18＋9＝27

点Aを通り，$\triangle$OPQの面積を二等分する直線とOPとの交点をRとする。

(四角形ORAQの面積)＝$\triangle$ORA＋$\triangle$OAQ

四角形ORAQの面積は$\dfrac{27}{2}$，$\triangle$OAQ＝9なので

$\triangle$ORA＝$\dfrac{27}{2}-9=\dfrac{9}{2}$

点Rからy軸へ引いた垂線の長さをhとすると

$6\times h\times\dfrac{1}{2}=\dfrac{9}{2}$　これを解くと$h=\dfrac{3}{2}$

直線OPの式は$y=2x$　なので

Rの座標は$\left(-\dfrac{3}{2},\ -3\right)$

直線RAの傾きは，$\dfrac{-6-(-3)}{0-\left(-\dfrac{3}{2}\right)}=-2$

切片が-6なので

点Aを通り，△OPQの面積を二等分する直線の式は　$y=-2x-6$

答え　$y=-2x-6$

(3)

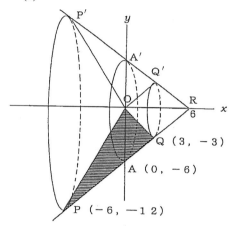

P′　A′　Q′

O　R　6　x

Q（3，−3）

A（0，−6）

P（−6，−12）

上の図のように，直線PQとx軸との交点をR，点P，A，Qをx軸に関して対称移動した点をそれぞれP′，A′，Q′とする。

求める体積は

(円錐RPP′)−(円錐OPP′)−(円錐RQQ′)−(円錐OQQ′)

$=12^2\times\pi\times12\times\dfrac{1}{3}-12^2\times\pi\times6\times\dfrac{1}{3}-3^2\times\pi\times3\times\dfrac{1}{3}-3^2\times\pi\times3\times\dfrac{1}{3}$

$=576\pi-288\pi-9\pi-9\pi$

$=270\pi$　　　答え　270π

〈解説〉(1)　P，Qのx座標の絶対値の比がPA：AQである。　　(2)　まず，△OPQの面積を求め，点Aを通り，△OPQの面積を2等分する直線とOPとの交点をRとする。四角形ORAQ＝△ORA＋△OAQより，点Rの座標を求める。　　(3)　回転体の体積を求めるとき，円錐になっている

ことに注目する。　[参考]　△OPQの重心の座標$(-1，-5)$より，回転軸までの距離5，△OPQ＝27であるから，パップス－ギュルダンの定理から，体積Vは，V＝(重心が描く円周の長さ)×△OPQ＝$2\pi \times 5 \times 27 = 270\pi$

【4】(1)　OからCDへ引いた垂線とCDとの交点をE，球Pと底面が接する点をHとする。

OE＝x〔cm〕とすると

△OHEで三平方の定理から$4^2+3^2=x^2$

$x>0$より　$x=5$

△OCDの面積は

$6 \times 5 \times \dfrac{1}{2} = 15$　　答え　15〔cm²〕

(2)　ABの中点をFとして，点O，F，Eを通る平面で切断をすると，切断面は次の図のようになる。

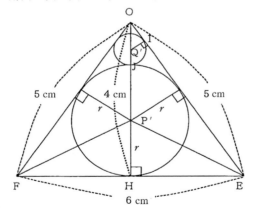

球Pの半径をr，球Pの中心をP′とする。

△OFE＝△P′OF＋△P′FE＋△P′EOなので

$6 \times 4 \times \dfrac{1}{2} = 5 \times r \times \dfrac{1}{2} + 6 \times r \times \dfrac{1}{2} + 5 \times r \times \dfrac{1}{2}$

これを解くと　$r = \dfrac{3}{2}$

また，球Qの中心をQ′とする。

球QとOEとの接点をI，球Qと球Pの接点をJとする。

△OIQ′∽△OHEなので

Q′I＝r'とおくと　OH＝4cmで

OH＝OQ′＋Q′J＋JP′＋P′H　より

$4＝\dfrac{5}{3}r'＋r'＋\dfrac{3}{2}＋\dfrac{3}{2}$

これを解くと　$r'＝\dfrac{3}{8}$

よって，球Qの半径は$\dfrac{3}{8}$　答え　$\dfrac{3}{8}$〔cm〕

〈解説〉(1)　底辺をCDとし，高さを三平方の定理で求める。

(2)　ABの中点をFとし，点O，F，Eを通る平面で切断する図で，球Pの中心をP′として，△OFE＝△P′OF＋△P′FE＋△P′EOより，半径を求める。次に，三角形の相似を利用して球Qの半径を求める。

【5】(1)　角の二等分線と線分の比の定理から

AB：AC＝BD：CDより

16：12＝BD：CD

BD：CD＝4：3

CD＝BC×$\dfrac{3}{7}$＝14×$\dfrac{3}{7}$＝6　　答え　CD＝6〔cm〕

(2)【証明】

△CADと△CBEにおいて

CD＝6cm，CE＝7cmであるから

CD：CE＝6：7　…①

CA＝12cm，CB＝14cmであるから

CA：CB＝12：14＝6：7　…②

①，②より

CD：CE＝CA：CB　…③

共通な角であるから

∠ACD＝∠BCE　…④

③，④より

2組の辺の比とその間の角がそれぞれ等しいので

△CAD∽△CBE

(3)【証明】

△BAFと△DEFにおいて

対頂角は等しいので

∠AFB＝∠EFD　…①

また，(2)の証明より△CAD∽△CBE

∠CAD＝∠CBE　…②

このことから，円周角の定理の逆が成り立ち，

4点A，E，D，Bは1つの円周上にあることが言える。

ゆえに，$\overparen{BD}$に対する円周角なので

∠BAD＝∠BED　…③

①，③より

2組の角がそれぞれ等しいので

△BAF∽△DEF

仮定から∠BAD＝∠CAD　…④

②，③，④より

∠BED＝∠CBE

よって，△BDEは二等辺三角形となり

DE＝BD＝BC－CD

　　＝14－6＝8〔cm〕

AB：DE＝16：8

　　　　＝2：1

△BAFと△DEFの相似比は2：1

〈解説〉(1)　AB：AC＝BD：DCより，CDを求める。

(2)　2組の辺の比とその間の角がそれぞれ等しいことを示す。

(3)　前半は4点A，E，D，Bが同一円周上にあることを示し，弧BDに対する円周角が等しいことから，2組の角がそれぞれ等しくなる。後半は△BDEが二等辺三角形であることに着目し，DEの長さを求める。

【一次試験・高等学校】

【1】(1) (i) 数学的活動　　(ii) ④　　(2) a ②　　b ①　　c ③

(3) (i) ×　　(ii) ○

〈解説〉「高等学校学習指導要領解説　数学編(平成21年11月)」からの出題である。学習指導要領及び同解説は重要なので，精読し，高等学校数学科の目標をしっかりと理解すること。また，各科目の目標についても，細かい各単元の指導内容や科目の履修について学習をしておくこと。

【2】(1) $a=-1$　　(2) $\dfrac{70\sqrt{2}}{3}$　　(3) $\theta=0$ のとき，最大値0，

$\theta=\dfrac{\pi}{6}$ のとき，最小値-1　　(4) $\dfrac{8-3\sqrt{3}}{3}$　　(5) $a=2$

(6) $(x,\ y)=(3,\ 3),\ (4,\ 3)$

〈解説〉(1)　3点A(0, -1, 0)，B(1, 1, 1)，C(3, 3, 0)を通る平面の方程式を $px+qy+rz+s=0$ とおいて，

$$\begin{cases} -q+s=0 \\ p+q+r+s=0 \\ 3p+3q+s=0 \end{cases}$$

これより，$p=-\dfrac{4s}{3}$, $q=s$, $r=-\dfrac{2s}{3}$

よって，$-\dfrac{4s}{3}x+sy-\dfrac{2s}{3}z+s=0$

$4x-3y+2z-3=0$ …①

P(2, 1, a)が平面①にあるから，

$8-3+2a-3=0$, $a=-1$

(2)　点Pから平面ABCに垂線PHを下ろす。

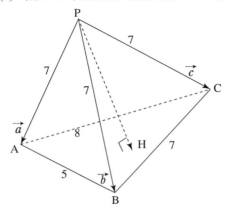

$\overrightarrow{\text{PA}} = \vec{a}$，$\overrightarrow{\text{PB}} = \vec{b}$，$\overrightarrow{\text{PC}} = \vec{c}$ とすると，

$\overrightarrow{\text{PH}} = s\vec{a} + t\vec{b} + u\vec{c}$，ただし，$s+t+u=1$　…①

ここで，$\cos\angle\text{APB} = \dfrac{7^2+7^2-5^2}{2\cdot 7\cdot 7} = \dfrac{73}{98}$

よって，$\vec{a}\cdot\vec{b} = |\vec{a}||\vec{b}|\cos\angle\text{APB} = 7\times 7\times\dfrac{73}{98} = \dfrac{73}{2}$

同様にして，$\cos\angle\text{BPC} = \dfrac{1}{2}$ より，$\vec{b}\cdot\vec{c} = \dfrac{49}{2}$

$\cos\angle\text{CPA} = \dfrac{17}{49}$ より，$\vec{c}\cdot\vec{a} = 17$

$\overrightarrow{\text{PH}}\perp\overrightarrow{\text{AB}}$，$\overrightarrow{\text{PH}}\perp\overrightarrow{\text{AC}}$ より，$\overrightarrow{\text{PH}}\cdot\overrightarrow{\text{AB}} = 0$，$\overrightarrow{\text{PH}}\cdot\overrightarrow{\text{AC}} = 0$

よって，$\overrightarrow{\text{PH}}\cdot\overrightarrow{\text{AB}} = 0$ より，$(s\vec{a}+t\vec{b}+u\vec{c})\cdot(\vec{b}-\vec{a}) = 0$

$s\vec{a}\cdot\vec{b} - s|\vec{a}|^2 + t|\vec{b}|^2 - t\vec{b}\cdot\vec{a} + u\vec{c}\cdot\vec{b} - u\vec{c}\cdot\vec{a} = 0$

$5s-5t-3u=0$　…②

$\overrightarrow{\text{PH}}\cdot\overrightarrow{\text{AC}} = 0$ より，$(s\vec{a}+t\vec{b}+u\vec{c})\cdot(\vec{c}-\vec{a}) = 0$

$s\vec{a}\cdot\vec{c} - s|\vec{a}|^2 + t\vec{b}\cdot\vec{c} - t\vec{b}\cdot\vec{a} + u|\vec{c}|^2 - u\vec{c}\cdot\vec{a} = 0$

$8s+3t-8u=0$　…③

①，②，③より，$s = \dfrac{49}{120}$，$t = \dfrac{2}{15}$，$u = \dfrac{11}{24}$

よって，

$\overrightarrow{\mathrm{PH}} = \dfrac{49}{120}\vec{a} + \dfrac{2}{15}\vec{b} + \dfrac{11}{24}\vec{c}$

$120\overrightarrow{\mathrm{PH}} = 49\vec{a} + 16\vec{b} + 55\vec{c}$

として，

$|120\overrightarrow{\mathrm{PH}}|^2 = |49\vec{a} + 16\vec{b} + 55\vec{c}|^2$

$\qquad = 49^2|\vec{a}|^2 + 16^2|\vec{b}|^2 + 55^2|\vec{c}|^2 + 2\cdot 49\cdot 16\cdot(\vec{a}\cdot\vec{b}) + 2\cdot$

$\qquad\quad 16\cdot 55\cdot(\vec{b}\cdot\vec{c}) + 2\cdot 55\cdot 49\cdot(\vec{c}\cdot\vec{a})$

$\qquad = 49\times(49^2 + 16^2 + 55^2) + 1568\times\dfrac{73}{2} + 1760\times\dfrac{49}{2} + 5390\times 17$

$\qquad = 470400$

$|\overrightarrow{\mathrm{PH}}|^2 = \dfrac{470400}{120^2} = \dfrac{98}{3}$

よって，$|\overrightarrow{\mathrm{PH}}| = \sqrt{\dfrac{98}{3}} = \dfrac{7\sqrt{6}}{3}$

$\triangle\mathrm{ABC} = \sqrt{10(10-5)(10-7)(10-8)} = 10\sqrt{3}$　（ヘロンの公式より）

ゆえに，四面体PABCの体積Vは，

$V = \dfrac{1}{3}\times 10\sqrt{3}\times\dfrac{7\sqrt{6}}{3} = \dfrac{70\sqrt{2}}{3}$

[参考]　次の図の四面体の体積Vは公式で，

$V = \dfrac{1}{6}abc\sqrt{1 + 2\cos\alpha\cos\beta\cos\gamma - (\cos^2\alpha + \cos^2\beta + \cos^2\gamma)}$

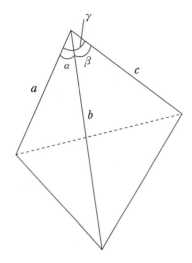

よって，本問では，

$$V=\frac{1}{6}\times 7^3\times\sqrt{1+2\times\frac{73}{98}\times\frac{1}{2}\times\frac{17}{49}-\left\{\left(\frac{73}{98}\right)^2+\left(\frac{1}{2}\right)^2+\left(\frac{17}{49}\right)^2\right\}}$$

$$=\frac{343}{6}\sqrt{\frac{40^2}{98^2}\times 2}=\frac{343}{6}\times\frac{40}{98}\times\sqrt{2}=\frac{70\sqrt{2}}{3}$$

(3)　$y=2\sin^2\theta-2\sqrt{3}\sin\theta\cos\theta$

$\qquad=1-\cos 2\theta-\sqrt{3}\sin 2\theta$

$\qquad=-(\sqrt{3}\sin 2\theta+\cos 2\theta)+1$

$\qquad=-2\sin\left(2\theta+\frac{\pi}{6}\right)+1$

$0\leqq\theta\leqq\frac{\pi}{4}$ より，$\frac{\pi}{6}\leqq 2\theta+\frac{\pi}{6}\leqq\frac{2}{3}\pi$ であるから，$\frac{1}{2}\leqq\sin\left(2\theta+\frac{\pi}{6}\right)\leqq 1$

よって，$-2\leqq-2\sin\left(2\theta+\frac{\pi}{6}\right)\leqq-1$ となり，

$\theta=0$ のとき，最大値 $y=0$

$\theta=\frac{\pi}{6}$ のとき，最小値 $y=-1$

(4) $\displaystyle\int_0^1 x\sqrt{4-x^2}\,dx = \int_0^1 \sqrt{4-x^2}\,\frac{1}{2}d(x^2) = \frac{1}{2}\int_0^1 (4-x^2)^{\frac{1}{2}}d(x^2)$

$\displaystyle = \frac{1}{2}\left[-\frac{2}{3}(4-x^2)^{\frac{3}{2}}\right]_0^1 = -\frac{1}{3}\left(3^{\frac{3}{2}}-4^{\frac{3}{2}}\right) = \frac{8-3\sqrt{3}}{3}$

($d(x^2)=2x\,dx$ を用いる)

(5) $x^3 - 2(a+2)x^2 + (3a^2+8a+1)x - 4(3a^2+1) = 0$

の解が α, β, γ であるから, 解と係数の関係より,

$$\begin{cases} \alpha+\beta+\gamma = 2(a+2) & \cdots\text{①} \\ \alpha\beta+\beta\gamma+\gamma\alpha = 3a^2+8a+1 & \cdots\text{②} \\ \alpha\beta\gamma = 4(3a^2+1) & \cdots\text{③} \end{cases}$$

また, 4点O(0), A(α), B(β), C(γ)において, 四角形OBACが平行四辺形になるから,

$\beta-0 = \alpha-\gamma$, $\beta+\gamma = \alpha$ $\cdots$④

①, ④より, $\alpha=a+2$, $\beta+\gamma = a+2$

②より, $\alpha(\beta+\gamma)+\beta\gamma = 3a^2+8a+1$

よって,

$\beta\gamma = 3a^2+8a+1-(a+2)^2 = 2a^2+4a-3$

となるから, ③より,

$(a+2)(2a^2+4a-3) = 4(3a^2+1)$

$2a^3-4a^2+5a-10 = 0$, $(a-2)(2a^2+5) = 0$

ゆえに, aは実数であるから, $a=2$

(6) 余事象の確率より,

$1-(2$枚の数字の和が3以下の確率$) = \dfrac{6}{7}$

であるから,

$1 - \dfrac{{}_1\mathrm{C}_1 \times {}_x\mathrm{C}_1}{{}_{x+y+1}\mathrm{C}_2} = \dfrac{6}{7}$ より,

$\dfrac{1\times x}{\dfrac{(x+y+1)(x+y)}{2!}} = \dfrac{1}{7}$

$(x+y+1)(x+y) = 14x$

xについて整理して,

$x^2 + (2y-13)x + y^2 + y = 0$　…①

この①を満たすx,yの値を求めればよいから.

$D = (2y-13)^2 - 4(y^2+y) \geqq 0$

$-56y + 169 \geqq 0,\ y \leqq \dfrac{169}{56} = 3.01\cdots$

yは正の整数であるから,　$y = 1,\ 2,\ 3$

①より,　$y=1$のとき,　$x^2 - 11x + 2 = 0$となり,　xは正の整数に不適。

$y=2$のとき,　$x^2 - 9x + 6 = 0$となり,　xは正の整数に不適。

$y=3$のとき,　$x^2 - 7x + 12 = 0,\ (x-3)(x-4) = 0,\ x = 3,\ 4$

ゆえに,　x,yの組は,　$(x,\ y) = (3,\ 3),\ (4,\ 3)$

【3】(1)　$p^2 + q^2 \leqq 1$により,　$(p+q)^2 - 2pq \leqq 1$

$x^2 - 2y \leqq 1$

$y \geqq \dfrac{1}{2}x^2 - \dfrac{1}{2}$　…①

また,　p,qはtの2次方程式$t^2 - xt + y = 0$の2つの実数解である。

判別式をDとすると,　$D = (-x)^2 - 4y = x^2 - 4y \geqq 0$

$y \leqq \dfrac{1}{4}x^2$　…②

したがって,　①,②より求める領域Sは次図の斜線部分で,境界線を含む。

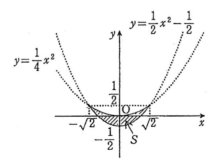

(2)　$\dfrac{4y+9}{2x+3\sqrt{2}} = k$とおくと,　$y - \left(-\dfrac{9}{4}\right) = \dfrac{k}{2}\left\{\left(x - \left(-\dfrac{3\sqrt{2}}{2}\right)\right)\right\}$　…③　よ

り，

直線③は，定点$P\left(-\dfrac{3\sqrt{2}}{2}, -\dfrac{9}{4}\right)$を通り，傾き$\dfrac{k}{2}$の直線を表す。

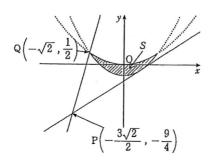

上図より，

(i)　直線③が点$Q\left(-\sqrt{2}, \dfrac{1}{2}\right)$を通るとき，$\dfrac{k}{2}$は最大

つまり，kは最大であり，

(ii)　直線③が放物線$y=\dfrac{1}{2}x^2-\dfrac{1}{2}$と第4象限で接するとき，$\dfrac{k}{2}$は最小

つまり，kは最小である。

したがって，

(i)のとき，$k=\dfrac{4\cdot\dfrac{1}{2}+9}{2(-\sqrt{2})+3\sqrt{2}}=\dfrac{11}{\sqrt{2}}=\dfrac{11\sqrt{2}}{2}$

(ii)のとき，直線③と放物線$y=\dfrac{1}{2}x^2-\dfrac{1}{2}$が接するのは，$2x^2-2kx-3\sqrt{2}\,k+7=0$が重解をもつときであり，判別式を$D_1$とすると，

$\dfrac{D_1}{4}=(-k)^2-2\cdot(-3\sqrt{2}\,k+7)=0$

$k^2+6\sqrt{2}\,k-14=0$

$\therefore\quad k=-7\sqrt{2},\ \sqrt{2}$

図より，第4象限で接するとき，直線③の傾きは正だから，$k=\sqrt{2}$

よって，(i)，(ii)より，$\sqrt{2}\leqq\dfrac{4y+9}{2x+3\sqrt{2}}\leqq\dfrac{11\sqrt{2}}{2}$

〈解説〉(1) $p^2+q^2\leqq1$ より，$x^2-2y\leqq1$ だけではなく，p, q は t の2次方程式 $t^2-xt+y=0$ の実数解であることに注意をする。

(2) $\dfrac{4y+9}{2x+3\sqrt{2}}=k$ とおくと，$y-\left(-\dfrac{9}{4}\right)=\dfrac{k}{2}\left\{x-\left(-\dfrac{3\sqrt{2}}{2}\right)\right\}$ となり，点 $\left(-\dfrac{3\sqrt{2}}{2}, -\dfrac{9}{4}\right)$ を通り，傾き $\dfrac{k}{2}$ の直線である。この直線が領域内で共有点をもつ条件を求めるとよい。

【4】(1) $a_4=\dfrac{1}{5}$, $c_{10}=\dfrac{76}{5}$

(2) 数列 $\{a_n\}$ は，$\dfrac{2}{5}$，$\dfrac{4}{5}$，$\dfrac{3}{5}$，$\dfrac{1}{5}$ を繰り返すので

$$S_{20}=\dfrac{2}{5}(b_1+b_5+b_9+b_{13}+b_{17})+\dfrac{4}{5}(b_2+b_6+b_{10}+b_{14}+b_{18})$$
$$+\dfrac{3}{5}(b_3+b_7+b_{11}+b_{15}+b_{19})+\dfrac{1}{5}(b_4+b_8+b_{12}+b_{16}+b_{20})$$

ここで，$b_1+b_5+b_9+b_{13}+b_{17}=\dfrac{1}{2}\cdot5\{2\cdot1+(5-1)\cdot8\}=85$ だから，

$$S_{20}=\dfrac{2}{5}\cdot85+\dfrac{4}{5}\cdot(85+10)+\dfrac{3}{5}\cdot(85+20)+\dfrac{1}{5}\cdot(85+30)=34+76$$
$$+63+23=196$$

(3) $n=4k$ （k は自然数）とするとき

$$S_{4k}=\dfrac{2}{5}(b_1+b_5+b_9+\cdots b_{4k-3})+\dfrac{4}{5}(b_2+b_6+b_{10}+\cdots+b_{4k-2})$$
$$+\dfrac{3}{5}(b_3+b_7+b_{11}+\cdots+b_{4k-1})+\dfrac{1}{5}(b_4+b_8+b_{12}+\cdots+b_{4k})$$

ここで，$b_1+b_5+b_9+\cdots+b_{4k-3}=\dfrac{1}{2}k\{2\cdot1+(k-1)\cdot8\}=4k^2-3k$ だから，

$$S_{4k}=\dfrac{2}{5}(4k^2-3k)+\dfrac{4}{5}(4k^2-3k+2k)+\dfrac{3}{5}(4k^2-3k+4k)+\dfrac{1}{5}(4k^2-3k+6k)$$
$$=\dfrac{1}{5}(40k^2-4k)=\dfrac{4k(10k-1)}{5}$$

$c_n>0$ より，数列 $\{S_n\}$ は単調に増加する。

$k=11$ のとき，$S_{44}=\dfrac{4\cdot11(10\cdot11-1)}{5}=\dfrac{4796}{5}<1000$

$k=12$ のとき，$S_{48}=\dfrac{4\cdot12(10\cdot12-1)}{5}=\dfrac{5712}{5}>1000$

であることから，

$c_{45}=\dfrac{2}{5}\cdot(2\cdot45-1)=\dfrac{178}{5}$ より，$S_{45}=\dfrac{4796}{5}+\dfrac{178}{5}=\dfrac{4974}{5}<1000$

$c_{46}=\dfrac{4}{5}\cdot(2\cdot46-1)=\dfrac{364}{5}$ より，$S_{46}=\dfrac{4974}{5}+\dfrac{364}{5}=\dfrac{5338}{5}>1000$

よって，$S_n>1000$ となる最小の n の値は，$n=46$

〈解説〉(1) 題意の条件から，数列 $\{a_n\}$ の a_n を順次求めると，

$a_1=\dfrac{2}{5}$，$a_2=2a_1=\dfrac{4}{5}$，$a_3=2a_2-1=\dfrac{8}{5}-1=\dfrac{3}{5}$，$a_4=2a_3-1=\dfrac{6}{5}-$

$1=\dfrac{1}{5}$，$a_5=2a_4=\dfrac{2}{5}$ $(=a_1)$，$a_6=a_2=\dfrac{4}{5}$，$a_7=a_3=\dfrac{3}{5}$，$a_8=a_4=\dfrac{1}{5}$，

$a_9=a_5=\dfrac{2}{5}$，$\cdots$

で，$\dfrac{2}{5}$，$\dfrac{4}{5}$，$\dfrac{3}{5}$，$\dfrac{1}{5}$，$\dfrac{2}{5}$，$\dfrac{4}{5}$，$\dfrac{3}{5}$，$\dfrac{1}{5}$，$\dfrac{2}{5}$，$\cdots$ となり，$\dfrac{2}{5}$，

$\dfrac{4}{5}$，$\dfrac{3}{5}$，$\dfrac{1}{5}$ を繰り返すこととなる。

また，数列 $\{b_n\}$ の一般項は，$b_n=1+(n-1)\times2=2n-1$ であるから，

$c_n=a_nb_n=a_n(2n-1)$ であり，$a_{10}=a_6=\dfrac{4}{5}$ より，$c_{10}=\dfrac{4}{5}\times(20-1)=\dfrac{76}{5}$

ゆえに，$a_4=\dfrac{1}{5}$，$c_{10}=\dfrac{76}{5}$

(2) $\dfrac{2}{5}$，$\dfrac{4}{5}$，$\dfrac{3}{5}$，$\dfrac{1}{5}$ の繰り返しから，

$S_{20}=\dfrac{2}{5}(b_1+b_5+\cdots+b_{17})+\dfrac{4}{5}(b_2+b_6+\cdots+b_{18})$

$\qquad+\dfrac{3}{5}(b_3+b_7+\cdots+b_{19})+\dfrac{1}{5}(b_4+b_8+\cdots+b_{20})$

を求めるとよい。

$b_1+b_5+\cdots+b_{17}$ は等差数列の和で求める。

(3) $n=4k$ (k は正の整数) として，S_n を k の式で表す。そして，1000に近い k の値を求めるとよい。

171

【5】(1)　$f'(x) = \dfrac{-2e^x}{(e^x+1)^2}$ ，$f''(x) = \dfrac{2e^x(e^x-1)}{(e^x+1)^3}$ ，接線$l : y = -\dfrac{1}{2}x+1$

(2)　$f(x)$の増減，グラフの凹凸は，次の表のようになる。

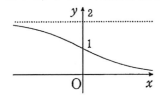

x	……	0	……
$f'(x)$	−	−	−
$f''(x)$	−	0	+
$f(x)$	↘	1	↘

$\displaystyle\lim_{x\to\infty} f(x) = 0$であるから，$x$軸はこの曲線の漸近線である。

$\displaystyle\lim_{x\to-\infty} f(x) = 2$であるから，直線$y=2$はこの曲線の漸近線である。

よって，グラフの概形は次の図のようになる。

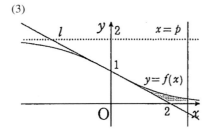

(3)

図から，$S(p)$は

$$S(p) = \int_0^p \frac{2}{e^x+1}dx - \int_0^2 \left(-\frac{1}{2}x+1\right)dx = \int_0^p \frac{2}{e^x+1}dx - 1 \quad \cdots①$$

ここで，$\displaystyle\int_0^p \frac{2}{e^x+1}dx$について，

$t = e^x$とおくと，$\dfrac{dt}{dx} = e^x = t$

よって，$dx = \dfrac{1}{t}dt$

xとtの対応は次のようになる。

x	$0 \rightarrow p$
t	$1 \rightarrow e^p$

よって，$\displaystyle\int_0^p \frac{2}{e^x+1}dx = \int_1^{e^p} \frac{2}{t+1}\cdot\frac{1}{t}dt = 2\int_1^{e^p}\left(\frac{1}{t}-\frac{1}{t+1}\right)dt$

$$= 2\Big[\log|t|-\log|t+1|\Big]_1^{e^p} = 2\Big[\log\Big|\frac{t}{t+1}\Big|\Big]_1^{e^p}$$

$$= 2\left(\log\frac{e^p}{e^p+1}-\log\frac{1}{2}\right) = 2\log\frac{e^p}{e^p+1}+2\log 2$$

したがって，①より，$S(p)=2\log\dfrac{e^p}{e^p+1}+2\log 2-1$

$s=e^p$とおくと，$p\to\infty$のとき，$s\to\infty$であるから，

$$\lim_{p\to\infty} e^p\{S(p)-2\log 2+1\} = \lim_{s\to\infty} 2s\log\frac{s}{s+1} = \lim_{s\to\infty} 2\log\left(\frac{1}{1+\frac{1}{s}}\right)^s$$

$$= \lim_{s\to\infty} 2\log\frac{1}{\left(1+\frac{1}{s}\right)^s} = 2\log\frac{1}{e} = -2$$

〈解説〉(1) $f(x)=\dfrac{2}{e^x+1}$より，$f'(x)=\dfrac{-2(e^x+1)'}{(e^x+1)^2}=\dfrac{-2e^x}{(e^x+1)^2}$

$$f''(x)=\frac{(-2e^x)'(e^x+1)^2-(-2e^x)\{(e^x+1)^2\}'}{(e^x+1)^4}$$

$$=\frac{-2e^x(e^x+1)^2+4(e^x)^2(e^x+1)}{(e^x+1)^4}$$

$$=\frac{2e^x(e^x-1)}{(e^x+1)^3}$$

点$(0, 1)$における接線の方程式は傾きが，

$$f'(0)=\frac{-2e^0}{(e^0+1)^2}=-\frac{2}{4}=-\frac{1}{2}$$

より，

$$y-1=-\frac{1}{2}x, \quad y=-\frac{1}{2}x+1$$

(2) $f'(x)<0$であるから$f(x)$は単調に減少する。$f''(x)=0$より，点$(0, 1)$は変曲点。また，$\displaystyle\lim_{x\to\infty}f(x)$，$\displaystyle\lim_{x\to-\infty}f(x)$を求めて漸近線を確認する。

(3)　$S(p)=\displaystyle\int_0^p \frac{2}{e^x+1}dx-\int_0^2\left(-\frac{1}{2}x+1\right)dx$を計算すればよい。

$\displaystyle\int_0^p \frac{2}{e^x+1}dx$については$t=e^x$とおいて置換積分をする。後半の極限では

$\displaystyle\lim_{n\to\infty}\left(1+\frac{1}{n}\right)^n=e$を用いる。

【二次試験・中学校】

【１】(解答例)　これまでは関数の変化を捉える際に，表を基にして対応する数量の比を考えたり，増加するか減少するかを考えたりしてきた。一次関数の変化の仕方については更に明確に捉えるために，xの増加量に対するyの増加量の割合である変化の割合について指導する。一次関数$y=ax+b$について，一番大切なことは，変数xの値がx_1からx_2まで変化するに伴って変数yの値もy_1からy_2まで変化し，このとき，変化の割合$\dfrac{y_2-y_1}{x_2-x_1}$は，常に一定でaに等しいことである。これが一次関数の特徴であって，そのグラフは直線になる。

　一次関数$y=ax+b$のグラフは直線であり，aは直線の傾きを決め，yのとる値の増減については，傾きaが正(右上がり)，負(右下がり)によって判断できる。また，bは$x=0$に対応するyの値であり，y軸との交点のy座標である。

　以上の点を踏まえ，次の基本的な問題の具体例で指導をしていく。

[例1]　関数$y=3x-4$について，次の表でxの値に対するyの値ア〜カを求めなさい。

x	0	1	2	3	4	5
y	ア	イ	ウ	エ	オ	カ

[例2]　縦3cm，横5cmの長方形がある。縦の長さを変えないで，横を$x$cmだけ長くしたときの長方形の面積を$y$cm²とすると，yはxのどんな関数になるか答えなさい。

[例3]　次の①〜④のうち，yがxの一次関数であるものを選びなさい。

①　一辺の長さが$x$cmの正方形の周の長さが$y$cm

②　縦が$x$cm，横が$y$cmの長方形の面積が10cm²

③　半径が$x$cmの円の面積が$y$cm²

④　縦が$x$cm，横が$y$cmの長方形の周の長さが15cm

[例4]　一次関数$y=4x-3$で，xの値が次のように変化するとき変化の割合を求めなさい。

①　1から6まで　　②　−5から−2まで

[例5]　一次関数$y=-3x+4$で，xの増加量が4であるとき，yの増加量を求めなさい。

[例6]　次の表はyがxの一次関数である。空欄ア〜エの数を求め，yをxの式で表しなさい。

x	−4	ア	0	2	4	イ
y	ウ	−4	エ	2	5	8

[例7]　次の一次関数について，グラフの傾きと切片を答えなさい。また，グラフを描きなさい。

①　$y=-2x$　　②　$y=\dfrac{2}{3}x+1$　　③　$y=-\dfrac{3}{4}x+3$

★　[例題]の指導上の留意点

[例1]　xを代入するとき，計算ミスに注意。

[例2]　$y=3\times(5+x)$であるが，一次関数は$y=3x+15$

[例3]　①　$y=4x$も一次関数である。

④　$2x+2y=15$より，$y=-x+\dfrac{15}{2}$とする。

[例4]　$\dfrac{y_2-y_1}{x_2-x_1}$で計算ミスがないように指導。

[例5]　$\dfrac{y\text{の増加量}}{x\text{の増加量}}=-3$である。

[例6]　空欄をうめ，いろいろな方法で一次関数を見つけさせることが大切。

[例7]　傾きが負の場合と分数の場合に注意してグラフを作成。

　生徒には単に答えが出せるだけではなく，一次関数について興味をもたせて指導をしていくことが大切である。グラフはこれから学習するいろいろな関数との兼ね合いで座標平面の扱い方にも慣れるように指導していく。

〈解説〉中学校学習指導要領(平成29年告示)解説数学編　第3章 各学年の目標及び内容　第2節 第2学年の目標及び内容　2 第2学年の内容 C 関数 C(1) 一次関数を参照して論を進めていくこと。実際の授業展開を予測して具体例を示していく。生徒の誰にでも分かるような例題を取り入れ，授業を展開することが大切である。その際，生徒の活動が教師側からの一方通行にならないように，生徒のいろいろな意見を取り入れて活動をしていくことが必要である。単に，抽象的な論にとどまるだけでなく，具体的な例と授業展開の場面を結びつけた指導になっていることに留意し解答を作成すること。

【二次試験・高等学校】

【1】(解答例)　図形を与えられた条件を満たす「点の集合としてみる」考えの理解を深めさせる。方程式を満たす点P(x, y)の集合が座標平面上の軌跡を表すことを理解させ，軌跡が直線や円またはそれらの一部になるような簡単な場合について，軌跡が求められるようにする。また，不等式を満たす点の集合が座標平面上の領域を表すことを理解させ，領域の境界線が直線あるいは円になるような場合を扱う。すなわち，直線$y = mx + n$について，直線の上側，直線の下側の領域，円$(x - a)^2 + (x - b)^2 = r^2$について，円の内側，円の外側の領域を不等式で表して扱うものとする。次に，いくつかの不等式で表される領域を求めさせたりして，平面図形と不等式の関係について理解を深めさせる。さらに，不等式の表す領域を線形計画法などに活用する活動を通して，その有用性を認識させていく。

　　以上について，基本的な問題の具体例で指導をしていく。

[例1]　2点A(5, 0)，B(0, 3)から等距離にある点Pの軌跡を求めなさい。

[例2]　2点A(−4, 0)，B(2, 0)があり，PA：PB＝2：1である点Pの軌跡を求めなさい。

[例3]　点A(6, 0)と円$x^2 + y^2 = 16$がある。点Pが円上を動くとき，線分APの中点Qの軌跡を求めなさい。

[例4]　次の不等式の表す領域を図示しなさい。

　　　① $x>-4$　　② $x^2+y^2+4x-2y\leqq0$

[例5]　次の連立不等式の表す領域を図示しなさい。

①　$\begin{cases} y>x+1 \\ y<-2x+3 \end{cases}$　　②　$\begin{cases} x+3y-3<0 \\ x^2+y^2\geqq9 \end{cases}$

[例6]　次の不等式の表す領域を図示しなさい。

$(x-y)(x^2+y^2-2)<0$

[例7]　$x\geqq0$, $y\geqq0$, $x-y\geqq-2$, $3x+y\leqq6$のとき，$2x+y$の最大値，最小値を求めなさい。

★　[例題]の指導上の留意点

[例1]　P(x, y)とおき，距離の公式から関係式を導く。軌跡はABの垂直2等分線であることが分かる。

[例2]　P(x, y)とおき，距離の公式から関係式を導く。アポロニウスの円。

[例3]　円上の点をP(s, t)とおき，APの中点をQ(x, y)とする。

[例4]　①　直線$x=-4$の右側の部分である。

　　　②　$(x+2)^2+(y-1)^2\leqq5$とする。

[例5]　2つの不等式の共通部分が求める領域である。境界線を含むか含まないかに注意。

[例6]　$\begin{cases} x-y>0 \\ x^2+y^2-2<0 \end{cases}$　　または　$\begin{cases} x-y<0 \\ x^2+y^2-2>0 \end{cases}$　　を図示する。

[例7]　4つの不等式の領域を図示して，$2x+y=k$とおき，$y=-2x+k$が領域内で共有点をもつときを考える。

　以上のような具体的な問題を生徒に与え，解かせることが大切である。軌跡の計算では，計算が複雑で面倒なこともあるが粘り強く指導を継続する必要がある。生徒にあきらめさせないことが重要である。不等式の表すに領域については，これからいろいろな関数について扱われるので，念入りな指導が必要である。

〈解説〉高等学校学習指導要領解説数学編(平成21年11月) 第2章 第2節 数学Ⅱ 3(2) 図形と方程式 イ 軌跡と領域を参照して論を進めていくこと。実際の授業における展開を予測して具体例を用いて示していくこと。

生徒の誰にでも分かるような例題を取り入れて授業展開することが大切。その際，生徒の活動が教師側からの一方通行にならないように，生徒のいろいろな意見を取り入れて活動をしていくことが必要である。単に抽象的な論にとどまるだけでなく，具体的な例を示し，授業の展開場面と結びつけた指導になっていることに留意して解答を作成すること。

熊本市

【1】4

〈解説〉中学校学習指導要領の目標や内容については最も重要なことなので，学習指導要領と同解説を精読し，暗記してしまうくらいしっかりと学習しておきたい。

【2】1

〈解説〉中学校学習指導要領解説　数学編の数学科改訂の趣旨及び要点については重要なので，該当部分を精読する必要がある。「数学科の内容の改善」の「具体的な内容の移行について」について，実際の授業展開に即して，解答ができるようにしておくこと。

【3】ア　6　　イ　7　　ウ　7

〈解説〉子どもの人数をx，お菓子の個数をy，最後の子どもがもらえる個数をzとする。

$$\begin{cases} 7x+35=y & \cdots① \\ 14(x-1)+z=y & \cdots② \\ z<14 & \cdots③ \end{cases}$$

①，②より，$z=7(7-x)$

よって，zは7の倍数であり，③より，$z=7$

したがって，$x=6$，$y=77$

ゆえに，子どもの人数6人，お菓子の個数77個

【4】ア　5　　イ　2

〈解説〉$x^3+\dfrac{1}{x^3}=\left(x+\dfrac{1}{x}\right)^3-3\cdot x\cdot\dfrac{1}{x}\left(x+\dfrac{1}{x}\right)=\left(x+\dfrac{1}{x}\right)^3-3\left(x+\dfrac{1}{x}\right)$　…①

ここで，$x+\dfrac{1}{x}=\dfrac{\sqrt{6}-\sqrt{2}}{\sqrt{6}+\sqrt{2}}+\dfrac{\sqrt{6}+\sqrt{2}}{\sqrt{6}-\sqrt{2}}$

$=\dfrac{(\sqrt{6}-\sqrt{2})^2+(\sqrt{6}+\sqrt{2})^2}{(\sqrt{6}+\sqrt{2})(\sqrt{6}-\sqrt{2})}=\dfrac{2\cdot(6+2)}{6-2}=4$

よって，①$=4^3-3\times4=64-12=52$

【5】5

〈解説〉$x^2-8x+(n-3)=0$の解は，$x=4\pm\sqrt{19-n}$

整数解をもつので，$19-n$が0か平方数になればよいから，$n\geqq1$に注意して，

$19-n=0$，1，4，9，16であるとよい。

よって，nは，$n=19$，18，15，10，3の5個。

【別解】解と係数の関係から，$\alpha+\beta=8$　…①，$\alpha\beta=n-3$　…②

$n\geqq1$であるから，②より$\alpha\beta\geqq-2$

よって，これを満たす整数α，βは①より，

$(0, 8)$，$(1, 7)$，$(2, 6)$，$(3, 5)$，$(4, 4)$の5組である。

ゆえに，nは，$n=3$，10，15，18，19の5個。

【6】ア　1　　イ　1　　ウ　3　　エ　2　　オ　2

〈解説〉$y=f(x)=x^2-kx+k^2-4$とおいて，

題意から，求める条件は

$$\begin{cases} f(-2)=k^2+2k>0 \quad\cdots① \\ f(-1)=k^2+k-3<0 \quad\cdots② \\ f(0)=k^2-4>0 \quad\cdots③ \end{cases}$$

①より，$k<-2$，$k>0$

②より，$\dfrac{-1-\sqrt{13}}{2}<k<\dfrac{-1+\sqrt{13}}{2}$

③より，$k<-2$，$k>2$

よって，これらの共通の範囲より，$\dfrac{-1-\sqrt{13}}{2}<k<-2$

【7】3

〈解説〉第1項＋第5項　$=\sin^2 35°+\sin^2 55°=\sin^2(90°-55°)+\sin^2 55°$

$\qquad\qquad\qquad\qquad =\cos^2 55°+\sin^2 55°=1$

第2項＋第4項　$=\sin140°\cos50°+\sin50°\cos(360°-40°)$

$\qquad\qquad\qquad =\sin(90°+50°)\cos50°+\sin50°\cos40°$

$\qquad\qquad\qquad =\cos50°\cos50°+\sin50°\sin(90°-40°)$

$\qquad\qquad\qquad =\cos^2 50°+\sin^2 50°=1$

第3項　$=\tan25°\tan65°=\tan25°\tan(90°-25°)$

$\qquad\quad =\tan25°\cdot\dfrac{1}{\tan25°}=1$

よって，与式＝1＋1＋1＝3

【8】ア　9　イ　7

〈解説〉数Ⅰの平均は，$\dfrac{1}{5}(9+8+8+6+4)=7$

数Ⅱの平均は，$\dfrac{1}{5}(8+6+6+3+2)=5$

これより，

$(9-7)(8-5)+(8-7)(6-5)+(8-7)(6-5)+(6-7)(3-5)+(4-7)(2-5)=19$，$(9-7)^2+(8-7)^2+(8-7)^2+(6-7)^2+(4-7)^2=16$，$(8-5)^2+(6-5)^2+(6-5)^2+(3-5)^2+(2-5)^2=24$

よって，相関係数rは，

$r=\dfrac{19}{\sqrt{16}\cdot\sqrt{24}}=\dfrac{19\sqrt{6}}{48}=0.969\cdots=0.97$

【9】ア　8　イ　2　ウ　4

〈解説〉$x^2+(m-2)x+m^2-4m-8=0$　…①

①が異なる実数解α，βをもつから，$D=(m-2)^2-4(m^2-4m-8)>0$

$m^2-4m-12<0$, $(m+2)(m-6)<0$

よって，$-2<m<6$ …②

$\alpha^2+\beta^2=(\alpha+\beta)^2-2\alpha\beta$

$\qquad=\{-(m-2)\}^2-2(m^2-4m-8)=-m^2+4m+20$

$g(m)=-m^2+4m+20=-(m-2)^2+24$として，

②の範囲において，$g(-2)=8$，$g(2)=24$，$g(6)=8$であるから，

$8<g(m)<24$となり，$\alpha^2+\beta^2$のとり得る範囲は，

$8<\alpha^2+\beta^2<24$

【10】ア 2 　イ 2 　ウ 2 　エ 5 　オ 2 　カ 3 　キ 1
　ク 0

〈解説〉$a:b=1:2$，$b:c=3:5$より，$b=2a$，$c=\dfrac{5b}{3}=\dfrac{10a}{3}$

よって，$a:b:c=a:2a:\dfrac{10a}{3}=3:6:10$

したがって，$a=3k$，$b=6k$，$c=10k$ $(k>0)$ とおいて，

$\dfrac{2}{a^2}+\dfrac{1}{ab}+bc+ca=\dfrac{2}{9k^2}+\dfrac{1}{18k^2}+60k^2+30k^2=\dfrac{5}{18k^2}+90k^2$

相加平均と相乗平均の大小関係を用いて，

$\dfrac{5}{18k^2}+90k^2\geqq2\sqrt{\dfrac{5}{18k^2}\cdot90k^2}=10$

等号は，$\dfrac{5}{18k^2}=90k^2$，$k^4=\dfrac{1}{18^2}$，$k^2=\dfrac{1}{18}$，$k>0$より，$k=\dfrac{1}{\sqrt{18}}=\dfrac{\sqrt{2}}{6}$

ゆえに，$a=\dfrac{\sqrt{2}}{2}$，$b=\sqrt{2}$，$c=\dfrac{5\sqrt{2}}{3}$のとき，最小値10

【11】ア　3　　イ　0

〈解説〉

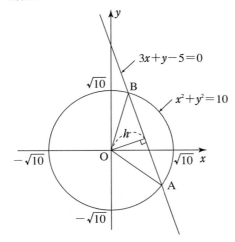

図より，$h = \dfrac{|-5|}{\sqrt{3^2 + 1^2}} = \dfrac{5}{\sqrt{10}}$

よって，$AB = 2\sqrt{(\sqrt{10})^2 - \left(\dfrac{5}{\sqrt{10}}\right)^2} = \sqrt{30}$

【別解】$\begin{cases} 3x + y - 5 = 0 \\ x^2 + y^2 = 10 \end{cases}$ を解いて，

$A\left(\dfrac{3 + \sqrt{3}}{2}, \ \dfrac{1 - 3\sqrt{3}}{2}\right)$, $B\left(\dfrac{3 - \sqrt{3}}{2}, \ \dfrac{1 + 3\sqrt{3}}{2}\right)$ として，

$AB = \sqrt{(-\sqrt{3})^2 + (3\sqrt{3})^2} = \sqrt{30}$

【12】ア　4　　イ　8　　ウ　7

〈解説〉$x \geqq 0$, $y \geqq 0$, $y \leqq -\dfrac{2}{3}x + 4$, $y \leqq -3x + 9$ の領域は図のようになる。

境界線を含む。

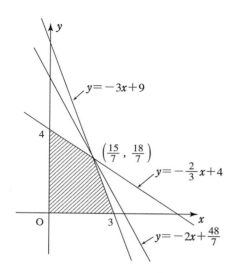

2x＋y＝kとおくと，y＝−2x＋k ···①

y＝−$\frac{2}{3}$x＋4とy＝−3x＋9の交点の座標は$\left(\frac{15}{7}, \frac{18}{7}\right)$であるから，直線①

は点$\left(\frac{15}{7}, \frac{18}{7}\right)$を通るとき，kは最大になる。

ゆえに，最大値k＝2×$\frac{15}{7}$＋$\frac{18}{7}$＝$\frac{48}{7}$

【13】ア 6　イ 2　ウ 5　エ 6　オ 3　カ 2

〈解説〉$\sin 2\theta \geqq \cos\theta$ より，$\cos\theta(2\sin\theta - 1) \geqq 0$ ···(※)

よって，不等式(※)は，

$\begin{cases} \cos\theta \geqq 0 \\ \sin\theta \geqq \frac{1}{2} \end{cases}$ ···①，　$\begin{cases} \cos\theta \leqq 0 \\ \sin\theta \leqq \frac{1}{2} \end{cases}$ ···②

を解けばよい。

$0 \leqq \theta < 2\pi$ の範囲において，

①より，$\frac{\pi}{6} \leqq \theta \leqq \frac{\pi}{2}$，②より，$\frac{5\pi}{6} \leqq \theta \leqq \frac{3\pi}{2}$

ゆえに, (※)の解は, $\dfrac{\pi}{6} \leqq \theta \leqq \dfrac{\pi}{2}$, $\dfrac{5\pi}{6} \leqq \theta \leqq \dfrac{3\pi}{2}$

【14】ア　1　イ　4　ウ　3　エ　8

〈解説〉不等式より,

$$\log_{\frac{1}{2}}\left(x - \dfrac{1}{4}\right) > \log_{\frac{1}{2}}\left(\dfrac{1}{2}\right)^3 \quad \cdots ①$$

真数は正であるから, $x > \dfrac{1}{4}$ $\cdots②$

①の底が $\dfrac{1}{2} < 1$ であるから, $x - \dfrac{1}{4} < \left(\dfrac{1}{2}\right)^3$ より, $x < \dfrac{3}{8}$

ゆえに, ②より, 不等式の解は, $\dfrac{1}{4} < x < \dfrac{3}{8}$

【15】ア　4　イ　5　ウ　8　エ　5

〈解説〉点(0, -5)を通る直線を $y = ax - 5$ とおく。

$y = x^2 - 2x + 4$ に接するから,

$x^2 - 2x + 4 = ax - 5$, $x^2 - (a+2)x + 9 = 0$

が重解をもてばよい。よって,

$D = (a+2)^2 - 36 = 0$, $(a-4)(a+8) = 0$, $a = 4, -8$

ゆえに, 求める接線の方程式は,

$y = 4x - 5$, $y = -8x - 5$

【別解】接点の座標を $(t, t^2 - 2t + 4)$ とおくと, $y' = 2x - 2$ より, 接線の方程式は,

$y - (t^2 - 2t + 4) = (2t-2)(x-t)$

これが点(0, -5)を通るから,

$-5 - (t^2 - 2t + 4) = (2t-2)(-t)$, $t^2 = 9$, $t = \pm 3$

よって, 接点は(3, 7), (-3, 19)となり, 接線の方程式は,

$y - 7 = 4(x-3)$ より, $y = 4x - 5$

$y - 19 = -8(x+3)$ より, $y = -8x - 5$

【16】ア 3　イ 1　ウ 9　エ 5　オ 1　カ 5　キ 3　ク 9

〈解説〉題意から，a，bの最大公約数が3，最小公倍数が195であるから，

$a=3x$，$b=3y$，$195=3xy$　（x，yは互いに素，$x \leqq y$）　とおける。

よって，$xy=65$より，$(x, y)=(1, 65), (5, 13)$

ゆえに，$(a, b)=(3, 195), (15, 39)$

【17】ア 3　イ 3

〈解説〉3点A(2, 1, 3)，B(0, 3, 7)，C(3, 3, 4)より，

$\overrightarrow{AB}=(-2, 2, 4)$，$\overrightarrow{AC}=(1, 2, 1)$であり，△ABCの面積を$S$とすれば，

$$S=\frac{1}{2}\sqrt{|\overrightarrow{AB}|^2|\overrightarrow{AC}|^2-(\overrightarrow{AB}\cdot\overrightarrow{AC})^2}$$

$$=\frac{1}{2}\sqrt{(4+4+16)(1+4+1)-(-2+4+4)^2}$$

$$=\frac{1}{2}\sqrt{144-36}=\frac{1}{2}\sqrt{108}=3\sqrt{3}$$

【18】ア 2　イ 4　ウ 3　エ 2

〈解説〉水槽の量をVとして，

蛇口A：水量s/分→x分，$V=sx$

蛇口B：水量t/分→y分，$V=ty$

題意から，

$x=y-8$　…①

$(s+t)\times9+t\times11=V$　…②

が成り立つ。

$s=\dfrac{V}{x}$，$t=\dfrac{V}{y}$を②に代入して，

$$\left(\frac{V}{x}+\frac{V}{y}\right)\times9+\frac{V}{y}\times11=V$$

これより，

$\dfrac{9}{x}+\dfrac{20}{y}=1$　…③

①, ③より,

$\dfrac{9}{y-8}+\dfrac{20}{y}=1$,　$y^2-37y+160=0$

$(y-5)(y-32)=0$

①より, $y>8$であるから, $y=32$

よって, $x=24$

ゆえに, 満水にするためには, 蛇口Aだけを使うと24分, 蛇口Bだけを使うと32分かかる。

【19】 ア　4　　イ　6　　ウ　0

〈解説〉1段, 2段, 3段, 4段, 5段, …のとき, 必要な棒の本数は4本, 10本, 18本, 28本, 40本, …となっている。

$$
\underset{6\quad 8\quad 10\quad 12}{4\searrow 10\searrow 18\searrow 28\searrow 40}\quad \cdots\cdots a_n
$$
$\cdots\cdots b_n$

よって, 第n段のときの棒の本数をa_nとすれば, 階差数列の一般項が

$b_n=2n+4$

であるから, $n\geqq2$のとき,

$a_n=a_1+\displaystyle\sum_{k=1}^{n-1}b_k=4+\sum_{k=1}^{n-1}(2k+4)$

　　$=4+2\times\dfrac{(n-1)n}{2}+4(n-1)=n^2+3n$

$n=1$のとき, $a_1=1^2+3\times1=4$で成り立つ。

第n段のときの棒の本数は, n^2+3n〔本〕である。

ゆえに, $n=20$段のとき, $20^2+3\times20=460$〔本〕必要である。

【20】 ア　2　　イ　1　　ウ　1　　エ　7　　オ　2

〈解説〉1辺の長さが6であるから, 図においてE(0, 0, 0), A(0, 0, 6), B(6, 0, 6), C(6, 6, 6), D(0, 6, 6), F(6, 0, 0), G(6, 6, 0), H(0, 6, 0)として, 題意から, P(3, 0, 6), Q(0, 3, 6)となる。

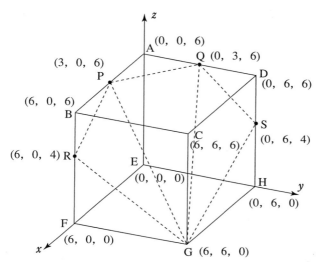

3点P，Q，Gを通る平面の方程式を$ax+by+cz+d=0$とおいて，

$$\begin{cases} 3a+6c+d=0 \\ 3b+6c+d=0 \\ 6a+6b+d=0 \end{cases}$$

これより，$a=b=-\dfrac{d}{12}$，$c=-\dfrac{d}{8}$

よって，平面の方程式は

$$-\dfrac{d}{12}x-\dfrac{d}{12}y-\dfrac{d}{8}z+d=0, \quad 2x+2y+3z-24=0$$

この平面と直線BFの交点Rの座標はR(6，0，4)，直線DHの交点Sの座標はS(0，6，4)である。

したがって，3点P，Q，Gを通る平面での切り口の図形は五角形PRGSQであり，その面積をSとすると，

$$S=\triangle PQG+\triangle PRG+\triangle QSG=\triangle PQG+2\triangle PRG$$

$\overrightarrow{GP}=(-3,\ -6,\ 6)$，$\overrightarrow{GQ}=(-6,\ -3,\ 6)$より，

$$\triangle PQG=\dfrac{1}{2}\sqrt{|\overrightarrow{GP}|^2|\overrightarrow{GQ}|^2-(\overrightarrow{GP}\cdot\overrightarrow{GQ})^2}$$

$$= \frac{1}{2} \sqrt{(9+36+36)(36+9+36)-(18+18+36)^2}$$

$$= \frac{1}{2} \sqrt{81^2-72^2} = \frac{1}{2} \sqrt{1377} = \frac{9}{2} \sqrt{17}$$

$\overrightarrow{GP} = (-3, -6, 6), \quad \overrightarrow{GR} = (0, -6, 4)$ より,

$$\triangle PRG = \frac{1}{2} \sqrt{|\overrightarrow{GP}|^2 |\overrightarrow{GR}|^2 - (\overrightarrow{GP} \cdot \overrightarrow{GR})^2}$$

$$= \frac{1}{2} \sqrt{(9+36+36)(0+36+16)-(0+36+24)^2}$$

$$= \frac{1}{2} \sqrt{81 \times 52 - 60^2} = \frac{1}{2} \sqrt{612} = 3\sqrt{17}$$

ゆえに, $S = \frac{9}{2} \sqrt{17} + 2 \times 3\sqrt{17} = \frac{21\sqrt{17}}{2}$

2020年度　実施問題

熊本県

【一次試験・中学校】

【1】次の(1)，(2)の各問いに答えなさい。

(1) 次の文章は，現行の「中学校学習指導要領　第2章　第3節　数学」の「第2　各学年の目標及び内容」からの抜粋である。文中の[　ア　]～[　オ　]に当てはまる語句をそれぞれ答えなさい。

> 〔第1学年〕
> 1　目標
> 　(3)　[　ア　]を調べることを通して，比例，反比例についての[　イ　]を深めるとともに，[　ウ　]を見いだし表現し考察する能力を培う。
>
> 〔第2学年〕
> 1　目標
> 　(3)　[　ア　]を調べることを通して，[　エ　]について[　イ　]するとともに，[　ウ　]を見いだし表現し考察する能力を養う。
>
> 〔第3学年〕
> 1　目標
> 　(3)　[　ア　]を調べることを通して，[　オ　]について[　イ　]するとともに，[　ウ　]を見いだし表現し考察する能力を伸ばす。

(2) 次の文章は，現行の「中学校学習指導要領　第2章　第3節　数学」の「第3　指導計画の作成と内容の取扱い」からの抜粋である。文中の[　ア　]～[　オ　]に当てはまる語句をあとの①～⑧からそれ

ぞれ1つずつ選び，番号で答えなさい。

1　指導計画の作成に当たっては，次の事項に配慮するものとする。

(1)　第2の各学年の目標の達成に[　ア　]範囲内で，当該学年の内容の一部を軽く取り扱い，それを後の学年で指導することができる。また，学年の目標を[　イ　]範囲内で，後の学年の内容の一部を加えて指導することもできる。

(2)　生徒の学習を[　ウ　]ものにするために，新たな内容を指導する際には，既に指導した関連する内容を[　エ　]再度取り上げ，[　オ　]の機会を設定することに配慮するものとする。

---

①　十分な　　　　②　支障のない　　　③　逸脱しない

④　繰り返し　　　⑤　意図的に　　　　⑥　復習

⑦　学び直し　　　⑧　確実な

(☆☆☆◎◎◎)

【2】次の(1)～(8)の各問いに答えなさい。

(1)　$5-\sqrt{2}$ の整数部分をa，小数部分をbとするとき，$a^2-2ab+b^2-2a+2b+1$の値を求めなさい。

(2)　$\dfrac{2}{7}$を小数で表すとき，小数第107位の数を求めなさい。

(3)　1辺の長さが1cmの正方形を底面とし，高さが2cmの正四角柱を，次の図のようにすき間なく規則的に並べて立体を作っていきます。表面積が330cm²になるのは何番目の立体か求めなさい。

1番目　　2番目　　　3番目　　　　4番目

(4)　二次方程式$ax^2+bx+c=0\ (a\neq0)$をxについて解き，解の公式を導きなさい。解答は，途中の式を省略せずxについて解く過程が分か

るように詳しく書きなさい。

(5) 次の図のように，2点A(1，3)，B(4，1)がある。点Pをx軸上の点とするとき，AP＋PBの長さが最も短くなるときの点Pの座標を求めなさい。

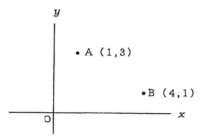

(6) 次の表は，あるクラスにおける生徒全員の先週の月曜日から金曜日までの家庭学習時間の合計を調べて，度数分布表に整理したものである。

このクラスにおける生徒の先週の月曜日から金曜日までの家庭学習時間の合計の平均値を求めなさい。

階級（時間）		度数（人）	相対度数
以上	未満		
4 ～	8	8	☐
8 ～	2	☐	0.4
12 ～	6	☐	0.3
16 ～	0	4	☐
合計		☐	☐

(7) 次の図の四角形ABCDは平行四辺形で，△AEDと△PECの面積比は16：9である。このとき，△ABCと△AEDの面積比を求めなさい。

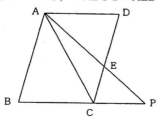

(8)　次の図1のような半径4cmの半円の周上に，$\overset{\frown}{AP} = \overset{\frown}{PB}$ となる点P
　　をとる。図2のように，点Pが半円の中心Oに重なるように折ったと
　　き，色をつけた部分の面積を求めなさい。

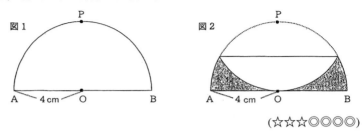

(☆☆☆◎◎◎◎)

【3】次の図のように，円周を12等分した点があり，そのうちの1つの点
　　をPとする。大小2つのさいころを同時に1回投げたとき，点Aは，点P
　　から右回りに円周上の点を大きいさいころの出た目の数だけ進み，点
　　Bは，点Pから左回りに円周上の点を小さいさいころの出た目の数の2
　　倍だけ進むものとする。

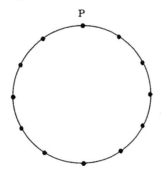

　　このとき，次の(1)，(2)の各問いに答えなさい。
　　ただし，さいころのどの目が出ることも同様に確からしいとする。

(1)　3点P，A，Bで三角形ができない場合の確率を求めなさい。

(2)　3点P，A，Bで直角三角形ができる場合の確率を求めなさい。

(☆☆☆◎◎◎)

【4】線分ABを直径とする円Oがある。点Cは円Oの円周上にあり，AB⊥COである。点Dは線分AC上にあり，点EはBDの延長と円Oとの交点，点Fは点Eから線分ACにひいた垂線とACとの交点である。また，点GはEFの延長と円Oとの交点である。このとき，下の(1)，(2)の各問いに答えなさい。

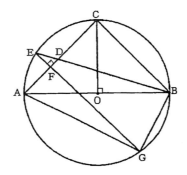

(1)　△BCD∽△AGBであることを証明しなさい。

(2)　AB＝8cm，CD＝4cmであるとき，線分BGの長さを求めなさい。

(☆☆☆◎◎◎)

【5】点Oを原点とする座標平面上に，2つの関数

$y＝x^2$　…①

$y＝ax^2$ (aは定数)　…②

のグラフと長方形ABCDがある。

　2点A，Bは関数①のグラフ上にあり，Aのx座標は2であって，辺ABはx軸に平行である。2点C，Dは関数②のグラフ上にあり，Cのx座標は負で，Cのy座標はBのy座標よりも大きい。

　また，長方形ABCDにおいて，AB：AD＝2：1である。

　このとき，あとの(1)～(3)の各問いに答えなさい。

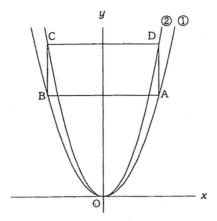

(1)　aの値を求めなさい。

(2)　直線ACの式を求めなさい。

(3)　直線OA上に，2点O，Aとは異なる点Pをとる。点Eを直線ACとy軸との交点とするとき，線分EPが四角形OADBの面積を2等分する点Pの座標を求めなさい。

（☆☆☆◎◎◎）

【一次試験・高等学校】

【1】現行の「高等学校学習指導要領解説　数学編」について，次の(1)～(3)の各問いに答えよ。

(1)　次の文は現行の高等学校数学科の目標である。

> 　<u>数学的活動</u>を通して，数学における基本的な概念や原理・法則の体系的な理解を深め，事象を数学的に考察し表現する能力を高め，創造性の基礎を培うとともに，数学のよさを認識し，それらを積極的に活用して[　　]する態度を育てる。

(i)　[　　]に当てはまる語句を，次の①～④から1つ選び，番号で答えよ。

①　数学的根拠に基づいて思考

② 数学的思考に基づいて表現

③ 数学的論拠に基づいて判断

④ 数学的概念に基づいて解決

(ii) 下線部に関して，現行の「高等学校学習指導要領解説　数学編」において，次のように記されている。次の文中の[　　]に当てはまる語句を答えよ。

> 　数学的活動とは，数学学習にかかわる目的意識をもった[　　]な活動のことであるが，今回，「数学的活動を通して」の部分を文頭に出し目標全体に関係させることで，数学的活動を一層重視する意図を表現した。

(2) 「課題学習」が位置付けられている科目として最も正しいものを，次の①～④から1つ選び，記号で答えよ。

① 数学Ⅰ，数学Ⅱ及び数学Ⅲ　　② 数学Ⅰ及び数学活用

③ 数学Ⅰ及び数学A　　　　　　④ 数学Ⅰ

(3) 科目の履修について，次の(i)，(ii)が正しい場合は○を，正しくない場合は×をそれぞれ書け。

(i) 必履修科目は数学Ⅰまたは数学活用である。

(ii) 数学Ⅲの標準単位数は5であり，科目の内容は「平面上の曲線」，「極限」，「微分法」，「積分法」である。

(☆☆☆◎◎◎)

【2】次の(1)～(6)の各問いに答えよ。ただし，答えのみを書け。

(1) 1から100までの番号を，それぞれ1つずつつけた100枚のカードから1枚を引くとき，3の倍数が書かれたカードを引く事象をA，5の倍数が書かれたカードを引く事象をBとする。このとき，条件付き確率$P_B(A)$を求めよ。

(2) xについての不等式$a^{2x-3}-a^x+a^{x-3}-1<0$を解け。ただし，$0<a<1$とする。

(3) 点zが複素数平面の原点を中心とする半径1の円周上を動くとき，

195

$w=(1+2i)z+i$で定められる点wはどのような図形を描くか。

(4)　極限値$\displaystyle\lim_{x\to-\infty}(2x+\sqrt{4x^2+x})$を求めよ。

(5)　2次方程式$x^2+(a-1)x-a+1=0$が異なる2つの虚数解をもち，その2つの解の3乗はともに実数である。このとき，実数aの値を求めよ。

(6)　ある自然数Pは次の(i)，(ii)の条件を満たす。

　　(i)　7進法で表すと，3桁の数である。

　　(ii)　10進法で表して，それを2倍すると，その各位の数字は，7進法で表したときのものと全て一致する。

　　例えば，7進法で表した624は，10進法で表すと312となり，2倍すると，624となるので，これはPの1つである。このようなPは全部でいくつあるか。

(☆☆☆◎◎◎◎)

【3】自然数nについて，数列$\{a_n\}$は

$$\begin{cases} a_1=1 \\ a_{2n}=a_{2n-1}+7 \\ a_{2n+1}=a_{2n}-4 \end{cases}$$

を満たす。このとき，次の(1)～(3)の各問いに答えよ。ただし，(1)については，答えのみを書け。

(1)　a_{2n-1}，a_{2n}をそれぞれnを用いて表せ。

(2)　$S_n=\displaystyle\sum_{k=1}^{n}a_k$とする。$m$を自然数とするとき，$S_{2m}$を$m$を用いて表せ。

(3)　$T_n=2019-S_n$とする。このとき，$\displaystyle\sum_{k=1}^{n}T_k$が最大となるような$n$を求めよ。

(☆☆☆◎◎◎)

【4】$OA=OB=1$，$\angle AOB=90°$である$\triangle OAB$がある。辺ABを$2:1$に内分する点をC，また，直線OCに関して点A，Bの対称な点をそれぞれA'，B'とする。$\overrightarrow{OA}=\vec{a}$，$\overrightarrow{OB}=\vec{b}$とするとき，次の(1)～(3)の各問いに答

196

えよ。ただし，(1)については，答えのみを書け。

(1)　$\overrightarrow{OA'}$，$\overrightarrow{OB'}$をそれぞれ$\overrightarrow{a}$，$\overrightarrow{b}$を用いて表せ。

(2)　正の数s，tを用いて，$\overrightarrow{OP}=s\overrightarrow{OA'}$，$\overrightarrow{OQ}=t\overrightarrow{OB'}$を満たす点P，Qを定める。ただし，直線PQは点Bを通る。このとき，sとtの満たす関係式を求めよ。

(3)　(2)において，△OPQの面積が最小になるときのs，tの値を求めよ。

（☆☆☆◎◎◎）

【5】xy平面上の点P(x, y)は，$x=(1+\cos\theta)\cos\theta$，$y=(1+\cos\theta)\sin\theta$ ($0\leq\theta\leq\pi$)で表される曲線Cを描く。このとき，次の(1)〜(3)の各問いに答えよ。ただし，(1)については，答えのみを書け。

(1)　導関数$\dfrac{dx}{d\theta}$，$\dfrac{dy}{d\theta}$を求めよ。

(2)　曲線Cの概形を描け。ただし，凹凸については調べなくてよい。

(3)　曲線Cの長さlを求めよ。

（☆☆☆◎◎◎）

【二次試験・中学校】

【1】中学校数学において，「資料の活用」の指導の意義とともに，第3学年「簡単な場合について標本調査を行い，母集団の傾向をとらえ説明すること。」の指導について，どのように行うか，具体例を挙げて述べなさい。

（☆☆☆◎◎◎）

【二次試験・高等学校】

【1】数学Aの「整数の性質」の「ユークリッドの互除法」の指導に当たって，あなたはどのようなことに留意して授業を実施するか。現行の「高等学校学習指導要領解説　数学編」に基づいて，具体的に述べよ。

（☆☆☆◎◎◎）

熊本市

【１】次の文は，平成29年告示の「中学校学習指導要領　第2章　第3節　数学」の「第1　目標」からの抜粋である。（　ア　）～（　ウ　）に当てはまる語句の組合せとして正しいものを，1～5から一つ選び，番号で答えなさい。

　　数学的な見方・考え方を働かせ，数学的活動を通して，<u>数学的に考える資質・能力</u>を次のとおり育成することを目指す。

(1)　数量や図形などについての基礎的な概念や原理・法則などを理解するとともに，事象を数学化したり，数学的に（　ア　）したり，数学的に表現・処理したりする技能を身に付けるようにする。

(2)　数学を活用して事象を（　イ　）に考察する力，数量や図形などの性質を見いだし（　ウ　）に考察する力，数学的な表現を用いて事象を簡潔・明瞭・的確に表現する力を養う。

(3)　数学的活動の楽しさや数学のよさを実感して粘り強く考え，数学を生活や学習に生かそうとする態度，問題解決の過程を振り返って評価・改善しようとする態度を養う。

	ア	イ	ウ
1	解釈	数理的	統合的・合理的
2	理解	論理的	総合的・発展的
3	解釈	数理的	統合的・発展的
4	理解	数理的	総合的・合理的
5	解釈	論理的	総合的・発展的

(☆☆☆◎◎◎◎)

【２】次の文は，【1】の下線部について，平成29年告示の「中学校学習指導要領解説　数学編」の「第2章　第1節　数学科の目標　1　教科の

目標 (2) 目標について」に示してある「③『<u>数学的に考える資質・能力を育成すること</u>』について」に関する説明からの抜粋である。文中にある「三つの柱」として正しいものを，1〜5から一つ選び，番号で答えなさい。

> 今回の改訂では，数学の学習において「何を学ぶか」のみならず「何ができるようになるか」という観点から整理された育成を目指す資質・能力を示すこととした。「数学的に考える資質・能力」とは，数学科の目標で示された三つの柱で整理された算数・数学教育で育成を目指す力のことである。これらの資質・能力は，数学的な見方・考え方を働かせた数学的活動を通して，三つの柱をバランスよく育成することが必要である。また，これらの資質・能力は，数学の学習の基盤となるだけではなく，教科等の枠を越えて全ての学習の基盤として育んでいくことが大切である。

1 知識・理解　　　技能　　　　　　　　　　　数学的な考え方
2 主体的な学び　　対話的な学び　　　　　　　深い学び
3 理解・技能　　　考察・表現　　　　　　　　関心・意欲・態度
4 知識及び技能　　思考力，判断力，表現力等　学びに向かう力，人間性等
5 言語能力等　　　情報活用の能力等　　　　　問題発見・解決の能力

(☆☆☆◎◎◎)

【3】$(x-3)(x-4)(x-5)(x-6)$を展開したとき，x^2の係数を求めると[　アイウ　]となる。

(☆☆◎◎◎)

【4】$\dfrac{3}{1+\sqrt{2}+\sqrt{3}}$の分母を有理化すると，

$$\dfrac{[　ア　]+[　イ　]\sqrt{[　ウ　]}-[　エ　]\sqrt{[　オ　]}}{[　カ　]}$$となる。

(☆☆◎◎◎)

【５】2次関数$f(x)$のグラフは，x軸と2点$(-3, 0)$，$(5, 0)$で交わり，最大値は32である。このとき，$f(x)=-[\quad ア\quad]x^2+[\quad イ\quad]x+[\quad ウエ\quad]$となる。

(☆☆◎◎◎)

【６】連立不等式 $\begin{cases} x^2+3x<7 \\ 2x^2+3x\geqq5 \end{cases}$ の解となる整数の個数は，[　　]個となる。

(☆☆◎◎◎)

【７】2つのxについての2次方程式　$x^2-4ax-3a+1=0$，$x^2-2ax+6a^2-6a+1=0$がともに実数解をもつとき，定数aの値の範囲は，$\dfrac{[\quad ア\quad]}{[\quad イ\quad]}\leqq a\leqq[\quad ウ\quad]$　となる。

(☆☆◎◎◎)

【８】$\tan\theta+\dfrac{1}{\tan\theta}=-\dfrac{10}{3}$のとき，$\sin\theta+\cos\theta$の値は，$\pm\dfrac{\sqrt{[\quad アイ\quad]}}{[\quad ウ\quad]}$となる。

(☆☆☆◎◎)

【９】1辺の長さが3の正四面体ABCDにおいて，辺CDの中点をMとするとき，△ABMの面積を求めると，$\dfrac{[\quad ア\quad]\sqrt{[\quad イ\quad]}}{[\quad ウ\quad]}$となる。

(☆☆◎◎◎)

【10】次のデータは，30点満点のテストの結果である。xを整数とするとき，このデータの中央値としてとり得る値は，[　　]通りとなる。

18，14，9，20，13，x

(☆☆☆◎◎)

【11】$x^3=1$の虚数解の1つをωとするとき，$\omega^{2019}-(1+\omega)^3+(1+\omega^2)^6=$[　　]となる。

(☆☆☆◎◎)

【12】 整式$P(x)$は，次の条件(1)，(2)を満たすものとする。

> (1) $P(x)$をx^2-3x+2で割ると余りは$3x+5$である。
>
> (2) $P(x)$をx^2-4x+3で割ると余りは$-x+a$である。

このとき，$P(x)$をx^2-5x+6で割った余りは，$bx+[$ アイ $]$となる。

（☆☆☆◎◎◎◎）

【13】 $4a+2b+c+8=0$を満たす実数a，b，cに対し，$P(x)=x^3+ax^2+bx+c$とする。

$P(x)$が3重解をもつときのcの値を求めると，$c=-[\quad]$である。

（☆☆☆◎◎◎）

【14】 点O(0，0)からの距離と，点A(2，1)からの距離の比が$\sqrt{2}$：1である点Pの軌跡をCとするとき，次の(1)，(2)について答えなさい。

(1) Cの方程式を求めると，$x^2+y^2-[$ ア $]x-[$ イ $]y+[$ ウエ $]=0$となる。

(2) 点PがC上を動くとき，三角形OAPの面積が最大になるときの点Pのx座標を$x=\alpha\pm\sqrt{\beta}$とすると，$\alpha+\beta=[$ オ $]$となる。

（☆☆☆◎◎◎◎）

【15】 次のグラフは，$y=\sin(ax-b)$のグラフの一部である。$a>0$，$0<b<2\pi$のとき，$b=\dfrac{[\ ア\ ]}{[\ イ\ ]}\pi$となる。

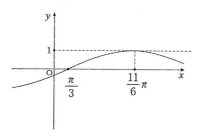

（☆☆☆◎◎◎）

【16】 $-\dfrac{\pi}{3}\leqq\theta\leqq0$ のとき，関数 $y=2\cos\theta(\sqrt{3}\sin\theta+\cos\theta)$ の最大値は，[　　]となる。

(☆☆☆◎◎◎)

【17】 x の方程式 $4^x-2^{x+1}+3-a=0$ が異なる2つの実数解をもつとき，定数 a の値の範囲は，[　ア　]＜a＜[　イ　]

(☆☆☆◎◎◎)

【18】 関数 $y=x^3-2x^2+2x-3$ のグラフについて，その接線の傾きが1である接線の方程式は，$y=x-$[　ア　]，$y=x-\dfrac{[　イウ　]}{[　エオ　]}$ となる。

(☆☆☆◎◎◎)

【19】 放物線 $y=8x^2-4x-9$ と直線 $y=12x-1$ で囲まれた部分の面積を求めると，$\dfrac{[　アイ　]\sqrt{[　ウ　]}}{[　エ　]}$ となる。

(☆☆☆◎◎◎)

【20】 1枚の硬貨を投げ，表が出たときを2点，裏が出たときを1点とする。硬貨を6回投げるとき，得点の合計が10点になる確率は，$\dfrac{[　アイ　]}{[　ウエ　]}$ となる。

(☆☆◎◎◎)

【21】 $5n+5$ と $3n+2$ の最大公約数が5になるような30以下の自然数 n は，[　　]個となる。

(☆☆☆◎◎◎)

【22】 次の図で，直線DEは円Oの接線で，点Cは接点，線分ABは円Oの直径であり，AD⊥DE，BE⊥DEである。
AC＝4cm，BC＝3cmのとき，DEの長さは，$\dfrac{[　アイ　]}{[　ウ　]}$ cmである。

202

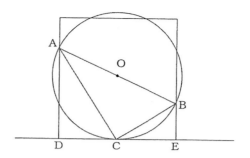

(☆☆◎◎◎)

【23】2点A(3，5，3)，B(1，3，5)を通る直線ℓが球面$(x+2)^2+(y-1)^2+(z-3)^2=17$によって切りとられる線分の長さは，[　ア　]$\sqrt{[\quad イ \quad]}$である。

(☆☆☆◎◎◎)

【24】次の2つの数列を比べたとき，共通な項の個数を求めると，[　アイ　]個となる。

1，5，9，13，…，301
1，8，15，22，…，302

(☆☆☆◎◎◎)

解答・解説

熊本県

【一次試験・中学校】

【1】(1) ア　具体的な事象　　イ　理解　　ウ　関数関係
エ　一次関数　　オ　関数$y=ax^2$　　(2) ア　②　イ　③

ウ ⑧　エ ⑤　オ ⑦

〈解説〉教科の「目標」は，非常に重要なので，学習指導要領だけではな
　　　く，学習指導要領解説もあわせて理解するとともに，用語などもしっ
　　　かり覚えておきたい。「各学年の目標及び内容」，「指導計画の作成と
　　　内容の取扱い」についても，学習指導要領だけではなく，学習指導要
　　　領解説とあわせて，整理し，理解・記憶しておくようにするとよい。

【２】(1)　$a=3$

$b=5-\sqrt{2}-3=2-\sqrt{2}$

$a-b=1+\sqrt{2}$　…①

$a^2-2ab+b^2-2a+2b+1$

$=(a-b)^2-2(a-b)+1$

$=\{(a-b)-1\}^2$　　これに①を代入して

$=\{(1+\sqrt{2})-1\}^2=(\sqrt{2})^2=2$

答え　2

(2)　$\dfrac{2}{7}=0.2857142857142\cdots$と，「285714」が循環する。

$107÷6=17$あまり5　だから，「285714」の5番目の数なので1

答え　1

(3)　n番目の表面積は，

$n^2+n^2+2n×4=2n^2+8n$

n番目に立体の表面積が330cm²になるとすると

$2n^2+8n=330$

$n^2+4n-165=0$

$(n+15)(n-11)=0$

$n=-15,\ 11$

$n>0$　より　$n=11$

答え　11番目

(4)　$ax^2+bx+c=0$　$(a≠0)$

$x^2+\dfrac{b}{a}x+\dfrac{c}{a}=0$

$$x^2 + \frac{b}{a}x = -\frac{c}{a}$$

$$x^2 + \frac{b}{a}x + \left(\frac{b}{2a}\right)^2 = -\frac{c}{a} + \left(\frac{b}{2a}\right)^2$$

$$\left(x + \frac{b}{2a}\right)^2 = \frac{b^2 - 4ac}{4a^2}$$

$$x + \frac{b}{2a} = \pm\sqrt{\frac{b^2 - 4ac}{4a^2}} = \pm\frac{\sqrt{b^2 - 4ac}}{2a}$$

$$x = -\frac{b}{2a} \pm \frac{\sqrt{b^2 - 4ac}}{2a} = \frac{-b \pm \sqrt{b^2 - 4ac}}{2a}$$

(5)

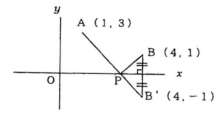

点Bをx軸に関して線対称移動した点をB'とすると,

点Aと点B'(4, -1)を通る直線とx軸との交点がPになる。

点Aと点B'を通る直線の式は $y = -\frac{4}{3}x + \frac{13}{3}$

この式に$y = 0$を代入してxを求めると $x = \frac{13}{4}$

答え $P\left(\frac{13}{4}, \ 0\right)$

(6)

階級（時間）		度数（人）	相対度数
以上	未満		
4 ～	8	8	ア
8 ～	12	エ	0.4
12 ～	16	オ	0.3
16 ～	20	4	イ
合計		カ	ウ

度数が4人の相対度数イをaとすると，アは度数が8人なので$2a$となる。

ウの相対度数の合計は1なので $2a + 0.4 + 0.3 + a = 1$

これを解くと　$a = 0.1$

相対度数0.1が4人なので，エは16，オは12，カは40となる。

よって，平均値は

$(6 \times 8 + 10 \times 16 + 14 \times 12 + 18 \times 4) \div 40 = 11.2$

答え　11.2〔時間〕

(7)

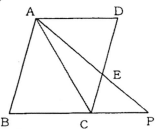

△AEDと△PECは相似で，面積比が16：9なので，△AED＝$16S$，△PEC＝$9S$とおく。

また，相似比は4：3である。

△ACDにおいて，CE：ED＝3：4なので，△ACEと△AEDの面積比も3：4となり，△ACE＝$12S$となる。

△ACD＝△ACE＋△AED＝$12S + 16S = 28S$

また，四角形ABCDは平行四辺形なので，

△ABC＝△ACD＝$28S$

よって，△ABC：△AED＝$28S：16S = 7：4$

答え　△ABC：△AED＝7：4

(8)

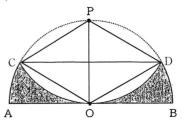

上の図のように，折った線の両端をC，Dとし，点Pと点C，点Cと点O，点Pと点D，点Dと点Oをそれぞれ線分で結ぶ。

△PODにおいて，

半径なので，OP＝OD …①

折り返したので，OD＝PD …②

①，②よりOP＝OD＝PDなので，△PODは正三角形である。同様に，△POCも正三角形である。

また，△POD≡△POC

扇形ODPから正三角形PODを除いた面積は

$$4^2 \times \pi \times \frac{60}{360} - 4 \times 2\sqrt{3} \times \frac{1}{2} = \frac{8}{3}\pi - 4\sqrt{3}$$

よって，色を付けた部分の面積は

$$4^2 \times \pi \times \frac{1}{2} - 4 \times 2\sqrt{3} \times \frac{1}{2} \times 2 - \left(\frac{8}{3}\pi - 4\sqrt{3}\right) \times 4$$

$$= 8\pi - 8\sqrt{3} - \frac{32}{3}\pi + 16\sqrt{3}$$

$$= 8\sqrt{3} - \frac{8}{3}\pi$$

答え $8\sqrt{3} - \frac{8}{3}\pi$〔cm²〕

〈解説〉(1)　$1 < \sqrt{2} < 2$より，$3 < 5 - \sqrt{2} < 4$

よって，$5 - \sqrt{2} = 3 + (2 - \sqrt{2})$

すなわち，整数部分$a = 3$，小数部分$b = 2 - \sqrt{2}$

(2)〜(8)　解答参照。

【3】(1)　3点P，A，Bで三角形ができない場合は，次の9通り。

$(a, b) = (1, 6), (2, 6), (3, 6), (4, 6), (5, 6), (6, 6), (2, 5), (4, 4), (6, 3)$

よって，その確率は，$\frac{9}{36} = \frac{1}{4}$

答え　$\frac{1}{4}$

(2)　3点P，A，Bで直角三角形ができる場合は，次の11通り。

$(a, b) = (1, 3), (2, 3), (3, 3), (4, 3), (5, 3), (6, 1), (6, 2), (6,$

4), (6, 5), (2, 2), (4, 1)

答え　$\dfrac{11}{36}$

〈解説〉解答参照。

【4】(1)　(証明)　△BCDと△AGBにおいて線分ABは直径だから，

$\angle BCD = \angle AGB = 90°$　…①

$\overset{\frown}{BG}$ に対する円周角は等しいので，$\angle BEG = \angle BAG$　…②

①，②と$\angle DFE = 90°$より　$\angle EDF = \angle ABG$　…③

対頂角は等しいので　$\angle EDF = \angle BDC$　…④

③，④より　$\angle BDC = \angle ABG$　…⑤

①，⑤より，2組の角がそれぞれ等しいので，△BCD∽△AGB

(2)　△BCD∽△AGBより，DC：BG＝BD：ABが成り立つので，

4：BG＝BD：8

ここで，$BD = \sqrt{BC^2 + CD^2}$

また，△OBCは直角二等辺三角形だから，

$BC = 4\sqrt{2}$

である。よって，

$BD = \sqrt{(4\sqrt{2})^2 + 4^2} = \sqrt{48} = 4\sqrt{3}$

したがって，

4：BG＝$4\sqrt{3}$：8

$BG = \dfrac{8\sqrt{3}}{3}$

答え　$BG = \dfrac{8\sqrt{3}}{3}$〔cm〕

〈解説〉解答参照。

【5】(1)　①より，A(2, 4)となる。

また，長方形ABCDにおいて，AB：AD＝2：1より，AD＝2であり，

D(2, 6)となる。

点Dは②上の点より，$6 = a \times 2^2$

これを解いて，$a=\dfrac{3}{2}$

答え　$a=\dfrac{3}{2}$

(2)　点Cのx座標は-2だから，C$(-2，6)$であると分かる。

直線ACの式を$y=mx+n$とすると，2点A$(2，4)$，C$(-2，6)$を通るから，

$m=\dfrac{4-6}{2-(-2)}=-\dfrac{2}{4}=-\dfrac{1}{2}$

よって，$y=-\dfrac{1}{2}x+n$となり，$4=-\dfrac{1}{2}\times2+n$

$$-1+n=4$$
$$n=5$$

答え　$y=-\dfrac{1}{2}x+5$

(3)　四角形OADB＝△OEB＋台形ADEO

$$=\left(5\times2\times\dfrac{1}{2}\right)+\left\{(2+5)\times2\times\dfrac{1}{2}\right\}=5+7=12$$

△OEB＜台形ADEOより，点Pは線分OA上にあることが分かる。

また，$12\times\dfrac{1}{2}-5=1$

つまり，△OEP＝1となる点Pである。

P$(t，2t)$とすると，$5\times t\times\dfrac{1}{2}=1$

$$\dfrac{5}{2}\times t=1$$
$$t=\dfrac{2}{5}$$

答え　P$\left(\dfrac{2}{5}，\dfrac{4}{5}\right)$

〈解説〉解答参照。

【一次試験・高等学校】

【1】(1)　(i)　③　　(ii)　主体的　　(2)　③　　(3)　(i)　×　　(ii)　×

〈解説〉学習指導要領の教科の目標は，非常に重要なので，よく理解する
とともに，用語などもしっかり覚えておきたい。学習指導要領解説の
「数学的活動」等については重要なことなので，学習指導要領解説を

精読し，暗記する必要がある。また，「課題学習」の位置付けや各学年の科目の履修，細かい各単元の指導内容や指導計画の作成については実際の授業展開に即して，対応ができるようにしておくこと。

(3)　(i)　必履修科目は数学Ⅰのみ。　(ii)　「平面上の曲線」ではなく，「平面上の曲線と複素数平面」である。

【2】(1)　$\dfrac{3}{10}$　　(2)　$x>3$　　(3)　点iを中心とする半径$\sqrt{5}$ の円

(4)　$-\dfrac{1}{4}$　　(5)　$a=0$　　(6)　11個

〈解説〉(1)　題意から，$P(A)=\dfrac{33}{100}$，$P(B)=\dfrac{20}{100}=\dfrac{1}{5}$，$P(A\cap B)=\dfrac{6}{100}=$

$\dfrac{3}{50}$であり，条件付き確率は，$P_B(A)=\dfrac{P(A\cap B)}{P(B)}=\dfrac{\frac{3}{50}}{\frac{1}{5}}=\dfrac{3}{10}$

(2)　$a^{2x-3}-a^x+a^{x-3}-1<0$より，

$\dfrac{(a^x)^2}{a^3}-a^x+\dfrac{a^x}{a^3}-1<0$，$\dfrac{a^x(a^x+1)}{a^3}-(a^x+1)<0$

$a>0$より，$(a^x+1)(a^x-a^3)<0$

$a^x+1>0$より，$a^x-a^3<0$から，$a^x<a^3$，$\dfrac{a^x}{a^3}<1$，$a^{x-3}<1$

$0<a<1$であるから，$x-3>0$　ゆえに，$x>3$

(3)　$|z|=1$，$w=(1+2i)z+i$より，$w-i=(1+2i)z$
よって，$|w-i|=|(1+2i)z|=|1+2i||z|=\sqrt{1^2+2^2}\cdot 1=\sqrt{5}$
ゆえに，点wは点iを中心とする半径$\sqrt{5}$ の円を描く。

(4)　$\displaystyle\lim_{x\to-\infty}(2x+\sqrt{4x^2+x})=\lim_{x\to-\infty}\dfrac{(2x+\sqrt{4x^2+x})(2x-\sqrt{4x^2+x})}{2x-\sqrt{4x^2+x}}$

$=\displaystyle\lim_{x\to-\infty}\dfrac{4x^2-(4x^2+x)}{2x-\sqrt{4x^2+x}}=\lim_{x\to-\infty}\dfrac{-x}{2x-\sqrt{4x^2+x}}=\lim_{x\to-\infty}\dfrac{-x}{2x-|x|\sqrt{4+\frac{1}{x}}}$

$=\displaystyle\lim_{x\to-\infty}\dfrac{-x}{2x+x\sqrt{4+\frac{1}{x}}}=\lim_{x\to-\infty}\dfrac{-1}{2+\sqrt{4+\frac{1}{x}}}=\dfrac{-1}{2+2}=-\dfrac{1}{4}$

(5) $x^2+(a-1)x-a+1=0$が異なる2つの虚数解をもつから,

判別式$D=(a-1)^2-4(-a+1)<0$, $(a+3)(a-1)<0$

よって, $-3<a<1$ $\cdots$①

虚数解は, $x=\dfrac{-(a-1)\pm\sqrt{(a-1)^2-4(-a+1)}}{2}$

$=\dfrac{-1-a\pm\sqrt{(1-a)(3+a)}\,i}{2}$

まず, ここで, $\left(\dfrac{1-a+\sqrt{(1-a)(3+a)}\,i}{2}\right)^3$

$=\dfrac{1}{8}\{(1-a)^3+3(1-a)^2\sqrt{(1-a)(3+a)}\,i-3(1-a)(1-a)(3+a)$

$\quad -(1-a)(3+a)\sqrt{(1-a)(3+a)}\,i\}$

$=\dfrac{1}{8}\{(1-a)^3-3(1-a)^2(3+a)$

$\quad +(3(1-a)^2-(1-a)(3+a))\sqrt{(1-a)(3+a)}\,i\}$

$=\dfrac{1}{8}\{-4(a-1)^2(a+2)+4a(a-1)\sqrt{(1-a)(3+a)}\,i\}$

よって, 解の3乗が実数であるためには, $4a(a-1)\sqrt{(1-a)(3+a)}=0$であればよい。

①より, $a\neq-3$, $a\neq1$なので, $a=0$

$\left(\dfrac{1-a-\sqrt{(1-a)(3+a)}\,i}{2}\right)^3$についても, 同様にして, $a=0$が求まる。

ゆえに, $a=0$

(6) 題意の条件(i)より, 自然数Pを

$abc_{(7)}=a\times7^2+b\times7^1+c\times7^0=49a+7b+c_{(10)}$とおく。

(ただし, $1\leqq a\leqq6$, $0\leqq b\leqq6$, $0\leqq c\leqq6$)

(ii)より, $2(49a+7b+c)=a\times10^2+b\times10^1+c\times10^0$が成り立つ。

これより, $2a-4b-c=0$

これを満たすa, b, cの値を求める。

$2a=4b+c$より,

$a=1$のとき, $b=0$, $c=2$

$a=2$のとき, $(b=0$, $c=4)$または$(b=1$, $c=0)$

$a＝3$のとき，$(b＝0,\ c＝6)$または$(b＝1,\ c＝2)$

$a＝4$のとき，$(b＝1,\ c＝4)$または$(b＝2,\ c＝0)$

$a＝5$のとき，$(b＝1,\ c＝6)$または$(b＝2,\ c＝2)$

$a＝6$のとき，$(b＝2,\ c＝4)$または$(b＝3,\ c＝0)$

以上より，a，b，cの値の組は11通り。

ゆえに，自然数Pは11個。

【3】(1)　$a_{2n-1}＝3n-2,\ a_{2n}＝3n+5$

(2)　$S_{2m}＝\displaystyle\sum_{k=1}^{m}(a_{2k-1}+a_{2k})＝\sum_{k=1}^{m}(3k-2+3k+5)＝\sum_{k=1}^{m}(6k+3)$

$＝\dfrac{1}{2}m(9+6m+3)＝3m(m+2)$

(3)　$T_n＝2019-S_n＝2019-\displaystyle\sum_{k=1}^{n}a_k$

$a_1＝1,\ a_{2n-1}＝3n-2,\ a_{2n}＝3n+5$　より，$a_n>0$であり，$\{S_n\}$はnが増加するに従って単調に増加する。

よって，$\{T_n\}$はnが増加するに従って単調に減少する。

(2)の結果より　$T_{2m}＝2019-S_{2m}＝2019-3m(m+2)$

ここで，$m＝24$を代入すると，

$2019-3\cdot24(24+2)＝147>0$　より，$T_{48}>0$

$m＝25$を代入すると，

$2019-3\cdot25(25+2)＝-6<0$　より，　$T_{50}<0$

また，

$T_{49}＝2019-\displaystyle\sum_{k=1}^{49}a_k＝T_{48}-a_{49}＝147-(3\cdot25-2)＝74>0$

よって，$T_1>T_2>\cdots>T_{49}>0>T_{50}>\cdots$

$\displaystyle\sum_{k=1}^{n}T_k$が最大となるような$n$は，$n＝49$

〈解説〉

(1)　$\begin{cases} a_1＝1 \\ a_{2n}＝a_{2n-1}+7 \quad \cdots① \\ a_{2n+1}＝a_{2n}-4 \quad \cdots② \end{cases}$

①，②より，$a_{2n+1}＝a_{2n-1}+7-4,\ a_{2n+1}-a_{2n-1}＝3$

よって，

$a_3 - a_1 = 3$, $a_5 - a_3 = 3$, $a_7 - a_5 = 3$, $\cdots$, $a_{2n-3} - a_{2n-5} = 3$, $a_{2n-1} - a_{2n-3} = 3$

辺々加えて，$a_{2n-1} - a_1 = 3(n-1)$，$a_{2n-1} = 3(n-1) + a_1 = 3n - 2$

①より，$a_{2n} = 3n - 2 + 7 = 3n + 5$　(2)，(3)　解答参照。

【4】(1)　$\overrightarrow{OA'} = -\dfrac{3}{5}\vec{a} + \dfrac{4}{5}\vec{b}$, $\overrightarrow{OB'} = \dfrac{4}{5}\vec{a} + \dfrac{3}{5}\vec{b}$

(2)　$\overrightarrow{OA'} = -\dfrac{3}{5}\vec{a} + \dfrac{4}{5}\vec{b}$　$\cdots$①　　　$\overrightarrow{OB'} = \dfrac{4}{5}\vec{a} + \dfrac{3}{5}\vec{b}$　$\cdots$②

とする。①×4+②×3より　$4\overrightarrow{OA'} + 3\overrightarrow{OB'} = 5\vec{b}$

$\overrightarrow{OP} = s\overrightarrow{OA'}$, $\overrightarrow{OQ} = t\overrightarrow{OB'}$より$\dfrac{4}{s}\overrightarrow{OP} + \dfrac{3}{t}\overrightarrow{OQ} = 5\vec{b}$

$\overrightarrow{OB} = \dfrac{4}{5s}\overrightarrow{OP} + \dfrac{3}{5t}\overrightarrow{OQ}$

点Bは直線PQ上にあるから，$\dfrac{4}{5s} + \dfrac{3}{5t} = 1$

求めるsとtの満たす関係式は，$3s + 4t = 5st$

(3)　△OPQの面積をSとすると，$s > 0$，$t > 0$より

$S = \dfrac{1}{2}|\overrightarrow{OP}||\overrightarrow{OQ}|\sin\angle POQ = \dfrac{1}{2}s|\overrightarrow{OA'}|t|\overrightarrow{OB'}|\sin\angle A'OB'$

△OA'B'の面積をS'とすると，$S = st \cdot S'$

S'は正の定数より，Sが最小$\Leftrightarrow st$が最小

ここで，$\dfrac{4}{5s} > 0$, $\dfrac{3}{5t} > 0$　より

(相加平均)$\geqq$(相乗平均)の関係から

$\dfrac{4}{5s} + \dfrac{3}{5t} \geqq 2\sqrt{\dfrac{4}{5s} \cdot \dfrac{3}{5t}}$

$\dfrac{4}{5s} + \dfrac{3}{5t} = 1$　より，$1 \geqq 2\sqrt{\dfrac{12}{25st}}$

両辺は正であるから，両辺を2乗して，逆数をとると

$1 \leqq \dfrac{25}{48}st$　よって　$st \geqq \dfrac{48}{25}$

等号成立は，$3s = 4t$のとき

このとき，stは最小値となる。

$st=\dfrac{48}{25}$　かつ　$3s=4t$　より　$s=\dfrac{8}{5}$,　$t=\dfrac{6}{5}$

〈解説〉(1)　直線$y=2x$に関して，点A(1, 0)，B(0, 1)の対称な点をA′$(a,$

$b)$，B′(c, d)とすると，

$$\begin{cases} \dfrac{-b}{1-a}=-\dfrac{1}{2} \\ \dfrac{b}{2}=2\cdot\dfrac{1+a}{2} \end{cases},\quad \begin{cases} \dfrac{1-d}{-c}=-\dfrac{1}{2} \\ \dfrac{1+d}{2}=2\cdot\dfrac{c}{2} \end{cases}$$

これらを解いて，$a=-\dfrac{3}{5}$, $b=\dfrac{4}{5}$, $c=\dfrac{4}{5}$, $d=\dfrac{3}{5}$

よって，A′$\left(-\dfrac{3}{5},\ \dfrac{4}{5}\right)$，B′$\left(\dfrac{4}{5},\ \dfrac{3}{5}\right)$

$\vec{a}=(1,\ 0)$，$\vec{b}=(0,\ 1)$であるから，

$\overrightarrow{\mathrm{OA}'}=-\dfrac{3}{5}\vec{a}+\dfrac{4}{5}\vec{b}$，$\overrightarrow{\mathrm{OB}'}=\dfrac{4}{5}\vec{a}+\dfrac{3}{5}\vec{b}$　(2), (3)　解答参照。

【5】(1)　$\dfrac{dx}{d\theta}=-\sin\theta(2\cos\theta+1)$，$\dfrac{dy}{d\theta}=(2\cos\theta-1)(\cos\theta+1)$

(2)　$\dfrac{dx}{d\theta}=-\sin\theta(2\cos\theta+1)$，$\dfrac{dy}{d\theta}=(2\cos\theta-1)(\cos\theta+1)$

$0<\theta<\pi$ において$\dfrac{dx}{d\theta}=0$とすると $\theta=\dfrac{2}{3}\pi$，$\dfrac{dy}{d\theta}=0$とすると $\theta=\dfrac{\pi}{3}$

θ	0	$\cdots$	$\dfrac{\pi}{3}$	$\cdots$	$\dfrac{2}{3}\pi$	$\cdots$	π
$\dfrac{dx}{d\theta}$		$-$	$-$	$-$	0	$+$	
$\dfrac{dy}{d\theta}$		$+$	0	$-$	$-$	$-$	
(x, y)	$(2,0)$	$\nearrow$	$\left(\dfrac{3}{4},\dfrac{3\sqrt{3}}{4}\right)$	$\swarrow$	$\left(-\dfrac{1}{4},\dfrac{\sqrt{3}}{4}\right)$	$\searrow$	$(0,0)$

よって，グラフは次のようになる。

214

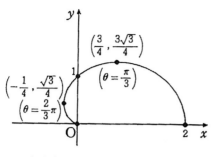

(3) $\left(\dfrac{dx}{d\theta}\right)^2+\left(\dfrac{dy}{d\theta}\right)^2=\{-\sin\theta\,(2\cos\theta+1)\}^2+(2\cos^2\theta-1+\cos\theta)^2$

$=(\sin2\theta+\sin\theta)^2+(\cos2\theta+\cos\theta)^2$

$=2(\cos2\theta\cos\theta+\sin2\theta\sin\theta)+2$

$=2\cos\theta+2$

$l=\displaystyle\int_0^\pi\sqrt{2\cos\theta+2}\,d\theta$

$=\displaystyle\int_0^\pi\sqrt{2\left(2\cos^2\dfrac{\theta}{2}-1\right)+2}\,d\theta$

$=\displaystyle\int_0^\pi\sqrt{4\cos^2\dfrac{\theta}{2}}\,d\theta$

$=\displaystyle\int_0^\pi\left|2\cos\dfrac{\theta}{2}\right|\,d\theta$

ここで，$0\leqq\theta\leqq\pi$　より　$0\leqq\dfrac{\theta}{2}\leqq\dfrac{\pi}{2}$　であるから　$\cos\dfrac{\theta}{2}\geqq0$

よって

$l=2\displaystyle\int_0^\pi\cos\dfrac{\theta}{2}\,d\theta=2\left[2\sin\dfrac{\theta}{2}\right]_0^\pi=4$

〈解説〉(1)　$x=(1+\cos\theta)\cos\theta$，$y=(1+\cos\theta)\sin\theta$

$\dfrac{dx}{d\theta}=(1+\cos\theta)'\cos\theta+(1+\cos\theta)(\cos\theta)'$

$=-\sin\theta\cdot\cos\theta-(1+\cos\theta)\sin\theta$

$=-\sin\theta\,(2\cos\theta+1)$

$\dfrac{dy}{d\theta}=(1+\cos\theta)'\sin\theta+(1+\cos\theta)(\sin\theta)'$

$$= -\sin\theta \cdot \sin\theta + (1+\cos\theta)\cos\theta$$
$$= -(1-\cos^2\theta)+\cos\theta+\cos^2\theta$$
$$= 2\cos^2\theta+\cos\theta-1=(2\cos\theta-1)(\cos\theta+1)$$

(2)，(3)　解答参照。

【二次試験・中学校】

【1】(解答例)

《指導の意義について》

　標本調査から母集団の傾向を推定し，判断したことが説明できるようにする。指導では，日常生活や社会の関わる問題を取り上げ，それを解決するために母集団を決めて，そこから標本を無作為に抽出して整理し，その結果を基に母集団の傾向を推定し，説明するという活動を経験できるようにすること。

　標本調査では，母集団の確定的な判断は困難である。実際に標本調査を利用する場合には，この点を補完し，予測や判断に誤りが生じる可能性を評価することも大切である。中学校3学年の指導では，標本調査の学習が初期の段階であることに留意し，実験などの活動を通して，標本調査では予測や判断に誤りが生じる可能性があることも理解できるようにすること。

　生徒が学習をして導いた予測や判断については，何を根拠にしてそのことを説明したのかを重視すること。調査の方法や結論が適切であるかどうかについて，生徒どうしが話し合い，お互いに説明し合えるようにしていくこと。そして，数学活動の楽しさや数学のよさを実感ができるよに指導していくこと。

《指導の具体例》

【例】「中学校3学年5クラスの全生徒200人の，学校帰宅後の1日の家庭学習時間は何時間くらいであろうか」について，調べる場合についての活動。

① 「家庭での1日の家庭学習時間の意味を正確に明らかにして(昨日の学習時間か，学習塾での時間を含むか，過去1週間の平均家庭学習

時間かなど)質問紙を作成する。

② 標本となる学生を抽出し，調査を実施する。

③ 調査の結果を整理する。

④ 調査結果を基にして，全生徒の帰宅後の1日の家庭学習時間を予測して説明をする。

④で説明することには，単に予測だけではなく，①～③のような標本調査に基づいて母集団の傾向を捉えている過程が含まれていることも説明すること。そして，これらを基に，今回の標本調査の抽出の仕方や予測の適切さについても検討すること。例えば，アンケート調査の質問が誘導的でないか，アンケートの実施方法が適切であるかどうかなどにも目を向けられるようにすること。このように，標本調査を行い，母集団の傾向を推定し説明することを通して，生徒が標本調査の結果や，それに基づく説明が正しくできるようにし，活動の楽しさや数学のよさが実感できるようにするとよい。

〈解説〉中学校学習指導要領解説　数学編(平成20年7月　第2章　数学科の目標及び内容　第3節　各学年の内容　[第3学年] D資料の活用を参照して論を進めていくこと。実際の授業展開を予測して具体例を示していくこと。その際，生徒の活動が教師側からの一方通行にならないように，生徒のいろいろな意見を取り入れて活動をしていくことが必要である。単に，抽象的な論にとどまるだけでなく，具体的な場面とを結びつけた指導になっていることに留意し解答を作成すること。

【二次試験・高等学校】

【1】(解答例)

　整数の除法の性質に基づいて，ユークリッドの互除法を理解させ，2つの整数の最大公約数が求められるようにすること。具体例を示して，その手順の持つ意味を理解させることに重点を置き，単なる計算練習に陥らないように留意すること。また，2つの整数が互いに素であることも説明させることもできる。

　二元一次不定方程式の解の意味について理解させ，未知数の係数の

最大公約数が1(2数が互いに素)であるような場合について，その解が求められるようにすること。解を求めるに当たっては，まず，整数の解の1組が簡単に求められる場合について学習させ，解の1組がなかなか見つけられない場合に当たっては，ユークリッドの互除法を活用して，解が求められるようにすること。生徒は授業に参加して，理解を深めたい要求を必ず持っている。教師は内容を上手く生徒に提供する必要がある。数学Aの「整数の性質」の領域ユークリッドの互除法を具体的な問題例で理解させていくこと。

[※最大公約数]　2つの自然数 a，b について，a を b で割ったときの余りを r とするとき，a と b の最大公約数 G と，b と r の最大公約数 G' は等しい。

[例]　(1)　437と161の最大公約数を求めなさい。

(2)　3991と2731は互いに素であることを示しなさい。

【解】(1)　$437＝161×2＋115$，$161＝115×1＋46$，$115＝46×2＋23$，$46＝23×2$

よって，437と161の最大公約数は23

(2)　$3991＝2731×1＋1260$，$2731＝1260×2＋211$，$1260＝211×5＋205$，$211＝205×1＋6$，$205＝6×34＋1$，$6＝1×6$

すなわち，3991と2731の最大公約数は1であり，2数は互いに素である。

◎この問題では，(1)簡単に2つの数の最大公約数，(2)2つの数が互いに素であることが見えてこない。ユークリッドの互除法を活用することで解答が得られる。生徒は単に解答が出せるだけではなく，内容の深さに興味をもたせて指導をしていくことができる。

[例]　次の二元一次方程式の整数解の1組を求めて，整数解を求めなさい。

(1)　$3x＋4y＝1$　　(2)　$23x＋9y＝7$　　(3)　$73x－17y＝1$

【解】(1)　$3x＋4y＝1$　…①　解の1組は $x＝－1$，$y＝1$ であり，

$3×(－1)＋4×1＝1$　…②　①－②より，$3(x＋1)＋4(y－1)＝0$

$3(x＋1)＝4(－y＋1)$，3と4は互いに素であるから，

$x＋1＝4k$，$－y＋1＝3k$　ゆえに，$x＝4k－1$，$y＝－3k＋1$

(2)　$23x＋9y＝1$ の解は，$x＝2$，$y＝－5$　これより，$23×2＋9×(－5)＝1$

よって，$23×14+9×(-35)=7$ となり，解の1組は $x=14$，$y=-35$ である。

$23(x-14)+9(y+35)=0$ を導き，$x=9k+14$，$y=-23k-35$

(3)　$73x+(-17)y=1$ として，$p=73$，$q=-17$ とおくと，

$73=(-17)×(-4)+5$，$5=73-(-17)×(-4)=p+4q$

$-17=5×(-4)+3$，$3=-17-5×(-4)=q-(p+4q)×(-4)=4p+17q$

$5=3×1+2$，$2=5-3×1=(p+4q)-(4p+17q)×1=-3p-13q$

$3=2×1+1$，$1=3-2×1=(4p+17q)-(-3p-13q)×1=7p+30q$

よって，解の1組は $x=7$，$y=30$ である。

$73(x-7)-17(y-30)=0$ を導き，$x=17k+7$，$y=73k+30$

◎二元一次不定方程式の整数解を求めるには，その未知数の係数が互いに素であることを確認してから，解の1組を見つけることが重要である。

(1)は簡単に見つかる。(2)はまず，$23x+9y=1$ の解を求める。(3)は解を見つけることが難しい。ユークリッドの互除法を用いて解を求める。

(3)のように，1組の解がなかなか見つからない場合には，ユークリッドの互除法を活用することでその解が得られる。これにより，二元一次不定方程式の内容の深さに興味をもたせ，どのような問題にも対処して，指導ができるようにしていくことである。

〈解説〉高等学校学習指導要領解説　数学編(平成21年11月)　第1部　第2章　第4節　数学A　3 内容と内容の取扱い　(2) 整数の性質「ユークリッドの互除法」を参照して論を進めていくこと。実際の授業における展開を予測して具体例を示していく。その際，生徒の活動が教師側からの一方通行にならないように，生徒のいろいろな意見を取り入れて活動をしていくことが必要である。単に抽象的な論にとどまるだけでなく，具体的な例を示し，授業の展開場面と結びつけた指導になっていることに留意して解答を作成すること。

熊本市

【1】 5

〈解説〉「数学科の目標」は最も重要なことなので，学習指導要領と学習
　　指導要領解説を精読し，暗記する必要がある。

【2】 4

〈解説〉「数学科の目標」は最も重要なことなので，学習指導要領と学習
　　指導要領解説を精読し，暗記する必要がある。また，数学科の目標，
　　数学的に考える資質・能力の三つの柱については，実際の授業展開に
　　即して，対応できるようにしておくこと。

【3】 ア　1　　イ　1　　ウ　9

〈解説〉$(x-3)(x-4)(x-5)(x-6)=(x-3)(x-6)(x-4)(x-5)$

$=(x^2-9x+18)(x^2-9x+20)=(x^2-9x)^2+38(x^2-9x)+360$

これより，x^2の係数は，$81+38=119$

【4】 ア　6　　イ　3　　ウ　2　　エ　3　　オ　6　　カ　4

〈解説〉$\dfrac{3}{1+\sqrt{2}+\sqrt{3}}=\dfrac{3(1+\sqrt{2}-\sqrt{3})}{(1+\sqrt{2}+\sqrt{3})(1+\sqrt{2}-\sqrt{3})}$

$=\dfrac{3+3\sqrt{2}-3\sqrt{3}}{(1+\sqrt{2})^2-(\sqrt{3})^2}=\dfrac{3+3\sqrt{2}-3\sqrt{3}}{2\sqrt{2}}$

$=\dfrac{(3+3\sqrt{2}-3\sqrt{3})\sqrt{2}}{2(\sqrt{2})^2}=\dfrac{6+3\sqrt{2}-3\sqrt{6}}{4}$

【5】 ア　2　　イ　4　　ウ　3　　エ　0

〈解説〉2次関数$y=f(x)$はx軸と2点$(-3,\ 0)$，$(5,\ 0)$で交わるから，

$f(x)=a(x+3)(x-5)$とおける。

$f(x)=a(x^2-2x-15)=a(x-1)^2-16a$

最大値が32であるから，$a<0$であり，$-16a=32$

よって，$a=-2$

このとき，$f(x)=-2(x^2-2x-15)=-2x^2+4x+30$

【6】3

〈解説〉$\begin{cases} x^2+3x<7 & \cdots① \\ 2x^2+3x\geqq5 & \cdots② \end{cases}$

①より，$\dfrac{-3-\sqrt{37}}{2}<x<\dfrac{-3+\sqrt{37}}{2}$

②より，$x\leqq-\dfrac{5}{2}$，$x\geqq1$

よって，共通の範囲は，$\dfrac{-3-\sqrt{37}}{2}<x\leqq-\dfrac{5}{2}$，$1\leqq x<\dfrac{-3+\sqrt{37}}{2}$

$\sqrt{37}\fallingdotseq6.08$より，$-4.5<x\leqq-2.5$，$1\leqq x<1.54$

したがって，整数値は，-4，-3，1の3個。

【7】ア 1　イ 4　ウ 1

〈解説〉$x^2-4ax-3a+1=0$　$\cdots①$

$x^2-2ax+6a^2-6a+1=0$　$\cdots②$

①より，$\dfrac{D}{4}=4a^2+3a-1\geqq0$，$(a+1)(4a-1)\geqq0$

よって，$a\leqq-1$，$a\geqq\dfrac{1}{4}$　$\cdots③$

②より，$\dfrac{D}{4}=a^2-6a^2+6a-1\geqq0$，$5a^2-6a+1\leqq0$，$(5a-1)(a-1)\leqq0$

よって，$\dfrac{1}{5}\leqq a\leqq1$　$\cdots④$

③，④の共通範囲から，$\dfrac{1}{4}\leqq a\leqq1$

【8】ア 1　イ 0　ウ 5

〈解説〉$\tan\theta+\dfrac{1}{\tan\theta}=-\dfrac{10}{3}$より，

$\dfrac{\sin\theta}{\cos\theta}+\dfrac{\cos\theta}{\sin\theta}=-\dfrac{10}{3}$，$\dfrac{\sin^2\theta+\cos^2\theta}{\sin\theta\cos\theta}=-\dfrac{10}{3}$

よって，$\sin\theta\cos\theta=-\dfrac{3}{10}$

$(\sin\theta+\cos\theta)^2-2\sin\theta\cos\theta=1$より，$(\sin\theta+\cos\theta)^2=1-\dfrac{6}{10}=\dfrac{2}{5}$

ゆえに，$\sin\theta+\cos\theta=\pm\sqrt{\dfrac{2}{5}}=\pm\dfrac{\sqrt{10}}{5}$

【9】ア　9　　イ　2　　ウ　4

〈解説〉$AM=BM=3\sin60°=\dfrac{3\sqrt{3}}{2}$

ABの中点をHとすると，

$MH=\sqrt{\left(\dfrac{3\sqrt{3}}{2}\right)^2-\left(\dfrac{3}{2}\right)^2}=\sqrt{\dfrac{18}{4}}=\dfrac{3\sqrt{2}}{2}$

ゆえに，$\triangle ABM=\dfrac{1}{2}\times3\times\dfrac{3\sqrt{2}}{2}=\dfrac{9\sqrt{2}}{4}$

【10】6

〈解説〉9，13，14，18，20，xにおいて，

$x\leqq13$のとき，中央値は，$\dfrac{13+14}{2}=13.5$

$x=14$のとき，中央値は，$\dfrac{14+14}{2}=14.0$

$x=15$のとき，中央値は，$\dfrac{14+15}{2}=14.5$

$x=16$のとき，中央値は，$\dfrac{14+16}{2}=15.0$

$x=17$のとき，中央値は，$\dfrac{14+17}{2}=15.5$

$18\leqq x$のとき，中央値は，$\dfrac{14+18}{2}=16.0$

以上より，中央値としてのとり得る値は，

13.5，14.0，14.5，15.0，15.5，16.0の6通り。

【11】3

〈解説〉$x^3-1=0$，$(x-1)(x^2+x+1)=0$

ωは虚数解の1つであるから，$\omega^2+\omega+1=0$

よって，$1+\omega=-\omega^2$，$1+\omega^2=-\omega$，$\omega^3=1$

$$\omega^{2019}-(1+\omega)^3+(1+\omega^2)^6=\omega^{3\times673}-(-\omega^2)^3+(-\omega)^6$$
$$=(\omega^3)^{673}+(\omega^3)^2+(\omega^3)^2=1+1+1=3$$

【12】ア　2　　イ　1

〈解説〉題意から，

$$P(x)=(x^2-3x+2)f(x)+3x+5=(x-1)(x-2)f(x)+3x+5 \quad \cdots①$$
$$P(x)=(x^2-4x+3)g(x)-x+a=(x-1)(x-3)g(x)-x+a \quad \cdots②$$

とおける。

$P(x)$を$x^2-5x+6=(x-2)(x-3)$で割った商を$h(x)$，余りを$px+q$とおくと，

$$P(x)=(x-2)(x-3)h(x)+px+q \quad \cdots③$$

①，②より，$P(1)=3+5=-1+a$

よって，$a=9$となる。

①より，$P(2)=6+5=11$

②より，$P(3)=-3+9=6$

したがって，③において，

$P(2)=2p+q=11$，$p(3)=3p+q=6$

これを解いて，$p=-5$，$q=21$

ゆえに，$P(x)$をx^2-5x+6で割った余りは，$-5x+21$である。

【13】8

〈解説〉$P(x)=0$の3重解をαとすれば，

$$x^3+ax^2+bx+c=(x-\alpha)^3$$
$$x^3+ax^2+bx+c=x^3-3\alpha x^2+3\alpha^2x-\alpha^3$$

よって，$\begin{cases} a=-3\alpha \\ b=3\alpha^2 \\ c=-\alpha^3 \end{cases}$

$4a+2b+c+8=0$であるから，

$-12\alpha+6\alpha^2-\alpha^3+8=0$,　$\alpha^3-6\alpha^2+12\alpha-8=0$,

$(\alpha-2)(\alpha^2-4\alpha+4)=0$,　$(\alpha-2)^3=0$,　$\alpha=2$

ゆえに，$a=-6$,　$b=12$,　$c=-8$

【別解1】3重解をαとすれば，3次方程式の解と係数の関係より，

$\alpha+\alpha+\alpha=-a$,　$\alpha^2+\alpha^2+\alpha^2=b$,　$\alpha\cdot\alpha\cdot\alpha=-c$

これより，$a=-3\alpha$,　$b=3\alpha^2$,　$c=-\alpha^3$

以下，解説に同じ。

【別解2】$P'(x)=3x^2+2ax+b$,　$P''(x)=6x+2a$

3重解$x=\alpha$をもつとき，$P(\alpha)=P'(\alpha)=P''(\alpha)=0$であるから，

$$\begin{cases} \alpha^3+a\alpha^2+b\alpha+c=0 \\ 3\alpha^2+2a\alpha+b=0 \\ 6\alpha+2a=0 \end{cases}$$

これより，$a=-3\alpha$,　$b=3\alpha^2$,　$c=-\alpha^3$

以下，解説に同じ。

【14】(1)　ア　8　イ　4　ウ　1　エ　0　(2)　オ　6

〈解説〉(1)　$P(x, y)$とすると，

$OP：AP=\sqrt{2}：1$より，$OP=\sqrt{2}AP$

よって，$\sqrt{x^2+y^2}=\sqrt{2}\sqrt{(x-2)^2+(y-1)^2}$

$x^2+y^2=2\{(x-2)^2+(y-1)^2\}$

ゆえに，$x^2+y^2-8x-4y+10=0$

(2)　$x^2+y^2-8x-4y+10=0$より，

$(x-4)^2+(y-2)^2=10$

Cは中心が$(4, 2)$，半径が$\sqrt{10}$の円である。

線分OAは一定で，直線OAは円Cの中心を通るので，△OAPの面積の最大値は，

△OAP$=\frac{1}{2}\times OA\times$円の半径$=\frac{1}{2}\times\sqrt{5}\times\sqrt{10}=\frac{5\sqrt{2}}{2}$

となるときである。そのとき，点Pは，円の中心を通り，直線OAに垂

直な直線(lとする)と円との交点になる。lは傾きが-2で，点$(4,2)$を通るので，$y-2=-2(x-4)$より，$y=-2x+10$である。よって，点Pのx座標は，

$$\begin{cases} (x-4)^2+(y-2)^2=10 \\ y=-2x+10 \end{cases}$$

を解いて，

$$(x-4)^2+(-2x+10-2)^2=10$$

$$(x-4)^2+4(x-4)^2=10, \quad (x-4)^2=2, \quad x=4\pm\sqrt{2}$$

ゆえに，$\alpha=4$，$\beta=2$となり，$\alpha+\beta=6$

【15】 ア　1　　イ　9

〈解説〉$a>0$，$0<b<2\pi$ であるから，

$$\frac{a}{3}\pi-b=0, \quad \frac{11a}{6}\pi-b=\frac{\pi}{2}$$

よって，$\left(\dfrac{11a}{6}-\dfrac{a}{3}\right)\pi=\dfrac{\pi}{2}$，$a=\dfrac{1}{3}$，$b=\dfrac{a}{3}\pi=\dfrac{1}{9}\pi$

【16】 2

〈解説〉
$$\begin{aligned} y&=2\cos\theta\,(\sqrt{3}\sin\theta+\cos\theta) \\ &=2\sqrt{3}\sin\theta\cos\theta+2\cos^2\theta \\ &=\sqrt{3}\sin2\theta+\cos2\theta+1 \\ &=2\sin\left(2\theta+\frac{\pi}{6}\right)+1 \end{aligned}$$

$-\dfrac{\pi}{3}\leqq\theta\leqq0$であるから，$-\dfrac{\pi}{2}\leqq2\theta+\dfrac{\pi}{6}\leqq\dfrac{\pi}{6}$

よって，yの最大値は，$2\theta+\dfrac{\pi}{6}=\dfrac{\pi}{6}$すなわち$\theta=0$のとき，

$$y=2\times\frac{1}{2}+1=2$$

【参考】最小値は，$2\theta+\dfrac{\pi}{6}=-\dfrac{\pi}{2}$すなわち$\theta=-\dfrac{\pi}{3}$のとき，

$$y=2\times(-1)+1=-1$$

【17】ア　2　　イ　3

〈解説〉$4^x-2^{x+1}+3-a=0$, $(2^x)^2-2\cdot2^x+3-a=0$

　　$2^x=X$として，$X^2-2X+3-a=0$が異なる2つの正の解をもてばよい。

　　$\dfrac{D}{4}=1-(3-a)>0$より，$a>2$

　　2つの解の和：$-(-2)=2>0$

　　2つの解の積：$3-a>0$より，$a<3$

　　ゆえに，定数aの値の範囲は，$2<a<3$

【18】ア　3　　イ　7　　ウ　7　　エ　2　　オ　7

〈解説〉$y=x^3-2x^2+2x-3$より，$y'=3x^2-4x+2$

　　接線の傾きが1より，$3x^2-4x+2=1$

　　$(x-1)(3x-1)=0$, $x=1$, $\dfrac{1}{3}$

　　よって，接点の座標は，$(1,\ -2)$, $\left(\dfrac{1}{3},\ -\dfrac{68}{27}\right)$

　　ゆえに，接線の方程式は，

　　$y-(-2)=1\cdot(x-1)$より，$y=x-3$

　　$y-\left(-\dfrac{68}{27}\right)=1\cdot\left(x-\dfrac{1}{3}\right)$より，$y=x-\dfrac{77}{27}$

【19】ア　6　　イ　4　　ウ　2　　エ　3

〈解説〉$y=8x^2-4x-9$と$y=12x-1$の交点のx座標は，

　　$8x^2-4x-9=12x-1$, $x^2-2x-1=0$, $x=1\pm\sqrt{2}$

　　ゆえに，求める面積Sは，

　　$S=\displaystyle\int_{1-\sqrt{2}}^{1+\sqrt{2}}\{12x-1-(8x^2-4x-9)\}dx$

　　$=-8\displaystyle\int_{1-\sqrt{2}}^{1+\sqrt{2}}(x^2-2x-1)dx$

　　$=-8\displaystyle\int_{1-\sqrt{2}}^{1+\sqrt{2}}(x-1+\sqrt{2})(x-1-\sqrt{2})dx$

　　$=-8\times\left[-\dfrac{\{1+\sqrt{2}-(1-\sqrt{2})\}^3}{6}\right]$

$$=\frac{4}{3}\times(2\sqrt{2})^3=\frac{64\sqrt{2}}{3}$$

【参考】$ax^2+bx+c=0$の異なる2つの実数解をα，βとすれば，

$$\int_\alpha^\beta(ax^2+bx+c)dx=a\int_\alpha^\beta(x-\alpha)(x-\beta)dx=-\frac{a}{6}(\beta-\alpha)^3$$

である。

【20】ア　1　　イ　5　　ウ　6　　エ　4

〈解説〉表が出たとき2点，裏が出たとき1点であるから，6回投げて，得
　　点の合計が10点になるのは，表が4回，裏が2回出るときである。

　　ゆえに，求める確率は，

$${}_6C_4\left(\frac{1}{2}\right)^4\cdot\left(\frac{1}{2}\right)^2=15\times\left(\frac{1}{2}\right)^6=\frac{15}{64}$$

【21】6

〈解説〉$5n+5$は，$5(n+1)$で5の倍数である。

　$3n+2\ (n\leqq30)$において，

　5の倍数は，$5\ (n=1)$，$20\ (n=6)$，$35\ (n=11)$，$50\ (n=16)$，

　$65(n=21)$，$80\ (n=26)$である。

　このとき，$5n+5$については，10，35，60，85，110，135となり，

　$5n+5$と$3n+2$の最大公約数は5になっている。

　ゆえに，nの値は6個である。

【22】ア　2　　イ　4　　ウ　5

〈解説〉図において，AB＝5〔cm〕である。

　　$\triangle$ACD∽$\triangle$ABCより，$\dfrac{CD}{BC}=\dfrac{AC}{AB}$，$\dfrac{CD}{3}=\dfrac{4}{5}$

　　よって，CD＝$\dfrac{12}{5}$〔cm〕

　　$\triangle$CBE∽$\triangle$ABCより，$\dfrac{CE}{AC}=\dfrac{CB}{AB}$，$\dfrac{CE}{4}=\dfrac{3}{5}$

よって，$CE = \dfrac{12}{5}$〔cm〕

ゆえに，$DE = DC + CE = \dfrac{12}{5} + \dfrac{12}{5} = \dfrac{24}{5}$〔cm〕

【23】ア　2　イ　3

〈解説〉2点A(3，5，3)，B(1，3，5)，

球面：$(x+2)^2 + (y-1)^2 + (z-3)^2 = 17$ より，

直線ℓ：$\dfrac{x-3}{-2} = \dfrac{y-5}{-2} = \dfrac{z-3}{2}$

よって，$x-3 = y-5 = \dfrac{z-3}{-1} = t$ とおいて，

$x = t+3$，$y = t+5$，$z = 3-t$ を球面の式に代入して，

$(t+5)^2 + (t+4)^2 + (-t)^2 = 17$，$t^2 + 6t + 8 = 0$

$(t+4)(t+2) = 0$，$t = -4$，-2

$t = -4$ のとき，$x = -1$，$y = 1$，$z = 7$

$t = -2$ のとき，$x = 1$，$y = 3$，$z = 5$

直線ℓと球面との共有点の座標は，$(-1，1，7)$，$(1，3，5)$ である。

ゆえに，切り取られる線分の長さは，$\sqrt{2^2 + 2^2 + 2^2} = 2\sqrt{3}$

【24】ア　1　イ　1

〈解説〉数列

$1，5，9，13，\cdots，301$　　$\cdots$①

$1，8，15，22，\cdots，302$　　$\cdots$②　とすると，数列①の一般項は$1 + (p-1) \times 4$，数列②の一般項は$1 + (q-1) \times 7$

よって，$1 + (p-1) \times 4 = 1 + (q-1) \times 7$ より，$4(p-1) = 7(q-1)$

$p-1 = 7k$，$q-1 = 4k$

したがって，共通な項の一般項は，

$28k + 1$ $(k = 0，1，2，\cdots)$

$28k + 1 \leqq 301$ より，$k \leqq 10.7$

ゆえに，共通な項の個数は，$k = 0，1，2，\cdots，10$の11個。

熊本県

【一次試験・中学校】

【1】次の(1)，(2)の各問いに答えなさい。

(1) 次の文章は，現行の「中学校学習指導要領　第2章　第3節　数学」の「第1　目標」である。文中の[　ア　]～[　オ　]に当てはまる語句をそれぞれ答えなさい。

> [　ア　]を通して，数量や図形などに関する基礎的な概念や原理・法則についての理解を深め，数学的な表現や処理の仕方を[　イ　]し，事象を数理的に考察し[　ウ　]する能力を高めるとともに，[　ア　]の楽しさや数学のよさを[　エ　]し，それらを[　オ　]して考えたり判断したりしようとする態度を育てる。

(2) 次の文章は，現行の「中学校学習指導要領　第2章　第3節　数学」の「第3　指導計画の作成と内容の取扱い」からの抜粋である。文中の[　ア　]～[　オ　]に当てはまる語句をあとの①～⑧からそれぞれ1つずつ選び，番号で答えなさい。

> 3　数学的活動の指導に当たっては，次の事項に配慮するものとする。
> (1) 数学的活動を楽しめるようにするとともに，数学を学習することの[　ア　]や数学の必要性などを[　イ　]する機会を設けること。
> (2) 自ら[　ウ　]を見いだし，解決するための構想を立て，実践し，その結果を[　エ　]する機会を設けること。
> (3) 数学的活動の過程を振り返り，レポートにまとめ発表

することなどを通して，その成果を[　オ　]する機会を設けること。

① 理解　　② 共有　　③ 評価・改善　　④ 意義
⑤ 課題　　⑥ 実感　　⑦ 活用　　　　⑧ 習得・活用

(☆☆☆◎◎◎)

【2】次の(1)～(6)の各問いに答えなさい。

(1) $x=\sqrt{15}+\sqrt{14}$，$y=\sqrt{15}-\sqrt{14}$ のとき，$\dfrac{1}{x^2}+\dfrac{1}{y^2}$ の値を求めなさい。

(2) $\dfrac{1}{x}=\dfrac{1}{y}+\dfrac{1}{z}$ を y について解きなさい。

(3) 次の条件を満たす自然数 a，b，c を求めなさい。

$$\begin{cases} a\leqq b\leqq c \\ ab+c=17 \\ a+bc=37 \end{cases}$$

(4) 次の表は，ある中学校の男子50人のハンドボール投げの記録をまとめたものである。表の中の $\boxed{ア}$ ～ $\boxed{ウ}$ に当てはまる数をそれぞれ答えなさい。

階級（m） 以上　未満	度数（人）	相対度数
13～15	2	0.04
15～17	$\boxed{ア}$	0.08
17～19	7	0.14
19～21	10	0.20
21～23	12	0.24
23～25	$\boxed{イ}$	$\boxed{ウ}$
25～27	5	0.10
27～29	1	0.02
合計	50	1.00

(5) 次の図において，円周上の点は円周を12等分する点である。このとき，$\angle a$，$\angle b$ の大きさをそれぞれ求めなさい。

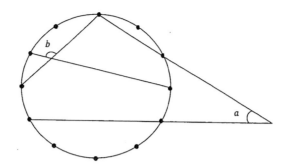

(6) 次の図のように，OA＝6，OB＝4の三角形OABにおいて，∠AOB
の二等分線とABとの交点をPとする。

OP＝$\frac{12}{5}$のとき，∠AOBの大きさとAPの長さを求めなさい。

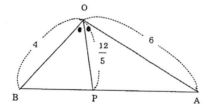

(☆☆◎◎◎)

【3】 次の図の四角形ABCDは，AB＞DC，∠ABC＝∠BCD＝90°の台形で
ある。∠ADCの二等分線が辺BCと交わるとき，その交点を点Pとする。
AB＋DC＝ADのとき，下の(1)，(2)の各問いに答えなさい。

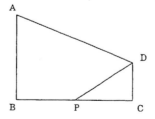

(1) 点Pは線分BCの中点であることを証明しなさい。

(2)　AB＝9cm，DC＝4cmのとき，線分DPの長さを求めなさい。

(☆☆◎◎◎)

【4】2つのさいころA，Bを同時に投げて，出た目の数をそれぞれa，bとする。このaとbの値を用いて，2次方程式$x^2-ax+b=0$をつくる。このとき，次の(1)，(2)の各問いに答えなさい。

(1)　この2次方程式の解の1つが1となる確率を求めなさい。

(2)　この2次方程式の解が整数とならない確率を求めなさい。

(☆☆◎◎◎)

【5】座標平面上に放物線$y=x^2$と，A(0，8)を通り，傾きが正の直線ℓがある。また，放物線上のx座標が，－3である点をBとする。放物線と直線ℓの交点でx座標が負の点をPとし，直線ℓとx軸の交点をQとする。点Pが線分AQの中点となるとき，次の(1)～(3)の各問いに答えなさい。ただし，原点をOとする。

(1)　直線ℓの方程式を求めなさい。

(2)　放物線上にx座標が正の点Rがある。三角形BORの面積が42となるとき，点Rの座標を求めなさい。

(3)　(2)の点Rに対して，直線BRとx軸の交点をDとする。このときDB：BRの比を求めなさい。

(☆☆◎◎◎)

【一次試験・高等学校】

【1】現行の「高等学校学習指導要領解説　数学編」について，次の(1)～(3)の各問いに答えなさい。

(1)　次の文は高等学校数学科の目標である。

> 　数学的活動を通して，数学における基本的な概念や原理・法則の体系的な理解を深め，事象を数学的に考察し[　ア　]能力を高め，創造性の基礎を培うとともに，[　イ　]を認識し，それらを積極的に活用して数学的論拠に基づいて判断する態度を育てる。

(i)　[　ア　]に当てはまる語句を答えなさい。

(ii)　[　イ　]に当てはまる語句を，次の①～④から1つ選び，番号で答えなさい。

①　数学的な見方や考え方　　　②　数学のよさ

③　数学の有用性　　　　　　　④　数学の汎用性

(2)　科目の履修について，次の(i), (ii)は正しいか。正しい場合は○を，正しくない場合は×をそれぞれ書きなさい。

(i)　「数学Ⅰ」，「数学Ⅱ」，「数学Ⅲ」は，この順に履修することを原則としている。

(ii)　「数学活用」は，生徒の実態や単位数等に応じてその内容を選択して履修することはできない。

(3)　「数学B」を構成している3つの内容がすべて正しいものを，次の①～③から1つ選び，番号で答えなさい。

①　「ベクトル」，「数列」，「確率分布」

②　「数列」，「ベクトル」，「統計とコンピュータ」

③　「確率分布と統計的な推測」，「数列」，「ベクトル」

(☆☆☆○○○)

【2】次の(1)～(6)の各問いに答えなさい。ただし，答えのみを書きなさい。

(1)　方程式$||x-1|-1|=\dfrac{1}{2}$を解きなさい。

(2)　10個の値からなるデータがあり，このデータの平均値は50，分散は100であった。ところが，その10個のデータのうち1個の値に誤りが見つかり，その値が40から60に訂正された。このとき，訂正後のデータの平均値と分散をそれぞれ求めなさい。

(3)　すべての実数xについて，$\log_a(x^2+4ax+4)>\log_a(2x^2+7)$が成り立つような$a$の値の範囲を求めなさい。

(4)　複素数平面上に異なる2点A(α)，B(β)がある。$z_1=\alpha-i\beta$，$z_2=\sqrt{3}(\beta+i\alpha)$の表す点をP($z_1$)，Q($z_2$)とし，原点をOとする。このとき，△OPQの3辺の長さの比OP：OQ：PQを求めなさい。

(5)　次のように定義される数列の一般項a_nを求めなさい。

$$a_1=1,\ a_{n+1}=2a_n+3n+5\quad(n=1,\ 2,\ 3,\ \cdots\cdots)$$

(6)　極限値$\displaystyle\lim_{n\to\infty}\sum_{k=1}^{2n}\dfrac{k}{n^2+k^2}$を求めなさい。

(☆☆◎◎◎)

【3】四面体OABCにおいて，OA＝OC＝2，OB＝3，∠AOB＝∠AOC＝$\dfrac{\pi}{3}$，∠BOC＝$\dfrac{\pi}{2}$とし，$\overrightarrow{OA}=\vec{a}$，$\overrightarrow{OB}=\vec{b}$，$\overrightarrow{OC}=\vec{c}$とおく。このとき，次の(1)，(2)の各問いに答えなさい。

(1)　点Cから平面OABに下ろした垂線と平面OABの交点をHとするとき，$\overrightarrow{OH}$を$\vec{a}$，$\vec{b}$を用いて表しなさい。

(2)　△ABCの重心をGとする。点Pが平面OAB上を動くとき，CP＋PGが最小となる点PをP_0とする。このとき，$\overrightarrow{OP_0}$を$\vec{a}$，$\vec{b}$を用いて表しなさい。

(☆☆◎◎◎)

【4】次の(1)～(3)の各問いに答えなさい。

(1)　異なるi個のものから異なるj個を取り出して作る組合せの総数${}_iC_j$を，取り出したj個の中に特定の1個を含む場合と，含まない場合に分けて考えることにより，等式${}_iC_j={}_{i-1}C_{j-1}+{}_{i-1}C_j$が成り立つことが説明できる。このことを参考にして，等式${}_iC_j={}_{i-2}C_{j-2}+2{}_{i-2}C_{j-1}+{}_{i-2}C_j$が成り立つことを説明しなさい。ただし，$i$，$j$は整数で，$2\leqq j\leqq i-2$とする。

(2)　mは12以上の整数とする。1枚の硬貨をm回続けて投げるとき，表

が10回以上12回以下出る確率をP_m，表が$(m-11)$回出る確率をQ_mとし，$R_m=P_m+Q_m$とする。このとき，$\dfrac{R_{m+1}}{R_m}$をmを用いて表しなさい。

(3) (2)において，R_mが最大となるmの値をすべて求めなさい。

(☆☆☆◎◎◎)

【5】 $a>0$とする。座標平面において，中心$C(0，a)$，半径aの円C_1と，この円周上の定点Pが最初，原点$O(0，0)$にある。円C_1がこの位置からx軸に接しながらxの正の方向にすべることなく回転する。このとき，次の(1)〜(3)の各問いに答えなさい。

(1) 円C_1が角θだけ回転したとき，点Pの座標を$(x，y)$とする。このとき，x，yをそれぞれa，θを用いて表しなさい。ただし，$0\leqq\theta\leqq\pi$とする。

(2) (1)において，点Pの描く曲線をC_2とする。傾き1の直線lが曲線C_2と接しているとき，接点の座標と直線lの方程式を求めなさい。

(3) (2)のとき，曲線C_2と直線lおよびx軸で囲まれた部分の面積Sを求めなさい。

(☆☆☆◎◎◎)

【二次試験・中学校】

【1】 中学校数学において，「数と式」の指導の意義とともに，第1学年「文字を用いることの必要性と意味を理解すること」の指導について，どのように行うか，具体例を挙げて述べなさい。

(☆☆☆◎◎◎)

【二次試験・高等学校】

【1】 現行の高等学校数学科の目標には，「創造性の基礎を培う」と示されている。あなたは創造性の基礎を培うためにどのようなことに留意して授業を実施しますか。現行の「高等学校学習指導要領解説　数学編」に基づいて，具体的に述べなさい。

(☆☆☆◎◎◎)

熊本市

【1】次の文は，現行の「中学校学習指導要領　第2章　第3節　数学」の「第1　目標」である。（　ア　）〜（　ウ　）に当てはまる語句の組合せとして正しいものを，1〜5から一つ選び，番号で答えなさい。

> 　数学的活動を通して，数量や図形などに関する基礎的な概念や原理・法則についての理解を深め，数学的な表現や処理の仕方を習得し，事象を数理的に考察し（　ア　）する能力を高めるとともに，数学的活動の（　イ　）や数学のよさを実感し，それらを活用して考えたり（　ウ　）したりしようとする態度を育てる。

	ア	イ	ウ
1	表現	楽しさ	推論
2	解決	必要性	推論
3	表現	楽しさ	判断
4	解決	楽しさ	推論
5	表現	必要性	判断

(☆☆☆◎◎◎)

【2】次の文は，【1】の下線部について，現行の「中学校学習指導要領解説　数学編」の「第2章　第1節　目標　1　教科の目標　(2)　目標について」に示してある『①「数学的活動を通して」について』に関する説明からの抜粋である。（　ア　），（　イ　）に当てはまる語句の組合せとして正しいものを，1〜5から一つ選び，番号で答えなさい。

> 　数学的活動のうち，特に中学校数学科において重視しているのは，既習の数学を基にして数や図形の性質などを見いだし（　ア　），日常生活や社会で数学を利用する活動，数学的な表現を用いて根拠を明らかにし筋道立てて説明し（　イ　）である。

	ア	イ
1	発展させる活動	学び合う活動
2	探求させる活動	伝え合う活動
3	試行錯誤させる活動	学び合う活動
4	発展させる活動	伝え合う活動
5	探求させる活動	学び合う活動

(☆☆☆○○○)

【3】 $6x^2+5xy-6y^2-4x+7y-2$ を因数分解すると,

([ア]$x-$[イ]$y+1)($[ウ]$x+$[エ]$y-2)$ となる。

(☆○○○)

【4】 $x+y+z=4$, $xy+yz+zx=1$ のとき, $x^2+y^2+z^2$ の値は, [アイ] となる。

(☆○○○)

【5】 不等式 $|x-5|+2|x-2|\leqq12$ を解くと, $-$[ア]$\leqq x\leqq$[イ] となる。

(☆○○○)

【6】 放物線 $y=x^2+ax-5$ の頂点が直線 $y=4x-1$ 上にあるとき, 定数 a の値は, [   ] となる。

(☆○○○)

【7】 関数 $y=-x^2+x+k$ ($-1\leqq x\leqq1$) の最小値が $-\dfrac{1}{4}$ のとき, 定数 k の値は, $\dfrac{[\ ア\ ]}{[\ イ\ ]}$ となる。

(☆☆○○○)

【8】 $\cos^2(90°+\theta)+\cos^2(180°-\theta)+\sin120°\tan150°+\sin135°\cos45°$ の式を簡単にすると, [   ] となる。ただし, θ は鋭角とする。

(☆○○○)

【9】3辺が4，7，9である三角形に内接する円の半径の長さは，

$$\frac{[\ ア\ ]\sqrt{[\ イ\ ]}}{[\ ウ\ ]}$$ となる。

(☆☆◎◎◎)

【10】次のデータは，10人に英単語テストを行ったときの得点の結果である。このデータの標準偏差を求めると，[　　]点となる。

18．8．4．16．6．20．12．20．12．4

(☆☆◎◎◎)

【11】a，bは，実数の定数とする。

3次方程式$x^3+(a-2)x^2-(2a-3)x+b=0$の実数解が$x=2$だけであるとき，aの値の範囲は$-[\ ア\ ]\sqrt{[\ イ\ ]}<a<[\ ウ\ ]\sqrt{[\ エ\ ]}$で，$b$の値は，$b=-[\ オ\ ]$となる。

(☆☆◎◎◎)

【12】分数式$\dfrac{9x^2+3x-1}{3x-1}$の最小値は，$x=\dfrac{[\ ア\ ]}{[\ イ\ ]}$のとき，$[\ ウ\ ]$となる。ただし，$x>\dfrac{1}{3}$とする。

(☆☆◎◎◎)

【13】方程式$x^2+y^2+2kx+ky+20=0$が円を表すとき，定数kの値の範囲は，$k<-[\ ア\ ]$，$k>[\ イ\ ]$となる。

(☆◎◎◎)

【14】2点A(1，1)，B(-2，-2)に対して，$2PA^2-PB^2=0$を満たす点Pの軌跡の方程式は，$x^2+y^2-[\ ア\ ]x-[\ イ\ ]y-[\ ウ\ ]=0$となる。

(☆◎◎◎)

【15】$0 \leqq \theta \leqq 2\pi$ のとき，方程式 $\sin\theta = -\cos 2\theta$ を満たす θ の値は，小さい方から $\dfrac{[\ \textrm{ア}\ ]}{[\ \textrm{イ}\ ]}\pi$，$\dfrac{[\ \textrm{ウ}\ ]}{[\ \textrm{エ}\ ]}\pi$，$\dfrac{[\ \textrm{オカ}\ ]}{[\ \textrm{キ}\ ]}\pi$ となる。

(☆☆◎◎◎)

【16】4^n が20桁の数であるとき，最小の自然数 n は，[　アイ　] となる。ただし，$\log_{10}2 = 0.3010$ とする。

(☆◎◎◎)

【17】関数 $f(x) = ax^3 + bx^2 + cx + d$ が $x = -2$ で極大値6，$x = 0$ で極小値2をとるとき，$a = [\ \textrm{ア}\ ]$，$b = [\ \textrm{イ}\ ]$，$c = [\ \textrm{ウ}\ ]$，$d = [\ \textrm{エ}\ ]$ となる。

(☆☆◎◎◎)

【18】定積分 $\displaystyle\int_0^3 |x^2 + 2x - 3|\,dx$ を求めると，$\dfrac{[\ \textrm{アイ}\ ]}{[\ \textrm{ウ}\ ]}$ となる。

(☆☆◎◎◎)

【19】Aの袋には赤玉4個と白玉3個，Bの袋には赤玉3個と白玉2個が入っている。まず，Aの袋から球を2個取り出し，それをBの袋に入れ，次にBの袋から球を3個取り出す。このとき，3個すべて白玉である確率は，$\dfrac{[\ \textrm{ア}\ ]}{[\ \textrm{イウエ}\ ]}$ となる。

(☆☆☆◎◎◎)

【20】次の図のように，1，5，25，125の数字が1つずつ書かれたカードがそれぞれ4枚ずつある。この16枚のカードから何枚か選ぶとき，選んだカードの和が398となるのは，1のカードが[　ア　]枚，5のカードが[　イ　]枚，25のカードが[　ウ　]枚，125のカードが[　エ　]枚である。

1	1	1	1
5	5	5	5
25	25	25	25
125	125	125	125

(☆○○○)

【21】△ABCにおいて，AB＝6，BC＝5，CA＝4とする。また，∠Aの二等分線と線分BCの交点をD，∠Aの外角の二等分線と線分BCの延長との交点をEとする。

このとき，DC＝[　ア　]，CE＝[　イウ　]となる。

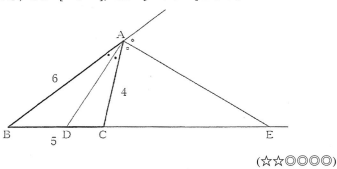

(☆☆○○○○)

【22】△OABにおいて，辺OAを2：1に内分する点をC，辺OBを1：2に内分する点をD，線分AD，BCの交点をPとする。

$\overrightarrow{OA} = \vec{a}$ ，$\overrightarrow{OB} = \vec{b}$ とすると，$\overrightarrow{OP} = \dfrac{[\ ア\ ]}{[\ イ\ ]}\vec{a} + \dfrac{[\ ウ\ ]}{[\ エ\ ]}\vec{b}$ となる。

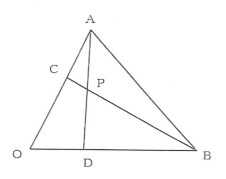

(☆○○○)

【23】 数列1，2，2，3，3，3，4，4，4，4，5，…において，この数列の
初項から第100項の和は，[　アイウ　]となる。

(☆☆☆○○○)

【24】 次の図で，
∠a＋∠b＋∠c＋∠d＋∠e＋∠f＋∠g＝[　アイウ　]°となる。

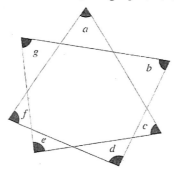

(☆○○○)

【25】 次の図のように，1列に並んだ三角形の頂点に2から順に偶数を書く。
次に，それぞれの三角形の中に，その頂点に書かれた3つの数の和を

書き入れる。このとき，三角形の中に書かれた数が264となるのは，
[　アイ　]番目の三角形となる。

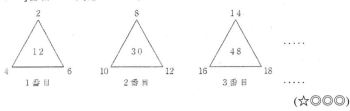

(☆◎◎◎)

解答・解説

熊本県

【一次試験・中学校】

【1】(1)　ア　数学的活動　　イ　習得　　ウ　表現　　エ　実感
　オ　活用　(2)　ア　④　　イ　⑥　　ウ　⑤　　エ　③　　オ　②
〈解説〉該当箇所を読み込むこと。

【2】(1)　$x+y=(\sqrt{15}+\sqrt{14})+(\sqrt{15}-\sqrt{14})=2\sqrt{15}$
　$xy=(\sqrt{15}+\sqrt{14})(\sqrt{15}-\sqrt{14})=15-14=1$
　よって
　$\dfrac{1}{x^2}+\dfrac{1}{y^2}=\dfrac{y^2+x^2}{x^2y^2}=\dfrac{(x+y)^2-2xy}{(xy)^2}=\dfrac{(2\sqrt{15})^2-2\times1}{(1)^2}=58$
　答え　58
　(2)　$\dfrac{1}{x}=\dfrac{1}{y}+\dfrac{1}{z}$
　$yz=xz+xy$　$yz-xy=xz$　$y(z-x)=xz$
　$y=\dfrac{xz}{z-x}$
　　答え　$y=\dfrac{xz}{z-x}$

(3) $\begin{cases} a \leqq b \leqq c & \cdots ① \\ ab+c=17 & \cdots ② \\ a+bc=37 & \cdots ③ \end{cases}$

②+③より

$ab+c+a+bc=54$

$a(b+1)+c(b+1)=54$

$(a+c)(b+1)=54$

54を2数の積で表すと

$54=2\times3^3$

　　$=2\times27=3\times18=6\times9$

となる。

また，a，b，cは自然数で，①より$b+1\leqq a+c$だから

$b+1=2$のときは，$a+c=27$

$b+1=3$のときは，$a+c=18$

$b+1=6$のときは，$a+c=9$

の場合が考えられる。

この中でa，b，cが自然数になるのは

$b+1=6$のとき，$a+c=9$　$\cdots④$

であるので，これより　$b=5$

よって，②より　$5a+c=17$

これと，③より　$a=2$，$c=7$

答え　$a=2$，$b=5$，$c=7$

(4)　ア　$50\times0.08=4$

イ　$50-(2+4+7+10+12+5+1)=9$

ウ　$9\div50=0.18$

答え　[ア]…4，[イ]…9，[ウ]…0.18

(5)

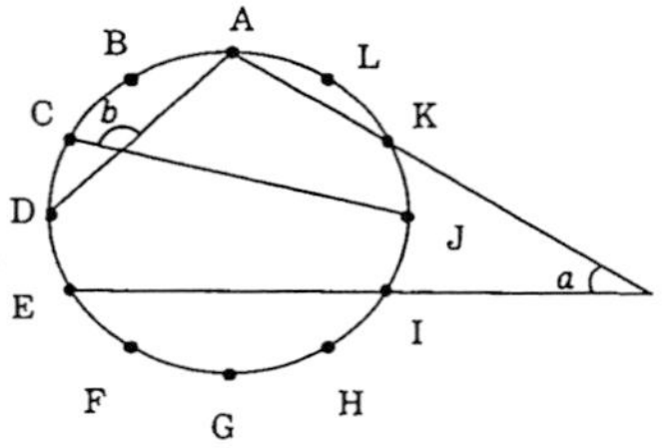

図のように円周を12等分する点を，A，B，C，…，Lとする。

円周を12等分する1つの弧の中心角は$\dfrac{360°}{12}=30°$

よって，その円周角は15°である。

∠EAK＝15°×6＝90°，∠AEI＝15°×4＝60°

よって，∠a＝180°－(90°＋60°)＝30°

∠AJC＝15°×2＝30°，∠DAJ＝15°×6＝90°

よって，∠b＝30°＋90°＝120°

答え　∠a＝30°　∠b＝120°

(6)　BOの延長とAを通ってOPに平行な直線との交点をCとする。

平行線の同位角は等しいので，∠BOP＝∠OCA

また，錯角も等しいので，∠AOP＝∠OAC

∠BOP＝∠AOPであるから，∠OCA＝∠OAC

よって，△OACはOA＝OC(＝6)の二等辺三角形である。

△BACで，OPとCAは平行

したがって，CA：OP＝BC：BO

CA：$\dfrac{12}{5}$＝10：4　CA＝6

3辺が等しいので，△OACは正三角形である。

よって，∠AOC＝60°

したがって，　　答え　∠AOB＝120°

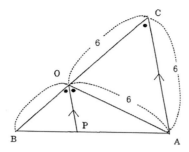

AからCOに垂線を引き，その交点をHとする。

△OAHは3辺の比が1：2：$\sqrt{3}$ の直角三角形だから

OA＝6より　OH＝3，AH＝$3\sqrt{3}$

△ABHにおいて，三平方の定理により

AB＝$\sqrt{7^2+(3\sqrt{3})^2}$＝$\sqrt{49+27}$＝$\sqrt{76}$＝$2\sqrt{19}$

角の二等分線の性質により

AP：PB＝OA：OB＝6：4＝3：2

よって，AP＝$2\sqrt{19}\times\dfrac{3}{5}$＝$\dfrac{6\sqrt{19}}{5}$

答え　AP＝$\dfrac{6\sqrt{19}}{5}$

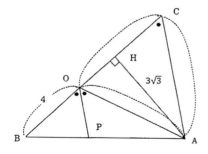

〈解説〉解答参照。

【3】(1)　(証明)

ABをBの方向に延長し，DPをPの方向に延長した線と交わった点をR
とする。

△RBPと△DCPにおいて

∠RBP＝∠DCP＝90°　…①

ARとDCは平行だから，錯角は等しくなり

∠BRP＝∠CDP　…②

DPは∠ADCの二等分線だから，∠CDP＝∠ADP　…③

②，③より，∠ADP＝∠ARP

これより，△ARDはAR＝ADの二等辺三角形である。

仮定より，AD＝AB＋DC　…④

AR＝AB＋BR　…⑤

④，⑤より　RB＝DC　…⑥

①，②，⑥より一組の辺とその両端の角がそれぞれ等しいから，

△RBP≡△DCP

よって，BP＝CP

ゆえに，点Pは辺BCの中点である。

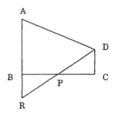

(2)　AとPを結ぶと，△ARP≡△ADPよりRD⊥APだから

∠DCP＝∠APD＝90°

また，仮定より∠CDP＝∠ADP

よって，△DCP∽△DPAがいえるから，DC：DP＝DP：DA

AB＝9，DC＝4のとき，

AD＝AB＋DC＝13

DP＝xとすると，4：x＝x：13より，

$x^2＝52$　$x＞0$より，$x＝2\sqrt{13}$

答え　$2\sqrt{13}$

〈解説〉解答参照。

【4】(1)　$x＝1$を式に代入すると，$a＝b+1$となる。よって，aはbよりも1大きい数となるので，$(a,\ b)＝(2,\ 1)$, $(3,\ 2)$, $(4,\ 3)$, $(5,\ 4)$, $(6,\ 5)$の5通りとなる。

よって，求める確率は$\dfrac{5}{36}$

答え　$\dfrac{5}{36}$

(2)　この方程式の解が整数となるのは，

$(a,\ b)＝(2,\ 1)$, $(3,\ 2)$, $(4,\ 3)$, $(4,\ 4)$, $(5,\ 4)$, $(6,\ 5)$, $(5,\ 6)$の7通りである。

よって，整数にならない場合は$36－7＝29$通りとなるので，求める確率は$\dfrac{29}{36}$となる。

答え　$\dfrac{29}{36}$

〈解説〉解答参照。

【5】(1)　(Pのy座標)＝4だから

$y＝x^2$に$y＝4$を代入して$x^2＝4$　よって$x＝\pm2$

$P(-2,\ 4)$

$\ell：y＝ax+8$とおく。

$P(-2,\ 4)$を通るから

$4＝-2a+8$　$a＝2$

よって，$\ell：y＝2x+8$

答え　$y＝2x+8$

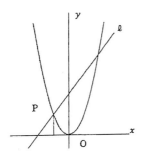

(2)　R(t,　t^2)　($t>0$)とおくと，

(直線BRの傾き)$=\dfrac{t^2-9}{t+3}=t-3$

よって$y=(t-3)x+b$

これにB(-3,　9)を代入して

$9=(t-3)\times(-3)+b$　　$b=3t$

よって(直線BRの切片)$=3t$

$\triangle\mathrm{BOR}=\dfrac{1}{2}\times(t+3)\times3t=42$

$(t-4)(t+7)=0$

これを解いて，$t=4$,　-7

$t>0$より$t=4$

よってR(4,　16)

答え　R(4,　16)

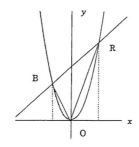

(3)　直線BRを$y=ax+b$とすると，B(-3,　9),　R(4,　16)を通るので

$9=-3a+b$

$16 = 4a + b$

これを解くと $a = 1$, $b = 12$　よって $y = x + 12$

これに $y = 0$ を代入すると，$x = -12$ となるので

D$(-12, 0)$

よって，DB：BR＝9：7

答え　DB：BR＝9：7

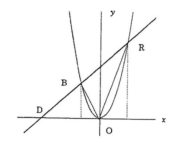

〈解説〉解答参照。

【一次試験・高等学校】

【1】(1)　(i)　表現する　　(ii)　②　　(2)　(i)　○　　(ii)　○

　(3)　③

〈解説〉教科の目標は，非常に重要なので，よく理解するとともに，用語
　などもしっかり覚えておきたい。

【2】(1)　$x = -\dfrac{1}{2}$, $\dfrac{1}{2}$, $\dfrac{3}{2}$, $\dfrac{5}{2}$　　(2)　平均値…52　　分散…96

　(3)　$0 < a < \dfrac{\sqrt{3}}{2}$　　(4)　OP：OQ：PQ＝1：$\sqrt{3}$：2

　(5)　$a_n = 3 \cdot 2^{n+1} - 3n - 8$　　(6)　$\dfrac{1}{2}\log 5$

〈解説〉(1)　与式より，$|x-1| - 1 = \pm\dfrac{1}{2}$

　よって，$|x-1| = 1 \pm \dfrac{1}{2}$

　ゆえに，$x - 1 = \pm\left(1 \pm \dfrac{1}{2}\right)$

249

したがって，$x = 1 \pm \left(1 \pm \dfrac{1}{2}\right) = -\dfrac{1}{2}, \ \dfrac{1}{2}, \ \dfrac{3}{2}, \ \dfrac{5}{2}$

(2)　題意より，当初のデータの和は，$50 \times 10 = 500$

よって，訂正後の平均値は，$(500 - 40 + 60) \div 10 = 52$

分散＝(データの2乗の平均値)－(データの平均値)²

なので，訂正前のデータの2乗の平均値は

$100 + 50^2 = 2600$

よって，訂正前のデータの2乗の和は26000だったので，訂正後のデータの2乗の和は

$26000 - 40^2 + 60^2 = 28000$

よって，訂正後の分散は，

$(28000 \div 10) - 52^2 = 2800 - 2704 = 96$

(3)　$a > 1$のとき，与式より，$x^2 + 4ax + 4 > 2x^2 + 7$

移項・整理すると，$(x - 2a)^2 - 4a^2 + 3 < 0$となるから，題意を満たす$a$の値は存在しない。

$0 < a < 1$のとき，与式より，$x^2 + 4ax + 4 < 2x^2 + 7$

移項・整理すると，$(x - 2a)^2 - 4a^2 + 3 > 0$となるから，これが題意を満たすためには，

$-4a^2 + 3 > 0$すなわち，$-\dfrac{\sqrt{3}}{2} < a < \dfrac{\sqrt{3}}{2}$であればよい。

$0 < a < 1$だから，求めるaの値の範囲は，$0 < a < \dfrac{\sqrt{3}}{2}$

(4)　$\dfrac{z_2}{z_1} = \dfrac{\sqrt{3}(\beta + i\alpha)}{\alpha - i\beta} = \dfrac{\sqrt{3}(\beta + i\alpha)\overline{(\alpha - i\beta)}}{(\alpha - i\beta)\overline{(\alpha - i\beta)}}$

$\qquad = \dfrac{\sqrt{3}\{(\overline{\alpha}\,\beta - \alpha\,\overline{\beta}) + i(\alpha\,\overline{\alpha} + \beta\,\overline{\beta})\}}{\{(\alpha\,\overline{\alpha} + \beta\,\overline{\beta}) - i(\overline{\alpha}\,\beta - \alpha\,\overline{\beta})\}} = \sqrt{3}\,i$

ゆえに，$\angle POQ = \dfrac{1}{2}\pi$かつ，$OP : OQ = 1 : \sqrt{3}$

三平方の定理より，比としては，$PQ = 2$

よって，$OP : OQ : PQ = 1 : \sqrt{3} : 2$

(5)　階差数列を使って答を求める。

$b_n = a_{n+1} - a_n$とおくと題意より，$b_{n+1} = 2b_n + 3$　…①

これより，$\alpha=2\alpha+3$を解くと，$\alpha=-3$

これを①の両辺から引いて，

$b_{n+1}+3=2(b_n+3)$ ・・・②

②より，数列$\{b_n+3\}$は公比2の等比数列である。初項は，

$b_1+3=a_2-a_1+3=(2+3+5)-1+3=12$

よって，$b_n+3=12\cdot2^{n-1}=3\cdot2^{n+1}$になるから，$b_n=3\cdot2^{n+1}-3$

ゆえに，$n\geqq2$のとき，

$a_n=a_1+\displaystyle\sum_{k=1}^{n-1}b_k$

$=1+3\cdot2^{n+1}-12-3(n-1)=3\cdot2^{n+1}-3n-8$ ・・・③

③は，$n=1$のとき，$a_1=3\cdot2^2-3\cdot1-8=1$になるから，$n=1$のときにも成り立つ。

よって，$a_n=3\cdot2^{n+1}-3n-8$

(6) $\dfrac{k}{n^2+k^2}=\dfrac{1}{n}\cdot\dfrac{\left(\dfrac{k}{n}\right)}{1+\left(\dfrac{k}{n}\right)^2}$

$(x^2+1)'=2x$より，$x=\dfrac{1}{2}(x^2+1)'$

よって，

$\displaystyle \text{与式}=\lim_{n\to\infty}\sum_{k=1}^{2n}\frac{1}{n}\cdot\frac{\left(\dfrac{k}{n}\right)}{1+\left(\dfrac{k}{n}\right)^2}$

$\displaystyle =\int_0^2\frac{x}{1+x^2}dx=\left[\frac{1}{2}\log(x^2+1)\right]_0^2=\frac{1}{2}\log5$

【3】(1) 点Hは平面OAB上にあるので，$\overrightarrow{\text{OH}}=s\overrightarrow{a}+t\overrightarrow{b}$とおける。

$\overrightarrow{\text{CH}}=s\overrightarrow{a}+t\overrightarrow{b}-\overrightarrow{c}$，$\overrightarrow{\text{CH}}$は平面OABに垂直だから，$\overrightarrow{\text{CH}}\perp\overrightarrow{\text{OA}}$，

$\overrightarrow{\text{CH}}\perp\overrightarrow{\text{OB}}$より，

$(s\overrightarrow{a}+t\overrightarrow{b}-\overrightarrow{c})\cdot\overrightarrow{a}=0$，$(s\overrightarrow{a}+t\overrightarrow{b}-\overrightarrow{c})\cdot\overrightarrow{b}=0$

ここで，$|\overrightarrow{a}|=2$，$|\overrightarrow{b}|=3$，$\overrightarrow{a}\cdot\overrightarrow{b}=2\cdot3\cdot\cos\dfrac{\pi}{3}=3$，$\overrightarrow{b}\cdot\overrightarrow{c}=0$，

$$\vec{c} \cdot \vec{a} = 2 \cdot 2 \cdot \cos\frac{\pi}{3} = 2 \text{ より,}$$

$$4s + 3t - 2 = 0, \quad 3s + 9t = 0$$

これを解いて $s = \dfrac{2}{3}$, $t = -\dfrac{2}{9}$

よって, $\overrightarrow{\mathrm{OH}} = \dfrac{2}{3}\vec{a} - \dfrac{2}{9}\vec{b}$

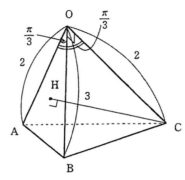

(2)　平面OABに関して点Cと対称な点をDとすると，線分DGと平面OABの交点が点P_0となる。

ここで, $\overrightarrow{\mathrm{CD}} = 2\overrightarrow{\mathrm{CH}} = \dfrac{4}{3}\vec{a} - \dfrac{4}{9}\vec{b} - 2\vec{c}$ より, $\overrightarrow{\mathrm{OD}} = \dfrac{4}{3}\vec{a} - \dfrac{4}{9}\vec{b} - \vec{c}$

また, 点Gは△ABCの重心だから, $\overrightarrow{\mathrm{OG}} = \dfrac{1}{3}\vec{a} + \dfrac{1}{3}\vec{b} + \dfrac{1}{3}\vec{c}$

点P_0は, 線分DG上にあるから,

$\overrightarrow{\mathrm{OP}_0} = u\overrightarrow{\mathrm{OD}} + (1-u)\overrightarrow{\mathrm{OG}}$ とおくと,

$\overrightarrow{\mathrm{OP}_0} = \left(u + \dfrac{1}{3}\right)\vec{a} + \left(\dfrac{1}{3} - \dfrac{7}{9}u\right)\vec{b} + \left(\dfrac{1}{3} - \dfrac{4}{3}u\right)\vec{c}$

点P_0は, 平面OAB上にあるから,

$\dfrac{1}{3} - \dfrac{4}{3}u = 0$　よって, $u = \dfrac{1}{4}$

以上より, $\overrightarrow{\mathrm{OP}_0} = \dfrac{7}{12}\vec{a} + \dfrac{5}{36}\vec{b}$

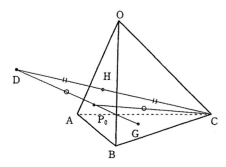

〈解説〉(1)　解答参照。

(2)【別解】

$\vec{a}$, $\vec{b}$, $\vec{c}$ は互いに独立なので，これらを基本ベクトルとする斜交座標系を使って答を求める。斜交座標系においても，点の座標と位置ベクトルの成分は一致するので，各点の座標は，A(1, 0, 0), B(0, 1, 0), C(0, 0, 1), $G\left(\dfrac{1}{3}, \dfrac{1}{3}, \dfrac{1}{3}\right)$, $H\left(\dfrac{2}{3}, -\dfrac{2}{9}, 0\right)$ となる。

平面OABに関してCと対称な点をDとすると，直線DGと平面OABの交点が題意を満たす点P_0となる。

$$\vec{OD} = \vec{OC} + \vec{CD} = \vec{OC} + 2\,\vec{CH}$$
$$= \vec{OC} + 2(\vec{CO} + \vec{OH}) = \dfrac{4}{3}\,\vec{a} - \dfrac{4}{9}\,\vec{b} - \vec{c} \quad \text{より,}$$

$D\left(\dfrac{4}{3}, -\dfrac{4}{9}, -1\right)$

よって，$\vec{DG} = \dfrac{1}{9}(-9\,\vec{a} + 7\,\vec{b} + 12\,\vec{c}) = \dfrac{1}{9}(-9, 7, 12)$ より，

直線DGの方程式は，$\dfrac{x - \dfrac{1}{3}}{-9} = \dfrac{y - \dfrac{1}{3}}{7} = \dfrac{z - \dfrac{1}{3}}{12}$ …①

平面OABの方程式は，$z = 0$ だから，これを①に代入して整理すると，

$x = \dfrac{7}{12}$, $y = \dfrac{5}{36}$

よって，$\vec{OP_0} = \dfrac{7}{12}\,\vec{a} + \dfrac{5}{36}\,\vec{b}$

【4】(1)　i個からj個を選ぶ場合の数$_iC_j$は次の(i)〜(iii)の場合に分けられる。

(i)　特定の2個A，Bを選ばない場合

(ii)　特定の2個A，Bの両方とも選ぶ場合

(iii)　特定の2個A，Bのうち片方のみ選ぶ場合

このとき，

(i)　特定の2個以外の$i-2$個からj個を選ぶから$_{i-2}C_j$

(ii)　残り$i-2$個から$j-2$個を選ぶから$_{i-2}C_{j-2}$

(iii)　Aを選びかつBを選ばないとき，A，Bを除く残り$i-2$個から$j-1$個を選ぶから$_{i-2}C_{j-1}$

　　　Bを選びかつAを選ばないとき，同様にして$_{i-2}C_{j-1}$

ここで(i)〜(iii)は，同時に起こらないので

$_iC_j = {}_{i-2}C_{j-2} + 2{}_{i-2}C_{j-1} + {}_{i-2}C_j$

(2)　(1)と$_mC_{11} = {}_mC_{m-11}$より，

$$R_m = P_m + Q_m$$

$$= {}_mC_{10}\left(\frac{1}{2}\right)^{10}\left(\frac{1}{2}\right)^{m-10} + {}_mC_{11}\left(\frac{1}{2}\right)^{11}\left(\frac{1}{2}\right)^{m-11} + {}_mC_{12}\left(\frac{1}{2}\right)^{12}\left(\frac{1}{2}\right)^{m-12}$$

$$+ {}_mC_{m-11}\left(\frac{1}{2}\right)^{m-11}\left(\frac{1}{2}\right)^{m-(m-11)}$$

$$= {}_mC_{10}\left(\frac{1}{2}\right)^{10}\left(\frac{1}{2}\right)^{m-10} + {}_mC_{11}\left(\frac{1}{2}\right)^{11}\left(\frac{1}{2}\right)^{m-11} + {}_mC_{12}\left(\frac{1}{2}\right)^{12}\left(\frac{1}{2}\right)^{m-12}$$

$$+ {}_mC_{11}\left(\frac{1}{2}\right)^{m-11}\left(\frac{1}{2}\right)^{11}$$

$$= ({}_mC_{10} + 2{}_mC_{11} + {}_mC_{12})\left(\frac{1}{2}\right)^m$$

$$= {}_{m+2}C_{12}\left(\frac{1}{2}\right)^m$$

よって，$\dfrac{R_{m+1}}{R_m} = \dfrac{{}_{m+3}C_{12}\left(\frac{1}{2}\right)^{m+1}}{{}_{m+2}C_{12}\left(\frac{1}{2}\right)^m} = \dfrac{m+3}{m-9} \cdot \dfrac{1}{2} = \dfrac{m+3}{2(m-9)}$

(3)　(ア)　$R_{m+1} > R_m$とすると$R_m > 0$だから$\dfrac{R_{m+1}}{R_m} > 1$

(2)より

$$\frac{R_{m+1}}{R_m}=\frac{m+3}{2(m-9)}>1$$

ここで，$m \geqq 12$だから

$m+3>2m-18$

よって，$m<21$

ゆえに，$m=12$, 13, $\cdots$, 20

同様にして，

(イ)　$R_{m+1}=R_m$とすると，$m=21$

(ウ)　$R_{m+1}<R_m$とすると，$m=22$, 23, $\cdots$

以上(ア)(イ)(ウ)より

$R_{12}<R_{13}<R_{14}<\cdots<R_{20}<R_{21}=R_{22}>R_{23}>R_{24}>\cdots$

したがって，$m=21$, 22

〈解説〉解答参照。

【5】(1)　円とx軸の接点をAとおく。

(i)　$0 \leqq \theta \leqq \dfrac{\pi}{2}$のとき

下図のように，点B, Dを定めると

$OA=\overset{\frown}{AP}=a\theta$であるから

$P(x, y)$について

$x=OB=OA-BA=OA-PD=a\theta-a\sin\theta$

$y=BP=AD=AC-DC=a-a\cos\theta$

(i)

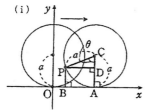

(ii)　$\dfrac{\pi}{2}<\theta \leqq \pi$のとき

次の図のように，点B′, D′を定めると

$OA=\overset{\frown}{AP}=a\theta$であるから

P(x, y)について

$x=OB'=OA-B'A=OA-PD'=a\theta-a\sin(\pi-\theta)=a(\theta-\sin\theta)$

$y=B'P=AD'=AC+D'C=a+a\cos(\pi-\theta)=a(1-\cos\theta)$

（ⅱ）

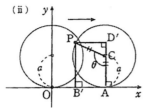

以上(i)(ⅱ)より

$x=a(\theta-\sin\theta)$,　$y=a(1-\cos\theta)$

(2)　(1)より曲線C_2の媒介変数表示は

$x=a(\theta-\sin\theta)$,　$y=a(1-\cos\theta)$であるから

$\dfrac{dx}{d\theta}=a(1-\cos\theta)$,　$\dfrac{dy}{d\theta}=a\sin\theta$

よって，　$\theta\neq0$のとき$\dfrac{dy}{dx}=\dfrac{\dfrac{dy}{d\theta}}{\dfrac{dx}{d\theta}}=\dfrac{a\sin\theta}{a(1-\cos\theta)}=\dfrac{\sin\theta}{1-\cos\theta}$

よって$\dfrac{\sin\theta}{1-\cos\theta}=1$　（ただし，　$\theta\neq0$）

すなわち$\sin\theta+\cos\theta=1$　よって$\sin\left(\theta+\dfrac{\pi}{4}\right)=\dfrac{1}{\sqrt{2}}$

ここで，$0<\theta\leqq\pi$から$\dfrac{\pi}{4}<\theta+\dfrac{\pi}{4}\leqq\dfrac{5}{4}\pi$

したがって$\theta+\dfrac{\pi}{4}=\dfrac{3}{4}\pi$から$\theta=\dfrac{\pi}{2}$

このとき$x=a\left(\dfrac{\pi}{2}-\sin\dfrac{\pi}{2}\right)=\left(\dfrac{\pi}{2}-1\right)a$,　$y=a\left(1-\cos\dfrac{\pi}{2}\right)=a$

ゆえに求める接点の座標は$\left(\left(\dfrac{\pi}{2}-1\right)a,\ a\right)$

また，直線lの傾きは1，点$\left(\left(\dfrac{\pi}{2}-1\right)a,\ a\right)$を通るから

$y-a=x-\left(\dfrac{\pi}{2}-1\right)a$　すなわち　$y=x+\left(2-\dfrac{\pi}{2}\right)a$

(3) 直線$l：y＝x＋\left(2-\dfrac{\pi}{2}\right)a$と$x$軸の交点は$\left(-\left(2-\dfrac{\pi}{2}\right)a,\ 0\right)$である。

また，(2)より曲線C_2について，$\theta \neq 0$のとき

$$\dfrac{dy}{dx}=\dfrac{\sin \theta}{1-\cos \theta}$$

$$\dfrac{d^2y}{dx^2}=\dfrac{d}{dx}\left(\dfrac{dy}{dx}\right)=\dfrac{d}{dx}\left(\dfrac{\sin \theta}{1-\cos \theta}\right)=\dfrac{d}{d\theta}\left(\dfrac{\sin \theta}{1-\cos \theta}\right)\cdot \dfrac{1}{\dfrac{dx}{d\theta}}$$

$$=-\dfrac{1}{a(1-\cos \theta)^2}$$

よって，曲線C_2について，$0<\theta<\pi$のとき，$\dfrac{dy}{dx}>0$，$\dfrac{d^2y}{dx^2}<0$

すなわち，$0<\theta<\pi$のとき，曲線C_2は単調に増加し，上に凸である。

よって，求める面積Sは

$$S=\dfrac{1}{2}\cdot \left(\left(\dfrac{\pi}{2}-1\right)a+\left(2-\dfrac{\pi}{2}\right)a\right)\cdot a-\int_0^{\left(\frac{\pi}{2}-1\right)a}a(1-\cos \theta)dx$$

$$=\dfrac{a^2}{2}-\int_0^{\frac{\pi}{2}}a(1-\cos \theta)a(1-\cos \theta)d\theta$$

$$=\dfrac{a^2}{2}-a^2\int_0^{\frac{\pi}{2}}(1-2\cos \theta+\cos^2 \theta)d\theta$$

$$=\dfrac{a^2}{2}-a^2\int_0^{\frac{\pi}{2}}\left(1-2\cos \theta+\dfrac{1+\cos 2\theta}{2}\right)d\theta$$

$$=\dfrac{a^2}{2}-a^2\left[\dfrac{1}{4}\sin 2\theta-2\sin \theta+\dfrac{3}{2}\theta\right]_0^{\frac{\pi}{2}}$$

$$=\left(\dfrac{5}{2}-\dfrac{3}{4}\pi\right)a^2$$

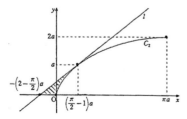

〈解説〉解答参照。

【二次試験・中学校】

【１】(解答例)

《指導の意義について》

　中学校数学科において第1学年では，いろいろな数量の関係や法則などを，文字を用いて一般的かつ簡潔に表現したり，式の意味を読み取ったりできるようにする。

《指導の具体例》

(1)　文字を用いることの必要性と意味

　文字を用いた式は，数量の関係や法則などを簡潔，明確に表現するために必要である。

【例1】　　加法の交換法則について，$4+5=5+4$であるが，加法の交換法則が一般的に成り立つことを示さなければならない。

この場合には，文字a，bを用いることで，『$a+b=b+a$』と表すことができる。

【例2】　　数量の関係を具体的なものの意味に束縛されず，抽象的な数の関係にして考察することができる。

式$s=ab$は，(長方形の面積)＝(たて)×(よこ)，(値段)＝(単価)×(個数)，(道のり)＝(速さ)×(時間)などを表している。そして，式$s=ab$を$a=\dfrac{s}{b}$または，$b=\dfrac{s}{a}$と変形して，互いの数量の関係を考察することができる。

(2)　文字を用いた式の乗法と除法

　文字を用いて数量の関係や法則などを式で表現するとき，乗法の記号は×で表し，文字と文字の間や，数と文字の間では×の記号を省略し，除法の記号÷は，特に必要ない場合は，÷の記号を用いないで分数の形で表すことができる。

『$a×b=ab$，$a÷b=\dfrac{a}{b}$』

これによって，いろいろな式の表現が簡潔になり，式の扱いが能率的にできる。

なお，abや$\dfrac{a}{b}$さらに，$a-b$，$a+b$などの表現は，操作の方法を表しているとともに，操作の結果も表していることに注意する。たとえば，

$5a+2$, $6x-6$のように，演算記号が残ったままの場合もあることに注意する。

(3) 1次式の加法と減法について

① まず，文字式を用いた計算においては，1次式の加法と減法を扱う。

$(3x+4)+(4x-5)=3x+4+4x-5=(3+4)x+(4-5)=7x-1$

② かっこをはずすときの注意も大切である。

「$a-(b+c)=a-b-c$」であることを，$5-(3+1)=5-3-1$となることや，b円とc円の品物を買ってa円を出したときのおつりに関連付けて考えるとよい。

③ 文字式の計算例

$6(2x+1)-2(x-3)=12x+6-2x+6=10x+12$

$(2x+1)-3(2x-3)+4(5+3x)=2x+1-6x+9+20+12x=8x+30$　等

(4) 文字式を用いて表したり読み取ったりすること

式を用いて数量の関係や法則などを表したり，その意味を読み取ったりして，そのよさを感じさせたり，式を積極的に活用させる。

【例1】 映画館の入場料が大人1人a円，子ども1人b円のとき，「大人2人と子ども3人の入場料の合計は，$2a+3b$」と表せる。また，「$a-b$は大人と子どもの入場料の差」を意味することを読み取ることができるようにする。

【例2】 相当関係を等式で表す。

例1において，「大人2人と子ども3人の入場料の合計が2800円である」は，$2a+3b=2800$と表せる。また，$2a=2800-3b$，$3b=2800-2a$として等号関係で表すこともできる。すなわち，$2a+3b$を計算すると2800になったことを意味するだけでなく，$2a+3b$と2800は等しい(いずれも入場料の合計を表しており，つりあっている)ことを意味している。

【例3】 大小関係を不等式で表す。

例1において，「大人2人と子ども3人の入場料を払うと3000円でおつりがもらえた」は「支払う入場料が3000円より安い」であり，$2a+3b<3000$と表すことができる。すなわち，不等号を用いることで，数

259

量の大小関係も式に表したり，その意味を読み取ることができるようにする。

　以上の(1)～(4)の指導を重点的に行い，文字の必要性の理解を深め，文字や文字式の扱いに十分慣れるようにしておく。

〈解説〉まず，文字の扱い方を理解し，文字，文字式の単純計算ができるようにしておくことが大切である。そして，文字はいろいろな値をとることができる。その理解を深めるために，文字を用いた式に具体的な数を代入して式の値を求めさせる学習も必要である。このことは，後で学ぶ方程式の解の意味を理解するためにも重要である。なお，式の値を求める際に，負の数を代入するとき，計算ミスをしないで正しく計算ができるようにしておく。また，単に，式の値を求める計算練習だけでなく，具体的な場面と結びつけて指導をするとよい。

【二次試験・高等学校】

【1】(解答例)

　授業の内容に興味・関心を持たせることや教師自身の授業の方法・仕方(教具の扱い，しゃべり方，自身の言語活動，一方通行でないなど)が考えられる。最も重要なのは，生徒主体に授業を進めていかなければならないことである。以下のように，「創造性の基礎を培う」ための方策として，実際の数学の内容に留意し，授業を展開・実践していく。

(1)　知的好奇心

　生徒は授業に参加して，知識の理解を深めたい要求を必ず持っている。教師はそれを上手く生徒に提供する環境を整える必要がある。数学Ⅱの応用問題で数学に関心を持っている生徒に対して三角関数の合成の指導例。

[例]　$0 \leqq \theta \leqq \pi$ のとき，$y = \sin\theta + \sqrt{3}\cos\theta$ の最大値を求めなさい。

【解】　$0 \leqq \theta \leqq \pi$ より，$0 \leqq \sin\theta \leqq 1$，$-1 \leqq \cos\theta \leqq 1$

よって，$-\sqrt{3} \leqq \sin\theta + \sqrt{3}\cos\theta \leqq 1 + \sqrt{3}$

ゆえに，最大値は $1 + \sqrt{3}$　…(答)

◎この解答の間違いについて考えさせる。三角関数の合成の知識がなければ，正解が得られないことを指導し，内容の深さに興味をもたせていくことができる。

(2) 健全な批判力

何事にも疑いをもち，深く読み取る議論をする中で，自分の意見をしっかり主張し，その中から，解決策，妥協案を探ること。数学Ⅰ，Ⅱの2次方程式の応用例から，解答の間違いを発見し，その解決策を探る指導例。

[例] p，qは0でない定数として，2次方程式

$x^2-px+2q=0$　…①

の2つの解の和と積を2つの解にもつ2次方程式の1つが

$x^2+4qx-6p=0$　…②

である。p，qの値を求めなさい。

【解】　①より，解と係数の関係から，解の和はp，解の積は$2q$なので，②に$x=p$を代入して$p^2+4pq-6p=0$，$p\neq0$より，$p+4q-6=0$　…③
②に$x=2q$を代入して$4q^2+8q^2-6p=0$，$2q^2-p=0$　…④
③，④を解いて，$(p, q)=(18, -3)$，$(2, 1)$　…(答)

◎この解答では②がp，$2q$の2つの解をもつことを求めたにすぎない。実際，$(p, q)=(2, 1)$のとき，②は$x^2+4x-12=0$から，$x=-6$，2で不適である。

(3) 洞察力

問題の本質を見抜き，見極めること。他人の解答などを参照して，その事柄から相手の気持ちや表現など「目に見えない部分」を見抜く力。経験したことや自分の失敗を受け止め，考察して原因を追究し，解決する能力を養う。数学Ⅱの不等式の領域から相加平均と相乗平均の大小関係を用いた問題の指導例。

[例]　$x>0$のとき，$\left(x+\dfrac{1}{x}\right)\left(4x+\dfrac{1}{x}\right)$の最小値を求めなさい。

【解】　相加平均と相乗平均の大小関係より，

$x+\dfrac{1}{x}\geq2\sqrt{x\cdot\dfrac{1}{x}}=2$，$4x+\dfrac{1}{x}\geq2\sqrt{4x\cdot\dfrac{1}{x}}=4$

よって，$\left(x+\dfrac{1}{x}\right)\left(4x+\dfrac{1}{x}\right)\geqq 2\times 4=8$　　　ゆえに，最小値8　…(答)

◎相加平均と相乗平均の大小関係を用いて解答しているが，間違いである。各式の等号が成り立つときを調べれば明らかである。このように，成立する際に条件が伴うような解答をするときなどには「見えない部分」を見抜く力が大切である。

(4)　根気強く考え続ける力

　数学の最も簡単で基礎となる領域が理解されていないことがある。数学にあまり関心を持たない生徒に対しての最も基本的な数学Ⅰの「数と式」の因数分解の指導例。

[例]　(1)　$4a^2b^3-6a^3b^2=2a^2b^2(2b-3a)$　[これは最も基本]

(2)　$x(a+2b)+y(a+2b)$，$a+2b=M$とおいて，

与式$=xM+yM=(x+y)M=(x+y)(a+2b)$

[共通因数$a+2b$でくくれない生徒のため]

(3)　$2x(3a-b)+3y(b-3a)$

$b-3a=-(3a-b)$として，$3a-b=M$とおくと，

与式$=2x(3a-b)-3y(3a-b)=2xM-3yM=(2x-3y)M=(2x-3y)(3a-b)$

[$B-A=-(A-B)$の式変形の理解について]

◎数学の基本指導は最も重要である。特に，最初に学ぶ「数と式」が基本になっている。ここでのつまずきは，後に学習する内容に影響がある。根気強く，粘り強く指導して，数学を学ぶことの大切さを指導していく。

〈解説〉以上，(1)知的好奇心，(2)健全な批判力，(3)洞察力，(4)根気強く考え続ける力，と4つの観点から具体的な指導・活動を作成したが，他に，豊かな感性，直観力，論理的な思考力，想像力，主体的な活動などの観点がある。これらについても，数学の各内容を通して具体的に例を挙げて論文を作成すること。また，それらの観点が複合している例も考えられる。「高等学校学習指導要領解説　数学編」の内容そのままの表現にならないように注意すること。そして，「創造性の基礎を培う」を，日常の一般的抽象的な表現としてではなく，数学の指導内容に絡めて論ずるようにしてほしい。

熊本市

【1】3

〈解説〉教科の「目標」は，非常に重要なので，学習指導要領だけではな
く，学習指導要領解説もあわせて理解するとともに，用語などもしっ
かり覚えておきたい。

【2】4

〈解説〉該当箇所を読み込むこと。

【3】ア 3　　イ 2　　ウ 2　　エ 3

〈解説〉与式$=(3x-2y)(2x+3y)-4x+7y-2$
　　ここで，$-2\cdot(3x-2y)+1\cdot(2x+3y)=-4x+7y$になるから，
　　与式$=\{(3x-2y)+1\}\{(2x+3y)-2\}=(3x-2y+1)(2x+3y-2)$

【4】ア 1　　イ 4

〈解説〉$x^2+y^2+z^2=(x+y+z)^2-2(xy+yz+zx)=4^2-2\cdot1=14$

【5】ア 1　　イ 7

〈解説〉$x<2$のとき，与式$=5-x+2(2-x)=9-3x\leqq12$より，$x\geqq-1$
　　よって，$-1\leqq x<2$
　　$2\leqq x\leqq5$のとき，与式$=5-x+2(x-2)=x+1\leqq12$より，$x\leqq11$
　　よって，$2\leqq x\leqq5$
　　$x>5$のとき，与式$=x-5+2(x-2)=3x-9\leqq12$より，$x\leqq7$
　　よって，$5<x\leqq7$
　　以上から，$-1\leqq x\leqq7$

【6】4

〈解説〉$y=\left(x+\dfrac{1}{2}a\right)^2-\dfrac{1}{4}a^2-5$より，頂点の座標は，$\left(-\dfrac{1}{2}a,\ -\dfrac{1}{4}a^2-5\right)$

題意より，$-\dfrac{1}{4}a^2-5=4\left(-\dfrac{1}{2}a\right)-1$

整理して，$(a-4)^2=0$

よって，$a=4$

【7】ア　7　イ　4

〈解説〉$y=f(x)=-x^2+x+k=-\left(x-\dfrac{1}{2}\right)^2+k+\dfrac{1}{4}$だから，題意より最小値は，

$f(-1)=k-2=-\dfrac{1}{4}$

よって，$k=\dfrac{7}{4}$

【8】1

〈解説〉与式$=\sin^2\theta+\cos^2\theta-\dfrac{1}{2}+\dfrac{1}{2}=1$

【9】ア　3　イ　5　ウ　5

〈解説〉$s=(4+7+9)\div2=10$

ヘロンの公式より，三角形の面積Sは

$S=\sqrt{10(10-4)(10-7)(10-9)}=6\sqrt{5}$

内接円の半径をrとすると，

$\dfrac{1}{2}r(4+7+9)=6\sqrt{5}$　より，$r=\dfrac{3\sqrt{5}}{5}$

【10】6

〈解説〉計算を整理して表にまとめると，次の表のようになる。よって，標準偏差は6

番号	得点	偏差²	
1	18	36	
2	8	16	
3	4	64	
4	16	16	
5	6	36	
6	20	64	
7	12	0	
8	20	64	
9	12	0	
10	4	64	
合計	120	360	
平均	12	36	6
		分散	標準偏差

【11】ア 2　イ 3　ウ 2　エ 3　オ 6

〈解説〉$y＝f(x)＝x^3+(a-2)x^2-(2a-3)x+b$とおく。

題意より，$f(2)＝6+b＝0$

よって，$b＝-6$なので，

$y＝f(x)＝(x-2)(x^2+ax+3)$

題意より，$y＝0$の実数解は，$x＝2$だけだから，$x^2+ax+3＝0$は虚数解を持つ。

よって判別式をDとすると，$D＝a^2-4・1・3＝a^2-12＜0$より，

$-2\sqrt{3}＜a＜2\sqrt{3}$

【12】ア 2　イ 3　ウ 5

〈解説〉与式＝$y＝f(x)$とおくと，$y＝f(x)＝3x+2+(3x-1)^{-1}$

$y'＝f'(x)＝3-3(3x-1)^{-2}＝3\{1-(3x-1)^{-2}\}$

$y'＝0$のとき，$3x(3x-2)＝0$　$x＞\dfrac{1}{3}$より，$x＝\dfrac{2}{3}$

x	$\dfrac{1}{3}$	……	$\dfrac{2}{3}$	……
y'	×	−	0	+
y	×	↘	最小	↗

増減表より，最小値は，$f\left(\dfrac{2}{3}\right)=2+2+1=5$

【13】ア　4　イ　4

〈解説〉与式より，$(x+k)^2+\left(y+\dfrac{1}{2}k\right)^2=\dfrac{5}{4}k^2-20>0$であればよいから，

$k<-4$，$k>4$

【14】ア　8　イ　8　ウ　4

〈解説〉P$(x,\ y)$とすると，

$2\mathrm{PA}^2-\mathrm{PB}^2=2\{(x-1)^2+(y-1)^2\}-\{(x+2)^2+(y+2)^2\}$
$=x^2+y^2-8x-8y-4=0$

【15】ア　1　イ　2　ウ　7　エ　6　オ　1　カ　1　キ　6

〈解説〉与式より，$-\cos2\theta-\sin\theta=(2\sin\theta+1)(\sin\theta-1)=0$

よって，$\sin\theta=-\dfrac{1}{2}$，1

ゆえに，$\theta=\dfrac{1}{2}\pi$，$\dfrac{7}{6}\pi$，$\dfrac{11}{6}\pi$

【16】ア　3　イ　2

〈解説〉題意より，$19\leqq2n\log_{10}2<20$

よって，$\dfrac{19}{0.6020}=31.56\cdots\leqq n<\dfrac{20}{0.6020}=33.22\cdots$

ゆえに，題意を満たす最小のnは，$n=32$

【17】ア　1　イ　3　ウ　0　エ　2

〈解説〉$y=f(x)$とすると，$y'=f'(x)=3ax^2+2bx+c$

題意より，

$f'(-2)=12a-4b+c=0$　…①

$f(-2)=-8a+4b-2c+d=6$　…②

$f'(0)=c=0$　…③

$f(0)=d=2$　…④

①～④より，$a=1$，$b=3$，$c=0$，$d=2$

【18】ア　3　イ　7　ウ　3

〈解説〉$y=x^2+2x-3=(x+3)(x-1)$とおくと，

$y=0$のとき，$x=-3$，1

$-3\leqq x\leqq 1$のとき，$y\leqq 0$

$x<-3$，$x>1$のとき，$y>0$になるから，

与式$=\displaystyle\int_0^1 \{-(x^2+2x-3)\}dx+\int_1^3 (x^2+2x-3)dx$

$=\left[-\dfrac{1}{3}x^3-x^2+3x\right]_0^1+\left[\dfrac{1}{3}x^3+x^2-3x\right]_1^3=\dfrac{5}{3}+\left\{9-\left(-\dfrac{5}{3}\right)\right\}=\dfrac{37}{3}$

【19】ア　8　イ　2　ウ　4　エ　5

〈解説〉Aの袋から赤玉1個白玉1個を取り出した後に，Bの袋から白玉3個を取り出す確率は，

$\dfrac{3\times 4}{{}_7C_2}\times\dfrac{1}{{}_7C_3}=\dfrac{4}{7}\times\dfrac{1}{35}=\dfrac{4}{245}$

Aの袋から白玉2個を取り出した後に，Bの袋から白玉3個を取り出す確率は，

$\dfrac{{}_3C_2}{{}_7C_2}\times\dfrac{{}_4C_3}{{}_7C_3}=\dfrac{1}{7}\times\dfrac{4}{35}=\dfrac{4}{245}$

よって，求める確率は，$\dfrac{4}{245}+\dfrac{4}{245}=\dfrac{8}{245}$

【20】ア　3　イ　4　ウ　0　エ　3

〈解説〉題意は，398を5進法で表すのと同じである。

398÷5＝79…3　よって，1のカードは3枚

79÷5＝15…4　よって，5のカードは4枚

15÷5＝3　よって，25のカードは0枚

3÷5＝0…3　よって，125のカードは3枚

【21】ア　2　イ　1　ウ　0

〈解説〉題意より，BD：DC＝AB：AC＝6：4＝3：2

ちょうど，BC＝5＝3＋2＝BD＋DCになっているから，DC＝2

点Gを，半直線BA上に，BG＞BAとなるようにとる。

また，CからAEに平行な直線を引き，ABとの交点をFとする。

AE//FCより，∠AFC＝∠GAE(同位角)，∠ACF＝∠EAC(錯角)

∠GAE＝∠EACより，∠AFC＝∠ACF

よって，△ACFは二等辺三角形になるから，

AF＝AC

また，AE//FCより，AB：AF＝BE：EC

AF＝ACだから，AB：AC＝BE：EC＝3：2

すなわち，BC：CE＝1：2

よって，CE＝2BC＝2×5＝10

【22】ア　4　イ　7　ウ　1　エ　7

〈解説〉原点をO，$\vec{a}$，$\vec{b}$を基本ベクトルとする斜交座標系で計算し，

答を求める。

題意より，各点の座標は，

$\vec{OC} = \frac{2}{3} \cdot \vec{a} + 0 \cdot \vec{b}$ だから，$C\left(\frac{2}{3}, 0\right)$

$\vec{OD} = 0 \cdot \vec{a} + \frac{1}{3} \cdot \vec{b}$ だから，$D\left(0, \frac{1}{3}\right)$

同様にして，A(1, 0)，B(0, 1)

ここでPの座標を(x, y)とする。すなわち，$\vec{OP} = x\vec{a} + y\vec{b}$とする。

斜交座標系においても，直線の方程式はx, yの1次式だから，直交座標

の場合と同様に計算すると，

直線ADの方程式は，$y=-\dfrac{1}{3}x+\dfrac{1}{3}$　…①

直線BCの方程式は，$y=-\dfrac{3}{2}x+1$　…②

①，②より，$x=\dfrac{4}{7}$，$y=\dfrac{1}{7}$

すなわち，$P\left(\dfrac{4}{7}, \dfrac{1}{7}\right)$であるから，

$$\overrightarrow{OP}=\dfrac{4}{7}\vec{a}+\dfrac{1}{7}\vec{b}$$

【23】ア　9　　イ　4　　ウ　5

〈解説〉この数列を$\{a_n\}$とする。題意より，第m群にはm個の自然数mが
あるから，第m群の末項を第N項とすると，$N=\dfrac{1}{2}m(m+1)$　…①

$N\leqq100$を満たす最大の自然数mは，①より，$\dfrac{1}{2}m(m+1)\leqq100$

展開・整理すると，$m^2+m-200\leqq0$

よって，$\dfrac{-1-3\sqrt{89}}{2}\leqq m\leqq\dfrac{-1+3\sqrt{89}}{2}=13.65\cdots$

よって，$m=13$

このとき，$N=\dfrac{1}{2}\cdot13\cdot(13+1)=91$

$100-91=9$

以上から，$a_{100}=14$

求める和は，

$$\sum_{k=1}^{13}k^2+14\times9=\dfrac{1}{6}\cdot13\cdot(13+1)(2\cdot13+1)+14\times9=819+126=945$$

【24】ア　5　　イ　4　　ウ　0

〈解説〉$a\sim g$の各頂点をそれぞれA〜Gとし，AF上の線分L(長さは無視す
る)を回転させる操作から答を求める。

　　Lを，Aを中心に$\angle a$だけ回転させるとLは線分ACに重なる。

　　(回転角は，$\angle a$)　…①

Lを，Cを中心に∠cだけ回転させるとLは線分CEに重なる。

(回転角は，∠a＋∠c)　…②

Lを，Eを中心に∠eだけ回転させるとLは線分EGに重なる。

(回転角は，∠a＋∠c＋∠e)　…③

Lを，Gを中心に∠gだけ回転させるとLは線分GBに重なる。

(回転角は，∠a＋∠c＋∠e＋∠g)　…④

Lを，Bを中心に∠bだけ回転させるとLは線分BDに重なる。

(回転角は，∠a＋∠c＋∠e＋∠g＋∠b)　…⑤

Lを，Dを中心に∠dだけ回転させるとLは線分DFに重なる。

(回転角は，∠a＋∠c＋∠e＋∠g＋∠b＋∠d)　…⑥

Lを，Fを中心に∠fだけ回転させるとLは線分AFに重なる。

(回転角は，∠a＋∠c＋∠e＋∠g＋∠b＋∠d＋∠f)　…⑦

①～⑦で，Lの回転は1回転半になるから，求める角度の和は，360˚×1.5＝540˚

【25】ア　１　イ　５

〈解説〉n番目の三角形の中に書かれた数をa_nとする。三角形の各頂点の数はそれぞれ6ずつ増えていくから，6×3＝18より，数列$\{a_n\}$は初項12，公差18の等差数列である。

よって，$a_n＝18n－6$

題意を満たすnは，$a_n＝264＝18n－6$より，$n＝15$

ゆえに，264となるのは15番目

2018年度 実施問題

```
┌─────────────────────────────┐
│          熊本県              │
└─────────────────────────────┘
```

【一次試験・中高共通】

【1】複素数平面上で，$|z-3+\sqrt{3}\ i|=\sqrt{2}\ |z-2+\sqrt{3}\ i|$を満たす点$z$が動く図形を$C$，$|z|=\sqrt{2}$を満たす点$z$が動く図形を$D$とする。このとき，次の(1)～(3)の各問いに答えなさい。ただし，(1)，(2)については，答えのみを書きなさい。

(1) 図形C上の点zについて，$|z|$のとりうる値の範囲を求めなさい。

(2) 図形C上の点zについて，zの偏角θのとりうる値の範囲を求めなさい。ただし，$0\leqq\theta<2\pi$とする。

(3) 図形Cと図形Dの交点を通る直線上の点をzとすると，zは方程式$\overline{\alpha}\ z+\overline{\alpha}\ z=|\alpha|^2$を満たすことを示しなさい。ただし，$\alpha=1-\sqrt{3}\ i$とする。

(☆☆◎◎◎)

【2】aは0でない実数とし，xy平面上に2つの曲線$x^2+ay^2=1$，$y=\dfrac{\sqrt{e^x}}{a}$がある。

このとき，(1)～(3)の各問いに答えなさい。ただし，eは自然対数の底とする。

(1) 2つの曲線が異なる2点を共有するとき，aの満たす条件を求めなさい。ただし，必要ならば$\displaystyle\lim_{x\to\infty}\dfrac{e^x}{x^2}=\infty$を用いてもよい。

(2) $a>0$とする。2つの曲線が共有点をもち，その点において共通の接線をもっているとき，その接点のx座標を求め，答えのみを書きなさい。

(3) (2)のときのaの値をa_0とする。ここで，2つの曲線が異なる2点を共有するとき，その2点を結ぶ直線の傾きをmとする。このと

き，$\lim\limits_{a \to a_0} m$ を求めなさい。

(☆☆☆◎◎◎)

【一次試験・中学校】

【1】次の(1)，(2)の各問いに答えなさい。

(1)　次の文章は，現行の「中学校学習指導要領解説　数学編」の「第2章　数学科の目標及び内容　第1節　目標　1　教科の目標　(2)目標について」に示してある説明からの抜粋である。文中の（　ア　）〜（　オ　）に当てはまる語句を，下の①〜⑩からそれぞれ1つずつ選び，番号で答えなさい。

数学的活動の楽しさ

　数学的活動として，各学年の内容に三つの活動を示した。これらの活動は，基本的に（　ア　）の形で行われ，その過程では，（　イ　）をしたり，資料を収集整理したり，操作したり，実験したり，観察したりすることなどの数学的活動が必要に応じ適切に選択されて行われる。

　物を動かして考えたり，考えたことを実験して確かめたりすることは，知的充足を高めることにつながる。すなわち，（　ウ　）活動と，考えたり説明したりする活動を結び付け，相互に活性化することが大切である。また，論理的，抽象的な思考が次第にできるようになる中学生の発達の段階では，（　ウ　）活動だけでなく，考えたり説明したりする活動を目的に応じて活発に行えるようにすることが重要である。こうした点を踏まえ，数学的活動の楽しさについては，単に楽しく活動をするという側面だけではなく，それによって生徒にどのような（　エ　）がもたらされるかという（　オ　）にも目を向ける必要がある。

---

① 　知的成長　　　　② 　主体的に取り組む

③ 　具体物を操作する　　④ 　持続的成長

⑤　問題解決　　　　　⑥　推論
⑦　見方や考え方　　　⑧　課題解決
⑨　質的側面　　　　　⑩　試行錯誤

(2)　次の文章は，現行の「中学校学習指導要領　第2章　各教科　第3節　数学」の「第2　各学年の目標及び内容〔第2学年〕2　内容」からの抜粋である。文中の（　ア　）〜（　オ　）に当てはまる語句をそれぞれ答えなさい。

〔数学的活動〕
(1)　「A数と式」，「B図形」，「C関数」及び「D（　ア　）」の学習やそれらを相互に関連付けた学習において，次のような数学的活動に取り組む機会を設けるものとする。
　ア　既習の数学を基にして，（　イ　）や図形の性質などを見いだし，（　ウ　）活動
　イ　日常生活や社会で（　エ　）活動
　ウ　数学的な表現を用いて，根拠を明らかにし筋道立てて説明し（　オ　）活動

(☆☆☆◎◎◎)

【2】次の図のように，関数$y=x^2$と2点A，Bで交わっている①の直線がある。
　また，ADはy軸に平行である。このとき，あとの各問いに答えなさい。

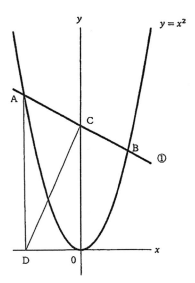

(1)　Bの座標は(2，4)，Dの座標は(k，0)であるとき，①の直線の傾き
と切片をkを用いて表しなさい。

　　ただし，$k<0$とする。

(2)　①の直線とy軸との交点をCとするとき，CD⊥ABとなるkの値を
求めなさい。

(☆◎◎◎)

【3】次の各問いに答えなさい。

(1)　$x=\sqrt{2}+1$，$y=\sqrt{2}-1$のとき，x^2y+xy^2-x-yの値を求めなさい。

(2)　x％の食塩水200gとy％の食塩水50gがある。この2つの食塩水を混
ぜると12％の食塩水になり，x％の食塩水200gから水100gを蒸発さ
せるとy％の食塩水になる。このときx，yの値を求めなさい。

(3)　次の図のように，円に2つの弦AB，CDをひき，その交点をPとす
る。AC＝5cm，AP＝4cm，DB＝4cmのとき，DPの長さを求めなさ
い。

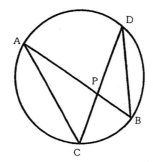

(4) 次の展開図で表される円錐の体積を求めなさい。

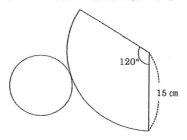

(☆◎◎◎)

【一次試験・高等学校】

【1】現行の「高等学校学習指導要領解説 数学編」について，次の(1)，(2)の各問いに答えなさい。

(1) 次の文は高等学校数学科の目標である。

> 　数学的活動を通して，数学における基本的な概念や原理・法則の[ア]理解を深め，事象を数学的に考察し表現する能力を高め，創造性の基礎を培うとともに，数学のよさを認識し，それらを積極的に活用して[イ]に基づいて判断する態度を育てる。

(i) [ア]に当てはまる最も適当な語句を次の①～④から1つ選び，番号で答えなさい。

① 論理的な　　② 総合的な　　③ 専門的な

④ 体系的な

(ii) [イ]に当てはまる最も適当な語句を次の①～④から1つ選び，番号で答えなさい。

① 数学的考察　　② 数学的知識　　③ 数学的思考

④ 数学的論拠

(2) 高等学校数学科の「数学A」について，次の(i)～(iii)の各問いに答えなさい。

(i) 標準単位数を答えなさい。

(ii) 次の空欄に当てはまる最も適当な語句を入れて文を完成させなさい。

　　「数学A」を構成している三つの内容は，「場合の数と確率」，「[　]」及び「図形の性質」である。

(iii) 履修について，次の①，②は正しいか。正しい場合は○を，正しくない場合は×をそれぞれ書きなさい。

① 「数学A」は，「数学Ⅰ」との並行履修又は「数学Ⅰ」の履修の後の履修が原則である。

② 「数学A」は，標準単位数以上の単位数を履修することはできない。

(☆☆☆◎◎◎)

【2】次の(1)～(5)の各問いに答えなさい。ただし，答えのみを書きなさい。

(1) 任意の実数x_1，x_2に対して，$-x_1^2+4ax_1-3a-1<x_2^2-2ax_2+3a^2-2a+5$が成り立つような定数$a$の値の範囲を求めなさい。

(2) 赤玉3個，白玉5個，青玉2個が入った袋から，1回目に2個，2回目に1個の玉を順に取り出す。ただし，取り出した玉はもとには戻さない。2回目に取り出した玉が青玉のとき，1回目にとり出した玉が2つとも赤玉である確率を求めなさい。

(3) xについての方程式$9^x-a^2\cdot3^x+2a^2+3a-2=0$が正の解と負の解を

それぞれ1つずつもつような定数aの値の範囲を求めなさい。

(4) 三角形OABの3辺の長さをOA＝2，OB＝3，AB＝4とする。この三角形の外心をEとする。このとき，$\overrightarrow{\mathrm{OE}}=x\overrightarrow{\mathrm{OA}}+y\overrightarrow{\mathrm{OB}}$を満たす実数$x$，$y$の値を求めなさい。

(5) 定積分$\displaystyle\int_0^\pi(\sin x+\cos x)\cos x dx$を求めなさい。

(☆☆◎◎◎)

【3】xy平面上で，x座標とy座標がともに整数である点を格子点という。このとき，次の(1)～(3)の各問いに答えなさい。ただし，(1)については，答えのみを書きなさい。

(1) $1\leqq x$かつ$3^x\leqq y\leqq 3^3$を満たす格子点$(x,\ y)$の個数を求めなさい。

(2) $4\leqq x$かつ$(3^{x-3}-10)\leqq y\leqq 2^x$を満たす格子点$(x,\ y)$の個数を求めなさい。

(3) $a\leqq x$かつ$(3^{x-3}-10)\leqq y\leqq 2^x$を満たす格子点$(x,\ y)$の個数を求めなさい。ただし，$a$は負の整数である。

(☆☆◎◎◎)

【二次試験・中学校】

【1】中学校数学において，「図形」の指導の意義とともに，第1学年「角の二等分線，線分の垂直二等分線，垂線などの基本的な作図の方法を理解し，それを具体的な場面で活用すること。」の指導について，どのように行うか，具体例を挙げて述べなさい。

(☆☆☆◎◎◎)

【二次試験・高等学校】

【1】数学Bの「数列」の「漸化式と数学的帰納法」の指導に当たって，どのようなことに留意して授業を実施しますか。具体的に述べなさい。

(☆☆☆☆◎◎◎)

熊本市

【中高共通】

【1】$27x^3-8$ を因数分解すると，$([\quad ア \quad]x-[\quad イ \quad])([\quad ウ \quad]x^2+[\quad エ \quad]x+[\quad オ \quad])$ となる。

（☆◎◎）

【2】循環小数 $0.\dot{6}$ と循環小数 $0.\dot{1}\dot{5}$ の積は，$\dfrac{[\quad アイ \quad]}{[\quad ウエ \quad]}$ となる。

（☆◎◎）

【3】方程式 $||x-2|-5|=5$ を満たす解の個数は，$[\quad]$ 個となる。

（☆◎◎◎）

【4】次の5つの命題の真偽を調べたとき，真である命題をすべて選ぶと，$[\quad]$ 個となる。

命題①　集合A，Bについて，$\overline{A\cap B}=\overline{A}\cup\overline{B}$ が成り立つ。

命題②　素数ならば，奇数である。

命題③　集合 $\{a,\ b\}$ の部分集合は，4つである。

命題④　命題「$p\Rightarrow q$」が真ならば，命題「$\overline{q}\Rightarrow\overline{p}$」も真である。

命題⑤　2つの有理数の和差積商は，常に有理数とは言えない。

（☆◎◎◎）

【5】2次関数 $y=2x^2-5x+1$ のグラフを，原点について対称移動したとき，移動後の放物線の式は，$(\quad)$ である。$(\quad)$ に入る式を，1～5の中から選ぶと，$[\quad]$ となる。

1，$y=-2x^2-5x-1$

2，$y=2x^2+5x+1$

3，$y=-\dfrac{1}{2}x^2-5x+1$

4，$y=-\dfrac{1}{2}x^2-5x-1$

5，$y=-2x^2+5x-1$

（☆○○○）

【6】次の図のように，縦10cm，横20cmの長方形ABCDの頂点Aから毎秒
1cmの速さで頂点Bへ進む点Eと，頂点Aから毎秒2cmの速さで頂点Dへ
進む点Fがある。点Eと点Fが，頂点Aを同時に出発してx秒後の四角形
ECDFの面積をy cm^{2}とする。ただし，$0 \leq x \leq 10$とする。
　　このとき，四角形ECDFの面積の最大値は，[　アイウ　]cm^{2}となる。

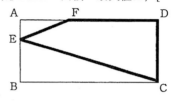

（☆○○○）

【7】すべての実数xに対して，2次不等式$x^2-2mx+3>2m$が成り立つよ
うに，定数mの値の範囲を定めるとき，この範囲の中にある整数の個
数は，[　　　]個となる。

（☆○○○）

【8】$0° \leq \theta \leq 180°$とする。$\sin\theta\cos\theta=-\dfrac{1}{2}$のとき，
$(1+\tan^2\theta-\sin^2\theta-\tan^2\theta\sin^2\theta)(\cos\theta-\sin\theta)^2=$[　　　]となる。

（☆○○○）

【9】円に内接する四角形ABCDにおいて，AB＝2，BC＝CD＝4，
∠B＝120°のとき，AD＝[　　　]となる。

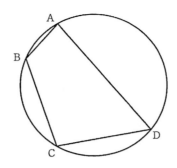

(☆☆◎◎◎)

【10】次の図は，ある中学校1年生200人の数学のテスト結果のデータを箱ひげ図で表したものである。この箱ひげ図から読み取れることとして，1〜5の中から正しいものをすべて選ぶと，[　　]個となる。

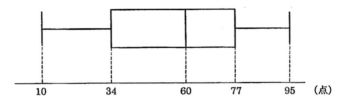

　1，　このテストの平均点は60点である。

　2，　このテストの中央値は60点である。

　3，　このテストの最高点は90点より高い。

　4，　このテストでは，80点以上の生徒が50人以上いる。

　5，　このテストでは，40点以下の生徒が50人以上いる。

(☆◎◎)

【11】$\left(x^2-\dfrac{1}{x}\right)^6$ の展開式における定数項は，[　アイ　]となる。

(☆◎◎◎)

【12】整式$2x^3+x+7$を整式Pで割ると，商がx^2+2x+3，余りが$3x+19$である。

このとき，整式$P=[$ ア $]x-[$ イ $]$となる。

(☆◎◎◎)

【13】和が1，積が2である2数は，

$$\frac{[\ ア\ ]\pm\sqrt{[\ イ\ ]}i}{[\ ウ\ ]}$$となる。

(☆◎◎◎)

【14】3点A$(4,\ p)$，B$(6,\ 3)$，C$(2,\ 2)$において，△ABCの面積が7であるとき，$p=[\quad]$となる。ただし，$p>0$とする。

(☆◎◎◎)

【15】原点Oからの距離と点A$(5,\ 0)$からの距離の比が3：2である点Pの軌跡は，点$([\ ア\ ],\ [\ イ\ ])$を中心とする半径$[\ ウ\ ]$の円となる。

(☆☆◎◎◎◎)

【16】$\sin x-\cos y=\dfrac{\sqrt{3}}{2}$，$\cos x-\sin y=\sqrt{2}$であるとき，$\sin(x+y)$

$=-\dfrac{[\ ア\ ]}{[\ イ\ ]}$となる。

(☆☆◎◎◎◎)

【17】$\sin75°\cos15°\tan60°$の値は，$\dfrac{[\ ア\ ]+[\ イ\ ]\sqrt{[\ ウ\ ]}}{[\ エ\ ]}$となる。

(☆◎◎◎)

【18】$\dfrac{1}{2}\log_5\dfrac{10}{3}-\log_5\sqrt{\dfrac{14}{15}}+\dfrac{1}{2}\log_5 1.4$の式を簡単にすると，$\dfrac{[\ ア\ ]}{[\ イ\ ]}$となる。

(☆◎◎◎)

【19】関数 $f(x)=ax(x-6)^2+b$ $(a>0)$ において，$1\leqq x\leqq5$の範囲における最大値が56，最小値が2となるとき，$a=[$　ア　$]$，$b=-[$　イ　$]$となる。

(☆☆◎◎◎◎)

【20】曲線 $y=x^3+3x^2$ と x 軸で囲まれた図形の面積は，$\dfrac{[\ \ アイ\ \ ]}{[\ \ ウ\ \ ]}$ となる。

(☆☆◎◎◎◎)

【21】赤玉2個と白玉3個の入った袋から玉を1個取り出し，色を見てからもとにもどす。この試行を4回行うとき，3回目までに赤玉が2回出て，4回目に赤玉が出る確率は，$\dfrac{[\ \ アイ\ \ ]}{[\ \ ウエオ\ \ ]}$ となる。

(☆◎◎◎)

【22】自然数 n を素因数分解すると $2^a\times3\times5$ であるとき，n の正の約数の個数は，20個である。このとき，$a=[$　　$]$ となる。

(☆◎◎◎)

【23】点Oを中心とする半径5の円の内部の点Pを通る弦ABについて，PA・PB＝9であるとき，線分OP＝$[$　　$]$となる。

(☆◎◎◎◎)

【24】2つのベクトル $\vec{a}=(2,\ 1,\ -1)$，$\vec{b}=(-2,\ 4,\ 2)$ があるとき，$(k\vec{a}+\vec{b})\perp\vec{b}$ となるような k の値は，$[$　アイ　$]$ となる。

(☆◎◎◎)

【25】次の条件によって定められる数列 $\{a_n\}$ の一般項は，$a_n=[$　ア　$]\times[$　イ　$]^{n-1}+[$　ウ　$]$ となる。
$a_1=6$，$a_{n+1}=3a_n-2$　$(n=1,\ 2,\ 3,\ \cdots\cdots)$

(☆☆◎◎◎◎)

解答・解説

熊本県

【一次試験・中高共通】

【 1 】 (1) $2-\sqrt{2} \leqq |z| \leqq 2+\sqrt{2}$

(2) $\dfrac{17}{12}\pi \leqq \theta \leqq \dfrac{23}{12}\pi$

(3) $C:|z-\alpha|=\sqrt{2}$, $D:|z|=\sqrt{2}$

2つの円の半径はともに $\sqrt{2}$ であるから，2つの円の交点を通る直線上の点 z は，点 α と原点を結ぶ線分の垂直二等分線上にある。

したがって，点 z は，$|z-\alpha|=|z|$ を満たす。

$|z-\alpha|^2=|z|^2$

$(z-\alpha)\overline{(z-\alpha)}=z\overline{z}$

$(z-\alpha)(\overline{z}-\overline{\alpha})=z\overline{z}$

$z\overline{z}-\overline{\alpha}z-\alpha\overline{z}+\alpha\overline{\alpha}=z\overline{z}$

よって，点 z は，

$\overline{\alpha}z+\alpha\overline{z}=|\alpha|^2$

を満たすことが示された。

〈解説〉(1) $z=x+yi$ …①

とする。与式に代入すると，

$|(x-3)+(y+\sqrt{3})i|=\sqrt{2}|(x-2)+(y+\sqrt{3})i|$

両辺を2乗して展開・整理すると，$(x-1)^2+(y+\sqrt{3})^2=2$ …②

②より，z は中心が $A(1-\sqrt{3}i)$，半径が $\sqrt{2}$ の円上にある。

$|1-\sqrt{3}i|=2$ だから，$2-\sqrt{2}\leqq|z|\leqq2+\sqrt{2}$

(2) 原点Oから円 C に引いた接線の接点のうち，偏角の小さい方をP，大きい方をQとする。

(1)と三平方の定理より，$OP^2=4-2=2$

OP＞0だから，OP＝$\sqrt{2}$ ＝AP

∠OPA＝$\dfrac{1}{2}\pi$ だから，△AOPは直角二等辺三角形である。

よって，∠POA＝$\dfrac{1}{4}\pi$

Aの偏角は$\dfrac{5}{3}\pi$ だから，$\dfrac{5}{3}\pi \pm \dfrac{1}{4}\pi = \dfrac{17}{12}\pi$ ，$\dfrac{23}{12}\pi$ より，

$\dfrac{17}{12}\pi \leqq \theta \leqq \dfrac{23}{12}\pi$

(3)　解答参照。

【２】(1)　2つの曲線が異なる2点を共有するのは，2つの曲線の方程式からyを消去して得られるxの方程式，

$$x^2 + a\left(\dfrac{\sqrt{e^x}}{a}\right)^2 = 1 \quad \cdots ①$$

が異なる2つの実数解をもつことである。これを変形すると

$$a = \dfrac{e^x}{1-x^2} \quad (a \neq 0,\ x \neq \pm 1)$$

とできる。ここで，$f(x) = \dfrac{e^x}{1-x^2}$ とおくと，

①の実数解は，$y = f(x)$ と $y = a$ のグラフの共有点のx座標である。

$f'(x) = \dfrac{-(x^2 - 2x - 1)e^x}{(1-x^2)^2}$，$f'(x) = 0$ を解くと，$x = 1 \pm \sqrt{2}$ より，増減表は

x	$\cdots\cdots$	-1	$\cdots\cdots$	$1-\sqrt{2}$	$\cdots\cdots$	1	$\cdots\cdots$	$1+\sqrt{2}$	$\cdots\cdots$
$f'(x)$	$-$		$-$	0	$+$		$+$	0	$-$
$f(x)$	$\searrow$		$\searrow$	$\dfrac{e^{1-\sqrt{2}}}{-2+2\sqrt{2}}$	$\nearrow$		$\nearrow$	$\dfrac{e^{1+\sqrt{2}}}{-2-2\sqrt{2}}$	$\searrow$

$\displaystyle \lim_{x \to -\infty} f(x) = 0$，$\displaystyle \lim_{x \to -1-0} f(x) = -\infty$，

$\displaystyle \lim_{x \to -1+0} f(x) = \infty$，$\displaystyle \lim_{x \to 1-0} f(x) = \infty$，

$\displaystyle \lim_{x \to 1+0} f(x) = -\infty$，$\displaystyle \lim_{x \to \infty} f(x) = \lim_{x \to \infty} \dfrac{\dfrac{e^x}{x^2}}{\dfrac{1}{x^2}-1} = -\infty$

以上より，2つの曲線が異なる2点を共有するaの満たす条件は，

$$a > \dfrac{e^{1-\sqrt{2}}}{-2+2\sqrt{2}}，\quad a = \dfrac{e^{1+\sqrt{2}}}{-2-2\sqrt{2}}$$

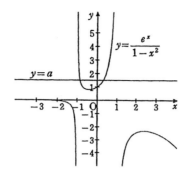

(2)　$1-\sqrt{2}$

(3)　(2)より，$a_0=\dfrac{e^{1-\sqrt{2}}}{-2+2\sqrt{2}}$ である。

xの方程式①の異なる2つの実数解をx_1，$x_2(x_1<x_2)$とすると，

$$m=\dfrac{\dfrac{\sqrt{e^{x_2}}}{a}-\dfrac{\sqrt{e^{x_1}}}{a}}{x_2-x_1}=\dfrac{1}{a}\times\dfrac{\sqrt{e^{x_2}}-\sqrt{e^{x_1}}}{x_2-x_1}$$

ここで，$(\sqrt{e^x}\,)'=\dfrac{1}{2}\sqrt{e^x}$ であるから，

$x_1\leqq x<x_2$で連続で，$x_1<x<x_2$で微分可能なので，平均値の定理より，

$$\dfrac{\sqrt{e^{x_2}}-\sqrt{e^{x_1}}}{x_2-x_1}=\dfrac{1}{2}\sqrt{e^c}\,,\ x_1<c<x_2$$を満たす実数cが存在する。

ところで，$\displaystyle\lim_{a\to a_0}x_1=\lim_{a\to a_0}x_2=1-\sqrt{2}$ であるから，$\displaystyle\lim_{a\to a_0}c=1-\sqrt{2}$

以上より，$\displaystyle\lim_{a\to a_0}m=\dfrac{-2+2\sqrt{2}}{e^{1-\sqrt{2}}}\times\dfrac{1}{2}\sqrt{e^{1-\sqrt{2}}}=(-1+\sqrt{2}\,)e^{\frac{-1+\sqrt{2}}{2}}$

〈解説〉(1)　解答参照。　(2)　題意を満たすxの値を α とする。

題意よりyを消去すると，$a\alpha^2+e^\alpha=a$になるから，

$e^\alpha=a(1-\alpha^2)$　…①

$y=g(x)=\dfrac{e^{\frac{x}{2}}}{a}$

とすると，$y'=g'(x)=\dfrac{e^{\frac{x}{2}}}{2a}$

よって，$g'(\alpha)=\dfrac{e^{\frac{\alpha}{2}}}{2a}$　…②

$x^2+ay^2=1$の両辺をxについて微分すると，$2x+2ayy'=0$

よって，$y'=-\dfrac{x}{ay}$

$x=\alpha$のとき，$y=g(\alpha)=\dfrac{e^{\frac{\alpha}{2}}}{a}$だから，

$y'=-\dfrac{x}{ay}=-\dfrac{\alpha}{e^{\frac{\alpha}{2}}}$　…③

②＝③より，$e^{\alpha}=-2a\alpha$　…④

①＝④より，$a(1-\alpha^2)=-2a\alpha$

整理して，$\alpha^2-2\alpha-1=0$

よって，$\alpha=1\pm\sqrt{2}$

$g(x)>0$だから，接点は第2象限にある。

よって，$\alpha=1-\sqrt{2}$　　(3)　解答参照。

【一次試験・中学校】

【１】(1)　ア　⑤　　イ　⑩　　ウ　③　　エ　①　　オ　⑨

(2)　ア　資料の活用　　イ　数　　ウ　発展させる　　エ　数学を利用する　　オ　伝え合う

〈解説〉教科の目標は，重要なので，学習指導要領だけではなく，学習指導要領解説もあわせて，理解するとともに，用語などもしっかり覚えておきたい。各学年の目標及び内容についても，学習指導要領だけではなく，学習指導要領解説とあわせて，整理し，理解・記憶しておくようにするとよい。

【２】(1)　2点A(k，k^2)，B(2，4)を通る直線の傾きは，

$\dfrac{4-k^2}{2-k}=2+k$

求める直線の式を，$y=(k+2)x+b$とし

$x=2$，$y=4$を代入すると

$b=-2k$　　　　　　　　　　　　　　答え　傾き　$k+2$，切片　$-2k$

(2)　2点C(0，$-2k$)，D(k，0)を通る直線の傾きは，

$\dfrac{-2k-0}{0-k}=2$

CD⊥ABとなるには，2直線の傾きの積が−1のときであるので，

$2 \times (k+2) = -1$

したがって，$k = -\dfrac{5}{2}$ 　　　　　　　　　　答え　$k = -\dfrac{5}{2}$

〈解説〉(1)　(別解)　題意より，A(k, k^2)だから，①の直線の傾きは，

$\dfrac{k^2-4}{k-2} = k+2$

よって，その方程式は，

$y-4 = (k+2)(x-2)$　すなわち，$y=(k+2)x-2k$になるから，

y切片は，$-2k$　(2)　解答参照。

【3】(1)　$x=\sqrt{2}+1$，$y=\sqrt{2}-1$のとき

$x^2y+xy^2-x-y = xy(x+y)-(x+y) = (x+y)(xy-1)$

$\qquad\qquad\qquad = \{(\sqrt{2}+1)+(\sqrt{2}-1)\}\{(2-1)-1\} = 0$　　　答え　0

(2)　$\begin{cases} 200 \times \dfrac{x}{100} + 50 \times \dfrac{y}{100} = 250 \times \dfrac{12}{100} \\ 200 \times \dfrac{x}{100} = (200-100) \times \dfrac{y}{100} \end{cases}$

この連立方程式を解くと，$x=10$，$y=20$　　　　答え　$x=10$，$y=20$

(3)　△ACPと△DBPは，2組の角がそれぞれ等しいから，相似である。
したがって

AC：DB ＝ AP：DP

　5：4 ＝ 4：DP

　5DP ＝ 16

　　DP ＝ $\dfrac{16}{5}$ 　　　　　　　　　　　　　答え　$\dfrac{16}{5}$ cm

(4)　円錐の底面の半径をr cmとする。
底面の円周と側面のおうぎ形の弧の長さは等しいから，

$2\pi r = 2 \times \pi \times 15 \times \dfrac{120}{360}$　これを解くと

$r=5$

円錐の高さをhとすると，三平方の定理より

$5^2+h^2 = 15^2$　これを解くと

$h=10\sqrt{2}$

よって，円錐の体積は

$$\pi \times 5^2 \times 10\sqrt{2} \times \frac{1}{3} = \frac{250\sqrt{2}}{3}\pi$$

答え　$\dfrac{250\sqrt{2}}{3}\pi \, \mathrm{cm}^3$

〈解説〉解答参照。

【一次試験・高等学校】

【1】(1)　(i)　④　　(ii)　④　　(2)　(i)　2　　(ii)　整数の性質

(iii)　(1)　○　　②　×

〈解説〉教科の目標は，重要なので，学習指導要領だけではなく，学習指導要領解説もあわせて理解するとともに，用語などもしっかり覚えておきたい。科目の内容についても，学習指導要領だけではなく，学習指導要領解説とあわせて，整理し，理解・記憶しておくとともに，科目の編成および科目の履修について，科目間を関連づけて整理しておくとよい。

【2】(1)　$-\dfrac{3}{2} < a < 2$　　(2)　$\dfrac{1}{12}$　　(3)　$\dfrac{-3-\sqrt{13}}{2} < a < -2$

(4)　$x = \dfrac{11}{15}, \ y = \dfrac{28}{45}$　　(5)　$\dfrac{\pi}{2}$

〈解説〉(1)　(右辺)－(左辺)＝$(x_1 - 2a)^2 + (x_2 - a)^2 - (2a+3)(a-2) > 0$が題意を満たす必要十分条件は，

$(2a+3)(a-2) < 0$

すなわち，$-\dfrac{3}{2} < a < 2$

(2)　10個の玉全部に1～10の番号をつけて考える。

1回目の玉の取り出し方は，${}_{10}C_2 = 45$〔通り〕あり，

2個とも赤の場合は，3通り

2個とも白の場合は，${}_5C_2 = 10$〔通り〕

赤白1個ずつの場合は，$3 \times 5 = 15$〔通り〕

赤青1個ずつの場合は，$3 \times 2 = 6$〔通り〕

青白1個ずつの場合は，$2 \times 5 = 10$〔通り〕

よって，2回目に青玉を取る確率は，

$$\frac{3+10+15}{45} \times \frac{2}{8} + \frac{6+10}{45} \times \frac{1}{8} = \frac{1}{5}$$

その中で赤玉2個取った後に青玉を取る確率は,

$$\frac{3}{45} \times \frac{2}{8} = \frac{1}{60}$$

よって, 求める確率は, $\frac{1}{60} \div \frac{1}{5} = \frac{1}{12}$

(3) $3^x = t(>0)$とすると, $x<0$になるのは$0<t<1$のときで, $x>0$になるのは$t>1$のときである。

与式$=f(t)$とすると,

$f(t) = t^2 - a^2t + 2a^2 + 3a - 2$

$x \to -\infty$のとき, $t \to 0$を考え, $t=0$も定義域に含めるとすると, 題意を満たすためには,

$f(0) = 2a^2 + 3a - 2 = (2a-1)(a+2) > 0$

すなわち, $a<-2$, $a>\frac{1}{2}$ …①

$f(1) = a^2 + 3a - 1 < 0$

すなわち, $\frac{-3-\sqrt{13}}{2} < a < \frac{-3+\sqrt{13}}{2}$ …②

であればよい。よって, ①, ②より, $\frac{-3-\sqrt{13}}{2} < a < -2$

(4) $\overrightarrow{OA} = \overrightarrow{a}$, $\overrightarrow{OB} = \overrightarrow{b}$とし, OAの中点をM, OBの中点をNとする。

題意より, $|\overrightarrow{AB}|^2 = |\overrightarrow{b} - \overrightarrow{a}|^2 = |\overrightarrow{b}|^2 - 2\overrightarrow{a} \cdot \overrightarrow{b} + |\overrightarrow{a}|^2$

すなわち, $4^2 = 3^2 - 2\overrightarrow{a} \cdot \overrightarrow{b} + 2^2$

よって, $\overrightarrow{a} \cdot \overrightarrow{b} = -\frac{3}{2}$ …①

題意より, $\overrightarrow{OE} = x\overrightarrow{a} + y\overrightarrow{b}$

OA⊥MEだから, ①より,

$\overrightarrow{OA} \cdot \overrightarrow{ME} = \overrightarrow{a} \cdot \left\{ \left(x - \frac{1}{2}\right)\overrightarrow{a} + y\overrightarrow{b} \right\} = 4\left(x - \frac{1}{2}\right) - \frac{3}{2}y = 0$

すなわち, $8x - 3y = 4$ …②

同様にして, OB⊥NEと①より,

$$\overrightarrow{\mathrm{OB}} \cdot \overrightarrow{\mathrm{NE}} = \vec{b} \cdot \left\{ x\vec{a} + \left(y - \frac{1}{2}\right)\vec{b} \right\} = -\frac{3}{2}x + 9\left(y - \frac{1}{2}\right) = 0$$

すなわち，$-x + 6y = 3$　…③

②，③より，$x = \dfrac{11}{15}$，$y = \dfrac{28}{45}$

(5)　$(\sin x + \cos x)\cos x = \dfrac{1}{2}(\sin 2x + \cos 2x + 1)$

よって，

$$与式 = \frac{1}{2} \cdot \int_0^\pi (\sin 2x + \cos 2x + 1)dx$$

$$= \frac{1}{4}\Big[-\cos 2x + \sin 2x + 2x \Big]_0^\pi$$

$$= \frac{1}{4} \cdot 2\pi = \frac{1}{2}\pi$$

【3】(1)　45個

(2)　$4 \leqq x$ かつ $(3^{x-3} - 10) \leqq y \leqq 2^x$

条件を満たす格子点は直線 $x = 4$，曲線 $y = 3^{x-3} - 10$，$y = 2^x$ に囲まれた領域にある。ただし，境界線を含む。

$3^{8-3} - 10 = 243 - 10 = 233$，$2^8 = 256$

$3^{9-3} - 10 = 729 - 10 = 719$，$2^9 = 512$ であるから

2つの曲線 $y = 3^{x-3} - 10$，$y = 2^x$ の共有点の x 座標 x_1 は $8 < x_1 < 9$

よって，求める格子点の個数

$$\sum_{k=4}^{8} \{(2^k - (3^{k-3} - 10) + 1\}$$

$$= \frac{2^4(2^5 - 1)}{2 - 1} - \frac{3(3^5 - 1)}{3 - 1} + 11 \times 5$$

$$= 188 〔個〕$$

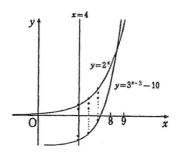

(3)　$a \leqq x$ かつ $(3^{x-3}-10) \leqq y \leqq 2^x$

条件を満たす格子点の直線$x=a$，曲線$y=3^{x-3}-10$，$y=2^x$に囲まれた領域にある。ただし，境界線を含む。

(2)より2つの曲線$y=3^{x-3}-10$，$y=2^x$の共有点のx座標x_1は$8<x_1<9$

よって，求める格子点の個数

$(1+2+4+8)+(3-a+1)\times10+\displaystyle\sum_{k=4}^{8}\{2^k-(3^{k-3}-10)+1\}$

$=15+40-10a+188$

$=243-10a$〔個〕

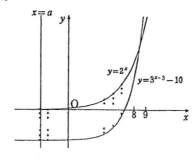

〈解説〉(1)　3＞1なので与式より，$1 \leqq x \leqq 3$である。

　　$x=1$のとき，$3 \leqq y \leqq 27$より，25個

　　$x=2$のとき，$9 \leqq y \leqq 27$より，19個

　　$x=3$のとき，$27 \leqq y \leqq 27$より，1個

　　よって，題意を満たす格子点の個数は，$25+19+1=45$〔個〕

　　(2)，(3)　解答参照。

【二次試験・中学校】

【１】[解答例]

《図形領域の指導の意義について》

　中学校数学科の図形指導の意義については，次の二つの面が考えられる。

・身の回りの事象を「形」，「大きさ」，「位置関係」という観点から考察することが多く，それには平面図形や空間図形についての基礎的な概念や性質についての理解を深め，それを活用して問題の発見や解決に取り組むことが必要とされること。

・図形の性質や関係を直観的に捉え，数学的な推論により論理的に考察し表現する力は，中学校数学科に限らず，いろいろな分野での学習や活動において重要な役割を果たすこと。

《指導の実際》

　小学校で習った四角形には2本の対角線があることを確認し，それぞれの四角形の性質を答えさせる(既習の知識の確認)。特にひし形について確認する。「ひし形を描けば，○○の作図ができるよ。」というヒントを出し，どこにひし形を描けば作図ができるか考えさせる。

【角の二等分線の作図】

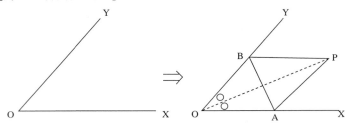

　上の図の右のようにひし形を描けば，対角線OPが角の二等分線になることに気付くまで待つ。対角線OPが∠XOYの二等分線になることを確かめるなどして，作図の手順を考えさせる。

【線分の垂直二等分線の作図】

「ひし形の対角線は直交し互いの長さと内角を二等分している」ことさえ分かれば，上の図の右のひし形APBQをイメージできる。

【具体的活用1・三角形の外心】三角形を描かせ，3辺の垂直二等分線を作図させて1点で交わることを確かめさせる。この交点は外心と呼ばれていることを伝え，三角形の3つの頂点を通る円が描けることを確かめ，理由を考察させる。

【垂線の作図】ヒントは「ひし形の対角線は直交し互いの長さ(と内角)を二等分している」が最も有効。次の図のイメージができたら，それをベースに作図させる。

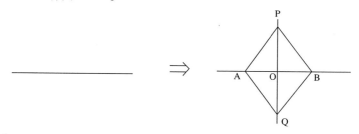

【具体的活用2・三角形の内心】角の二等分線上に生徒達に好きなように点Rを決めさせ，Rから2辺に垂線を引くと長さが同じになることをコンパス等で確かめさせる。三角形の3つの角の二等分線を作図し，1点で交わることを確かめさせる。内心と呼ばれていることを伝え，三角形の3つの辺に接する円が描けることを確かめ，理由を考察させる。

もちろん，ひし形でなくてもたこ形であれば作図はできる。ただし，

誰もが最初からたこ形に気付くわけではない。それに比べると，ひし形は上下にも左右にも線対称であり，対角線の交点に関して点対称でもある。そして，対角線が4つの内角を二等分している。イメージし易い上に3つの作図全部に通用する。対角線で分けられた4つの三角形は4つとも合同な直角三角形なので，生徒自らいろいろと気付くことや再確認・再認識することが多く，学習効果も高い。

　作図は図形を実感できる，学習効果の高いものである。生徒達が数学的活動の楽しさや数学の良さを実感するためには，生徒達自身が主体的に取り組む姿勢に積極的でなければならない。その意味においても，3つの作図にひし形を活用することは無駄な説明を極力省き，生徒達に自主的に考える時間を与えることができ，一見バラバラに見える3つの作図が，ひし形を通して直感的で単純明快に1つにまとめて理解できるので，前述の図形を学習する意義を充分に満たしていると言える。

〈解説〉解答参照。

【二次試験・高等学校】

【１】[解答例]
《主眼と留意点》
　漸化式や数学的帰納法の特徴は，一言で言えば"解り難さ"である。その特徴を逆に活かして，粘り強く考え続けることができるように指導する。
《題材》　ハノイの塔

〈ルール〉3本の柱がある。そのうちの1本にn段の円盤がある。
　　　（下段ほど大きい，図はn＝3の場合）
目標：「ある柱の一番上の円盤を別の柱に移動させる」という操作を
　　　繰り返してn段の円盤を別の柱に移したい。
条件：小さい円盤の上に大きい円盤を載せてはいけない。

《要点および指導の実際》

・この題材は「$n=3$までが解ればよい」ので，まずは3段までを考える。

・1段のときは1回である。

・2段のときは上の段を動かして1回，下の段を動かして1回，下の段に上の段を載せて1回だから全部で3回。

・具体的な動かし方をノートに書かせる。1回目の図，2回目の図，3回目の図，…のように図だけでも良い。計算よりも意味や操作を重視する。また，生徒間で意見の交換をさせる。

・"最短の手数"を具体的に裏付ける作業をする。特に3段のときは，

1．上の2段を他の柱に移す(3回)

2．1番下の段を他の柱に移す(1回)

3．1番下の段の上に，移してあった上の2段を載せる(3回)

の3段階を経ることが最少回数になることを実感させる。

・時間に充分な余裕があれば，この考え方で4段のとき，5段のとき，…と最少回数を求める計算を次のように板書していき，表にまとめる。
(1番下の行の数値は後で書き入れる)

1段　1〔回〕

2段　3〔回〕($3=①+1+①$)

3段　7〔回〕($7=③+1+③$)

4段　15〔回〕($15=⑦+1+⑦$)

5段　$⑮+1+⑮=31$〔回〕　…

段	1	2	3	4	5	…	○	…
最少回数	1	3	7	15	31	…	?	…

(○+1段の最少回数)＝(○段の最少回数)＋1＋(○段の最少回数)

　　　　　　＝$2×$(○段の最少回数)＋1

$a_{○+1}=2a_○+1$

と板書する。次に，両辺に1を加える。

$a_{○+1}+1=2(a_○+1)$　→　数列$\{a_○+1\}$は公比2の等比数列

　具体的に，数値を計算して，表に記入していく。

段	1	2	3	4	5	…	○	…
最少回数$a_○$	1	3	7	15	31	…		…
数列$\{a_○+1\}$	2	4	8	16	32		$2^○$	

　　上記の板書(特に表の最下段)を見れば，数列$\{a_○+1\}$は公比2の等比数列で初項も2だから，一般項も$2_○$になることが一目瞭然である。この具体的数値の列が見えるかどうかで漸化式が解けるかどうかが決まる，と言っても過言ではない。

　　　$a_○+1=2^○$ならば，$a_○=2^○-1$

は簡単に出る。教科書のnは単に空欄を表していることが解れば，板書が○のままでも生徒の方でnに直してノートに書き込むようになる。

《留意点再考》

　　「漸化式と数学的帰納法」は決して分かりやすいものではない。したがってその指導において，数列を漸化式で表現し，漸化式の意味を理解させることや簡単な漸化式を用いて表された数列の一般項を求めることができるようにすること，更には題材として取り上げたハノイの塔のような具体的な事象と結びつけて漸化式を取り上げ，その有用性や一般項を求める意味を理解させる。

〈解説〉解答参照。

熊本市

【中高共通】

【1】ア 3　イ 2　ウ 9　エ 6　オ 4

〈解説〉$27x^3-8=(3x-2)(9x^2+6x+4)$

【2】ア 1　イ 0　ウ 9　エ 9

〈解説〉$0.\dot{6}$は初項0.6，公比0.1の無限等比級数だから，

$$0.\dot{6}=\frac{0.6}{1-0.1}=\frac{2}{3}$$

$0.1\dot{5}$ は初項0.15，公比0.01の無限等比級数だから，

$$0.1\dot{5} = \frac{0.15}{1-0.01} = \frac{5}{33}$$

よって，2つの数の積は，$\dfrac{2}{3} \times \dfrac{5}{33} = \dfrac{10}{99}$

【3】3

〈解説〉与式より，$|x-2|-5 = \pm 5$

　　よって，$|x-2| = 5 \pm 5 = 10$，0

　　ゆえに，$x-2 = \pm 10$，0

　　したがって，$x = 2 \pm 10$，2 ± 0になるので，$x = -8$，2，12

　　よって，解の個数は3個である。

【4】3

〈解説〉①　真である。

　　②　対偶；「偶数ならば，素数ではない」が偽(2は素数)だから，偽である。

　　③　部分集合は，ϕ，$\{a\}$，$\{b\}$，$\{a, b\}$の4つだから真である。

　　④　対偶命題だから，真である。

　　⑤　2つの有理数の和・差・積・商は常に有理数だから，偽である。

　　よって，真である命題は3個である。

【5】1

〈解説〉与式のxに$-x$を，yに$-y$を代入すると，

　　$-y = 2(-x)^2 - 5(-x) + 1$

　　すなわち，$y = -2x^2 - 5x - 1$

【6】ア　1　　イ　2　　ウ　5

〈解説〉$\triangle AEF = \dfrac{1}{2} \cdot AE \cdot AF = \dfrac{1}{2} \cdot x \cdot 2x = x^2$

　　$\triangle BCE = \dfrac{1}{2} \cdot BE \cdot BC = \dfrac{1}{2} \cdot (10-x) \cdot 20 = 100 - 10x$

　　よって，

$$y = f(x) = 10 \times 20 - \triangle\text{AEF} - \triangle\text{BCE}$$
$$= 200 - x^2 - (100 - 10x) = -(x-5)^2 + 125$$

になるから最大値は，$f(5) = 125$〔cm²〕

【7】3

〈解説〉与式より，$x^2 - 2mx + (3 - 2m) > 0$

判別式をDとすると，題意より，

$$\frac{D}{4} = m^2 - (3 - 2m) = (m+3)(m-1) < 0$$

よって，$-3 < m < 1$になるから，これを満たす整数は，$m = -2$，-1，0の3個である。

【8】2

〈解説〉題意より，

$$(\cos\theta - \sin\theta)^2 = \cos^2\theta - 2\cos\theta\sin\theta + \sin^2\theta = 1 - (-1) = 2$$

よって，

与式 $= 2(1 + \tan^2\theta)(1 - \sin^2\theta) = 2(1 + \tan^2\theta)\cos^2\theta = 2$

【9】6

〈解説〉△ABCにおいて余弦定理より，

$$\text{AC}^2 = \text{AB}^2 + \text{BC}^2 - 2\text{AB} \cdot \text{BC} \cdot \cos 120°$$
$$= 2^2 + 4^2 - 2 \cdot 2 \cdot 4 \cdot \left(-\frac{1}{2}\right) = 28$$

AC＞0だから，AC $= 2\sqrt{7}$　…①

題意より，円に内接する四角形の向かい合う角の和は180°だから，

$$\angle\text{ADC} = 180° - \angle\text{ABC} = 180° - 120° = 60°$$

△ACDにおいて，$x = \text{AD}$とすると，①より，

$$\text{AC}^2 = \text{AD}^2 + \text{CD}^2 - 2\text{AD} \cdot \text{CD} \cdot \cos 60° = x^2 + 4^2 - 2 \cdot x \cdot 4 \cdot \frac{1}{2} = 28$$

整理すると，$x^2 - 4x - 12 = (x-6)(x+2) = 0$

$x = \text{AD} > 0$だから，$x = \text{AD} = 6$

【10】3

〈解説〉1. 平均点は分からないので，正しいとは言えない。

2. 正しい。

3. 最高点は95点だから正しい。

4. 77点以上の生徒が50人いるから正しいとは言えない。

5. 34点以下の生徒が50人いるから正しい。

よって，正しいものは3個である。

【11】ア　1　　イ　5

〈解説〉与式の展開式における一般項は，

$${}_6C_r(x^2)^{6-r}(x^{-1})^r={}_6C_rx^{12-3r}$$

$12-3r=0$ のとき，$r=4$

よって，定数項は，${}_6C_4=15$

【12】ア　2　　イ　4

〈解説〉$P=\{(2x^3+x+7)-(3x+19)\}\div(x^2+2x+3)=2x-4$

【13】ア　1　　イ　7　　ウ　2

〈解説〉題意より，求める2数は，$x^2-x+2=0$ の解である。

よって，$x=\dfrac{1\pm\sqrt{7}\,i}{2}$

【14】6

〈解説〉△ABCにおいて，底辺をBC，高さを h とすると，BC＝$\sqrt{17}$

直線BCの方程式は，$x-4y+6=0$ だから，題意より，

$$\triangle ABC=\frac{1}{2}\cdot BC\cdot h=\frac{1}{2}\cdot\sqrt{17}\cdot h=7$$

よって，

$$h=\frac{|4-4p+6|}{\sqrt{1^2+(-4)^2}}=\frac{14}{\sqrt{17}}$$

$$\left|p-\frac{5}{2}\right|=\frac{7}{2}$$

$p > 0$ だから， $p = \dfrac{5}{2} + \dfrac{7}{2} = 6$

【15】 ア 9 　 イ 0 　 ウ 6

〈解説〉 P(x, y) とすると題意より， OP：AP$=3：2$

よって， $(3AP)^2 = (2OP)^2$

$$(3AP)^2 - (2OP)^2 = (3x-15)^2 - (2x)^2 + (3y)^2 - (2y)^2$$
$$= (3x-15+2x)(3x-15-2x) + 5y^2$$
$$= 5(x-3)(x-15) + 5y^2 = 0$$

整理すると， $(x-9)^2 + y^2 = 6^2$

よって，求める軌跡は中心が$(9, 0)$，半径が6の円である。

(別解)　点Pの軌跡は，線分OAを3：2に内分する点B$(3, 0)$と，線分OAを3：2に外分する点C$(15, 0)$を直径の両端とする円(アポロニウスの円)となる。

よって，中心はBCの中点$(9, 0)$，半径6の円である。

【16】 ア 3 　 イ 8

〈解説〉与式より，

$(\sin x - \cos y)^2 = \sin^2 x + \cos^2 y - 2\sin x \cos y = \dfrac{3}{4}$ …①

$(\cos x - \sin y)^2 = \cos^2 x + \sin^2 y - 2\cos x \sin y = 2$ …②

①，②を加えて，

$(\sin^2 x + \cos^2 x) + (\sin^2 y + \cos^2 y) - 2(\sin x \cos y + \cos x \sin y) = \dfrac{11}{4}$

$1 + 1 - 2\sin(x+y) = \dfrac{11}{4}$

よって， $\sin(x+y) = -\dfrac{3}{8}$

【17】 ア 3 　 イ 2 　 ウ 3 　 エ 4

〈解説〉与式 $= \sin(45° + 30°)\cos(45° - 30°)\tan 60°$
$$= \dfrac{\sqrt{3}+1}{2\sqrt{2}} \cdot \dfrac{\sqrt{3}+1}{2\sqrt{2}} \cdot \sqrt{3} = \dfrac{3+2\sqrt{3}}{4}$$

【18】ア　1　　イ　2

〈解説〉与式 $=\dfrac{1}{2}\cdot\log_5\left(\dfrac{10}{3}\div\dfrac{14}{15}\times1.4\right)=\dfrac{1}{2}\cdot\log_5 5=\dfrac{1}{2}$

【19】ア　2　　イ　8

〈解説〉$y=f(x)=ax(x-6)^2+b$　…①

とする。

$y'=f'(x)=a(x-6)^2+2ax(x-6)=3a(x-2)(x-6)$

よって，$y'=0$ のとき，$x=2$，6

$a>0$ だから，極大値は $f(2)$，極小値は $f(6)$ である。

$1\leqq x\leqq5$ だから，①より

最小値は，$f(5)=5a+b=2$　…②

最大値は，$f(2)=32a+b=56$　…③

②，③より，$a=2$，$b=-8$

【20】ア　2　　イ　7　　ウ　4

〈解説〉$y=f(x)=x^3+3x^2=x^2(x+3)$ より，このグラフは x 軸と $x=-3$ で交わり，$x=0$ で接していて，$-3\leqq x\leqq0$ のとき，$y\geqq0$ である。よって，求める図形の面積は，

$$\int_{-3}^{0}(x^3+3x^2)dx=\left[\dfrac{1}{4}x^3(x+4)\right]_{-3}^{0}=0-\left(-\dfrac{27}{4}\right)=\dfrac{27}{4}$$

【21】ア　7　　イ　2　　ウ　6　　エ　2　　オ　5

〈解説〉題意より，${}_3C_2\cdot\left(\dfrac{2}{5}\right)^2\cdot\left(\dfrac{3}{5}\right)^1\times\dfrac{2}{5}=\dfrac{72}{625}$

【22】4

〈解説〉題意より，$(a+1)(1+1)(1+1)=20$

よって，$a=4$

301

【23】4

〈解説〉OP＝xとし，直線OPと円との交点C，Dを，PC＝$5-x$，PD＝$5+x$
となるようにとる。方べきの定理より，

PC・PD＝$(5-x)(5+x)＝25-x^2＝$PA・PB＝9

よって，$x^2＝25-9＝16＝4^2$

$x＝$OP＞0だから，$x＝$OP＝4

【24】ア　1　イ　2

〈解説〉題意より，$(k\vec{a}+\vec{b})\cdot\vec{b}＝k\vec{a}\cdot\vec{b}+\vec{b}\cdot\vec{b}＝-2k+24＝0$

よって，$k＝12$

【25】ア　5　イ　3　ウ　1

〈解説〉$\alpha＝3\alpha-2$を解いて，$\alpha＝1$

よって，$a_{n+1}-1＝3(a_n-1)$　…①

①より，数列$\{a_n-1\}$は公比3の等比数列で，初項は，

$a_1-1＝6-1＝5$

である。

よって，$a_n-1＝5\cdot3^{n-1}$

ゆえに，$a_n＝5\cdot3^{n-1}+1$

2017年度　実施問題

一次試験

【中高共通】

【1】次の図にある数は，下の①～③のルールに従って並べたものである。

1段目				1	1		
2段目			1	3	1		
3段目		1	7	5	1		
4段目	1	15	17	7	1		
5段目	1	31	49	31	9	1	

……　　　………

① n段目には，$(n+1)$個の数を並べる。

② 各段の両端の数は1である。

③ 各段の両端以外の各数は，その左上の数と，右上の数の2倍の和に等しい。

例えば，4段目の左から数えて3番目の17は，その左上の7と，右上の5の2倍の和に等しい。

このとき，次の(1)～(3)の各問いに答えなさい。

(1) n段目の左から数えて2番目の数をa_n，$(n+1)$段目の左から数えて2番目の数をa_{n+1}とするとき，a_{n+1}をa_nを用いて表し，答えのみを書きなさい。

(2) n段目に並んだ数の和をS_n，$(n+1)$段目に並んだ数の和をS_{n+1}とするとき，S_{n+1}をS_nを用いて表し，一般項S_nを求めなさい。

(3) n段目の左から数えて奇数番目の数の和をT_nとするとき，一般項T_nを求めなさい。

(☆☆☆◎◎◎)

【2】2曲線$C_1：y＝e^{2x}$，$C_2：y＝e^{2x-1}＋1$について，曲線C_1上の点(0，1)における接線lが曲線C_2にも接しているものとする。このとき，次の(1)〜(3)の各問いに答えなさい。ただし，eは自然対数の底とする。

(1)　接線lの方程式を求め，答えのみを書きなさい。

(2)　接線lと曲線C_2の接点の座標を求めなさい。

(3)　2つの曲線C_1とC_2の交点Pのx座標を求めなさい。さらに，点Pにおける曲線C_1の接線をmとし，2直線lとmのなす角をθとするとき，$\tan\theta$の値を求めなさい。ただし，$0\leqq\theta\leqq\dfrac{\pi}{2}$とする。

(☆☆☆◎◎◎)

【中学校】

【1】次の(1)，(2)の各問いに答えなさい。

(1)　次の文章は，現行の「中学校学習指導要領　第2章　第3節　数学」の「第1　目標」である。文中の(ア)〜(オ)に当てはまる語句をそれぞれ答えなさい。

> 　(ア)を通して，数量や図形などに関する基礎的な概念や原理・法則についての(イ)を深め，数学的な表現や処理の仕方を(ウ)し，<u>事象を数理的に考察し表現する能力を高める</u>とともに，(ア)の楽しさや(エ)のよさを実感し，それらを(オ)して考えたり判断したりしようとする態度を育てる。

(2)　次の文章は，(1)の下線部について，現行の「中学校学習指導要領解説　数学編」の「第2章　第1節　目標　1　教科の目標　(2)目標について」に示してある説明からの抜粋である。文中の(ア)〜(オ)に当てはまる語句を，あとの①〜⑩からそれぞれ1つずつ選び，番号で答えなさい。

> 事象を数理的に考察すること
> 　事象を数理的に考察することは，主に二つの場面で行われる。一つは，(ア)における事象を数学的に定式化し，数学

の手法によって処理し，その結果を現実に照らして解釈する場合である。またもう一つは，（　イ　）における事象を簡潔な処理しやすい形に表現し適切な方法を選んで能率的に処理したり，その結果を発展的に考えたりすることである。

　（　ア　）において事象を数理的に考察する例として，実験や実測を通して得た具体的な資料を基にして予測することがある。例えば，水を熱し始めてからある温度になるまでの時間を知りたいとき，時間と（　ウ　）の関係を調べてその結果を（　エ　）に表し，おおむね直線上に並んでいることから（　オ　）とみなして予測することができる。

① 数学の世界　　② 反比例　　③ 水量
④ 一次関数　　　⑤ 水温　　　⑥ グラフ
⑦ 日常生活や社会　⑧ 熱　　　⑨ 現実の世界
⑩ 表

(☆☆☆◎◎◎)

【2】底面の半径が2cmで，底面積と側面積の比が1：4になるような円錐がある。この円錐に，次の図のように，底面の円周上の点Pから円錐の側面にそって，1周するようにひもをかける。このとき，あとの問いに答えなさい。

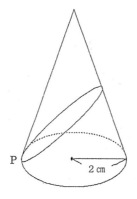

(1) 円錐の母線の長さを求めなさい。

(2) ひもが最も短くなるときの長さを求めなさい。

(☆☆◎◎◎)

【3】次の(1)～(3)の各問いに答えなさい。

(1) 次の図のように、3直線 $y=2x$, $y=x+6$, $y=-\dfrac{1}{2}x$ に囲まれた △OABがある。直線$y=x+6$とy軸との交点をCとするとき、点Cを通り、△OABの面積を2等分する直線の式を求めなさい。

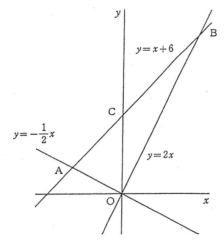

(2) 次の図のような、1辺が15cmの正三角形ABCがある。

辺BC上に、BD＝9cmとなるように点Dをとり、辺AB上に、∠ADE＝60°となるように点Eをとる。このとき、BEの長さを求めなさい。

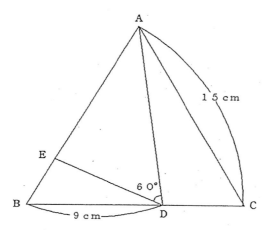

(3)　次の表は，ある学年20人の握力の記録について，各階級の相対度数を求め，整理したものである。握力の平均値を求めなさい。

握力(kg) 以上　〜　未満	相対度数
10　〜　15	0.05
15　〜　20	0.25
20　〜　25	0.30
25　〜　30	0.20
30　〜　35	0.15
35　〜　40	0.05
合計	1.00

(☆☆☆◎◎◎)

【高等学校】

【１】現行の「高等学校学習指導要領解説　数学編」について，次の(1)，(2)の各問いに答えなさい。

(1)　次の文は，高等学校数学科の目標である。

> 　数学的活動を通して，数学における基本的な概念や原理・法則の体系的な[　　]を深め，<u>事象を数学的に考察し表現する能力</u>を高め，創造性の基礎を培うとともに，数学のよさを認識し，それらを積極的に活用して数学的論拠に基づいて判断する態度を育てる。

（i）　[　　]に当てはまる最も適当な語句を次の①〜④から1つ選び，番号で答えなさい。

①　処理　　②　理解　　③　学習　　④　知識

（ii）　下線部に関して，従前の目標では，「事象を数学的に考察し処理する能力」であったが，現行の目標では，「事象を数学的に考察し表現する能力」に変更となった。その理由について，次の文中の[　ア　]，[　イ　]に当てはまる最も適当な語句を入れて文を完成させなさい。

（理由）　全教科等を通して，思考力・[　ア　]・表現力等の育成の重視と[　イ　]活動の充実を掲げているから。

(2)　高等学校数学科の科目の履修について，次の(i)，(ii)は正しいか。正しい場合は○を，正しくない場合は×をそれぞれ書きなさい。

(i)　「数学B」は「数学Ⅰ」の履修の後に履修することを原則とする。

(ii)　「数学Ⅲ」は「数学Ⅱ」と並行履修することを原則とする。

（☆☆☆◎◎◎）

【2】次の(1)〜(5)の各問いに答えなさい。ただし，答えのみを書きなさい。

(1)　次のデータは，生徒9人の数学のテストの得点である。このデータの四分位偏差を求めなさい。

70，64，86，75，68，42，98，60，81

(2)　円$C : x^2 + y^2 - 4x - a + 4 = 0$（$a$は定数）と2点A(2，1)，B(5，0)がある。線分AB(両端を含む)と円Cが共有点をもつようなaの値の範囲を求めなさい。

(3)　2次方程式$x^2-kx+5k-4=0$の2つの解がともに自然数となるような定数kの値をすべて求めなさい。

(4)　三角形OABにおいて，OA＝6，OB＝4，$\overrightarrow{OA}\cdot\overrightarrow{OB}=12$とする。また，直線OAに関して点Bと対称な点をCとする。このとき，$\overrightarrow{OC}$を$\overrightarrow{OA}$，$\overrightarrow{OB}$を用いて表しなさい。

(5)　aを実数とし，$a>1$とする。不等式$\log_a(x-2)+\log_a(x+5)<\log_a(x+3)+1$を満たす整数$x$がちょうど1個となるような$a$の値の範囲を求めなさい。

(☆☆☆◎◎◎◎)

【3】3個のさいころを同時に投げる試行をTとする。このとき，次の(1)，(2)の各問いに答えなさい。

(1)　試行Tを1回行ったとき，

(ⅰ)　ちょうど2種類の目が出る確率を求め，答えのみを書きなさい。

(ⅱ)　出た目の数の積が8の倍数となる確率を求めなさい。

(2)　試行Tを1回行ったとき，出た目の数の積が8の倍数となる事象をAとする。試行Tをn回繰り返したとき，事象Aがk回起こる確率をp_kとする。このとき，$\displaystyle\sum_{k=0}^{n}3^k\cdot p_k$を求めなさい。

(☆☆☆◎◎◎◎)

二次試験

【中学校】

【1】中学校数学において，「資料の活用」の指導の意義とともに，第2学年「確率を用いて不確定な事象をとらえ説明すること。」の指導について，どのように行うか，具体例を挙げて述べなさい。

(☆☆☆◎◎◎)

【高等学校】

【１】数学Ⅰ「データの分析」の指導に当たって，どのようなことに留意して授業を実施しますか。具体的に述べなさい。

(☆☆☆◎◎◎)

解答・解説

一次試験

【中高共通】

【１】(1)　$a_{n+1}=2a_n+1$ または $a_{n+1}=a_n+2^n$

(2)　n段目の数を左から，c_1，c_2，c_3，…，c_{n+1}とおくと，

$n+1$段目の数は左から，c_1，(c_1+2c_2)，(c_2+2c_3)，…，(c_n+2c_{n+1})，c_{n+1}

となる。

$S_{n+1}=c_1+(c_1+2c_2)+(c_2+2c_3)+\cdots+(c_n+2c_{n+1})+c_{n+1}$

$=3(c_1+c_2+c_3+\cdots+c_{n+1})-c_1$

$=3S_n-1$

この漸化式は，$S_{n+1}-\dfrac{1}{2}=3\left(S_n-\dfrac{1}{2}\right)$ と変形される。

ゆえに，数列$\left\{S_n-\dfrac{1}{2}\right\}$は初項$\dfrac{3}{2}$，公比3の等比数列であるから

$S_n-\dfrac{1}{2}=\dfrac{3}{2}\times3^{n-1}=\dfrac{3^n}{2}$　　したがって，$S_n=\dfrac{3^n+1}{2}$

【別解】$S_{n+1}=S_n+3_n$ を示し，答えを求めてもよい。

(3)　n段目の数を左からc_1，c_2，c_3，………，c_n，c_{n+1}とおくと，

$n+1$段目の数は左から，c_1，(c_1+2c_2)，(c_2+2c_3)，………，$(c_{n-1}+2c_n)$，

(c_n+2c_{n+1})，$c_{n+2}(=c_{n+1})$となる。

ア)　nが偶数のとき，

$T_{n+1}=c_1+(c_2+2c_3)+(c_4+2c_5)+………+(c_{n-2}+2c_{n-1})+(c_n+2c_{n+1})$

$= (c_3+c_5+c_7+\cdots\cdots+c_{n-1}+c_{n+1})+(c_1+c_2+c_3+\cdots\cdots+c_{n-1}+c_n+c_{n+1})$

$= \{(c_1+c_3+c_5+\cdots\cdots+c_{n-1}+c_{n+1})-c_1\}+(c_1+c_2+c_3+\cdots\cdots+c_{n-1}+$
$c_n+c_{n+1})$

$= T_n-1+S_n$

ゆえに，$T_{n+1}=T_n-1+\dfrac{3^n+1}{2}=T_n+\dfrac{3^n-1}{2}$

イ）　nが奇数のとき，

$T_{n+1}=c_1+(c_2+2c_3)+(c_4+2c_5)+\cdots\cdots+(c_{n-3}+2c_{n-2})+(c_{n-1}+2c_n)+c_{n+2}$
$(=c_{n+1})$

$= (c_3+c_5+c_7+\cdots\cdots+c_{n-2}+c_n)+(c_1+c_2+c_3+\cdots\cdots+c_{n-1}+c_n+c_{n+1})$

$= \{(c_1+c_3+c_5+\cdots\cdots+c_{n-2}+c_n)-c_1\}+(c_1+c_2+c_3+\cdots\cdots+c_{n-1}+c_n+$
$c_{n+1})$

$= T_n-1+S_n$

$= T_n-1+\dfrac{3^n+1}{2}=T_n+\dfrac{3^n-1}{2}$

ア），イ）より，すべての自然数nについて，

$T_{n+1}=T_n+\dfrac{3^n-1}{2}$

$n\geqq 2$　のとき，

$T_n=T_1+\displaystyle\sum_{k=1}^{n-1}\dfrac{3^k-1}{2}=1+\dfrac{1}{2}\left\{\dfrac{3(3^{n-1}-1)}{3-1}-(n-1)\right\}=\dfrac{3^n}{4}-\dfrac{n}{2}+\dfrac{3}{4}$

この式は，$n=1$のとき，$T_1=\dfrac{3^1}{4}-\dfrac{1}{2}+\dfrac{3}{4}=1$　で成り立つ。

ゆえに，$T_n=\dfrac{3^n}{4}-\dfrac{1}{2}n+\dfrac{3}{4}$

〈解説〉(1)　題意の③から$a_{n+1}=2a_n+1$

　　または，左から2番目の数列を考えて，1，3，7，15，31，$\cdots\cdots$

　　階差が　2，4，8，16，$\cdots\cdots$（2^nとなっている）

　　したがって，$a_{n+1}=a_n+2^n$

　　(2)　S_nを順次計算し書き出して，

　　$1+1$，$1+3+1$，$1+7+5+1$，$1+15+17+7+1$，$1+31+49+31+9+$
1，$\cdots\cdots$

　　は，2，5，14，41，122，$\cdots\cdots$である。

階差が　3, 9, 27, 81, ………(3^{n}となっている)

したがって，$S_{n+1}＝S_n＋3^n$

これより，$n≧2$のとき，

$$S_n＝S_1＋\sum_{k=1}^{n-1} 3^k＝2＋\frac{3(3^{n-1}-1)}{3-1}＝\frac{3^n＋1}{2}$$

この式は，$n＝1$のとき，$S_1＝\frac{3^1＋1}{2}＝2$で成り立っている。

ゆえに，$S_n＝\frac{3^n＋1}{2}$　　　(3)　解答参照

【2】(1)　$y＝2x+1$　　(2)　$y'＝2e^{2x-1}$より，求める接点のx座標をtとおく

と　$2e^{2t-1}＝2$　　$e^{2t-1}＝1$　　$2t-1＝0$　　$t＝\frac{1}{2}$

したがって，求める接点の座標は$\left(\frac{1}{2},\ 2\right)$

(3)　2つの曲線の交点は，$e^{2x}＝e^{2x-1}＋1$

$\left(1-\frac{1}{e}\right)e^{2x}＝1$　　$e^{2x}＝\frac{e}{e-1}$　　$2x＝\log\frac{e}{e-1}$　　$x＝\frac{1}{2}\log\frac{e}{e-1}$

さらに，接線mの傾きは，$y'＝2e^{2\times\frac{1}{2}\log\frac{e}{e-1}}＝2e^{\log\frac{e}{e-1}}＝\frac{2e}{e-1}$

ここで，$\tan\theta＝\left|\dfrac{\dfrac{2e}{e-1}-2}{1+\dfrac{2e}{e-1}\times 2}\right|＝\left|\dfrac{\dfrac{2}{e-1}}{\dfrac{5e}{e-1}}\right|＝\left|\dfrac{2}{5e-1}\right|$

$＝\dfrac{2}{5e-1}$

〈解説〉(1)　$C_1：y＝e^{2x}$，$y'＝2e^{2x}$

よって，点$(0,\ 1)$における接線lの傾きは　$2e^0＝2$

ゆえに，接線$l：y＝2x+1$　　(2)・(3)　解答参照

【中学校】

【1】(1)　ア　数学的活動　　イ　理解　　ウ　習得　　エ　数学

オ　活用　(2)　ア　⑦　　イ　①　　ウ　⑤　　エ　⑥　　オ　④

〈解説〉中学校学習指導要領の数学の目標からの出題である。よく出題される範囲なので重点的に読み込んでおきたい。

【2】(1)　・底面積　$2×2×π＝4π$　　底面積と側面積の比は1：4である
から，側面積は，$4π×4＝16π$ cm²となる。

・おうぎ形の弧の長さは底面の円周に等しいから，おうぎ形の弧の長
さは$4π$ cm

・おうぎ形の面積は半径×弧の長さ×$\dfrac{1}{2}$で求められるので，母線の長
さを$x$cmとすると

$$x×4π×\dfrac{1}{2}＝16π \qquad 2πx＝16π \qquad x＝8$$

したがって，母線の長さは8cm　　答え　8cm

(2)　半径8cmの円周は$16π$ cm　　側面のおうぎ形の弧の長さは$4π$ cm
であるから，おうぎ形の中心角は　$360°×\dfrac{4π}{16π}＝90°$　である。したが
って，最も短くなるときのひもの長さは，等しい2辺の長さが8cmの直
角三角形の斜辺の長さになる。よって，$8\sqrt{2}$ cm　　答え　$8\sqrt{2}$ cm

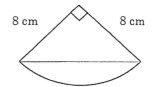

8 cm　　　　　　8 cm

〈解説〉(1)　解答参照　(2)　解答参照

【3】(1)　$△AOB＝△AOC＋△BOC$

$$△AOC＝6×4×\dfrac{1}{2}＝12$$

$$△BOC＝6×6×\dfrac{1}{2}＝18$$

$$△AOB＝12＋18＝30$$

$y＝2x$と点Cをとおる直線との交点をD$(t，2t)$とする。$△OAB$の面積を，
点Cをとおる直線で二等分するためには$△OCD$の面積が3になるとよ
い。したがって

$$6×t×\dfrac{1}{2}＝3 \qquad 3t＝3 \qquad t＝1$$

これよりDの座標は$(1，2)$となる。

点Cを通り$△OAB$の面積を二等分する直線は$(0，6)(1，2)$の2点を通る。

したがって，$y=-4x+6$　　　答え　$y=-4x+6$

(2)　△ACDと△DBEは相似な三角形であるので，対応する辺の比は等しいので　$15:9=6:BE$　　$15BE=54$　　$BE=\dfrac{54}{15}=\dfrac{18}{5}$

答え　$\dfrac{18}{5}$cm

(3)　①相対度数から各階級の度数を求める。　②階級値を求める。

③(階級値)×(度数)を計算し，その結果を全て加え，度数の合計でわり平均値を求める。

$(12.5\times1+17.5\times5+22.5\times6+27.5\times4+32.5\times3+37.5\times1)\div20=24$

【別解1】

ある階級の階級値を基準にして，正負の数を用いて平均値を求める。

【別解2】

$(12.5\times20\times0.05+17.5\times20\times0.25+22.5\times20\times0.3+27.5\times20\times0.2+32.5\times20\times0.15+37.5\times20\times0.05)\div20$

$=(12.5\times0.05+17.5\times0.25+22.5\times0.3+27.5\times0.2+32.5\times0.15+37.5\times0.05)\times20\div20$

$=12.5\times0.05+17.5\times0.25+22.5\times0.3+27.5\times0.2+32.5\times0.15+37.5\times0.05=24$　　　答え　24kg

〈解説〉解答参照

【高等学校】

【1】(1) (i)　②　　　(ii)　ア　判断力　　イ　言語

(2)　(i)　○　　　(ii)　×

〈解説〉「高等学校学習指導要領解説　数学編」数学科の目標についてからの出題。目標部分はよく出題されるので，それぞれ整理をしておくとよい。

【2】(1)　10.75　　(2)　$\dfrac{9}{10}\leqq a\leqq9$　　(3)　$k=20,\ 32$　　(4)　$\overrightarrow{OC}=\dfrac{2}{3}\overrightarrow{OA}-\overrightarrow{OB}$　　(5)　$\dfrac{4}{3}<a\leqq\dfrac{18}{7}$

〈解説〉(1)　9個のデータを小さい順に並べると，42，60，64，68，70，75，81，86，98となる。

これより，第2四分位数(中央値)　$Q_2 = 70$

第1四分位数　$Q_1 = \dfrac{60+64}{2} = 62$，第3四分位数　$Q_3 = \dfrac{81+86}{2} = 83.5$

したがって，四分位範囲　$Q_3 - Q_1 = 83.5 - 62 = 21.5$

ゆえに，四分位偏差 $= \dfrac{Q_3 - Q_1}{2} = \dfrac{21.5}{2} = 10.75$

(2)　円Cの方程式は$(x-2)^2 + y^2 = a$より，中心$(2,\ 0)$，半径$\sqrt{a}$

直線AB：$y = -\dfrac{1}{3}(x-5)$　　よって，$x + 3y - 5 = 0$

直線ABと円Cが接するとき，$\dfrac{|2-5|}{\sqrt{1^2+3^2}} = \sqrt{a}$より，$a = \dfrac{9}{10}$

また，円Cが点B$(5,\ 0)$を通るとき，$(5-2)^2 + 0^2 = a$，$a = 9$

円Cが点A$(2,\ 1)$を通るとき，$(2-2)^2 + 1^2 = a$，$a = 1$

ゆえに，線分ABと円Cが共有点をもつためには，

$\dfrac{9}{10} \leqq a \leqq 9$

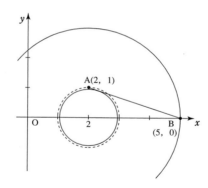

(3)　2次方程式$x^2 - kx + 5k - 4 = 0$の2つの自然数解をα，β（$\alpha \leqq \beta$）とすると，解と係数の関係から

$\alpha + \beta = k$，$\alpha\beta = 5k - 4$

よって，kを消去して，$\alpha\beta - 5(\alpha + \beta) + 4 = 0$，

$(\alpha - 5)(\beta - 5) = 21$　　…①

ここで，α，βは自然数だから，①は$\alpha-5<0$，$\beta-5<0$
となることはない。

したがって，①より $\begin{cases} \alpha-5=3 \\ \beta-5=7 \end{cases}$ $\begin{cases} \alpha-5=1 \\ \beta-5=21 \end{cases}$

よって，$\begin{cases} \alpha=8 \\ \beta=12 \end{cases}$ $\begin{cases} \alpha=6 \\ \beta=26 \end{cases}$

ゆえに，kの値は$k=20$，32

(4)　$\angle \mathrm{AOB}=\theta$とおくと，$\overrightarrow{\mathrm{OA}} \cdot \overrightarrow{\mathrm{OB}}=12$より，

$|\overrightarrow{\mathrm{OA}}||\overrightarrow{\mathrm{OB}}|\cos\theta=12$，$6 \cdot 4\cos\theta=12$，$\cos\theta=\dfrac{1}{2}$

よって，$\theta=60°$となる。

したがって，図のようになり，

OB＝OC＝4である。

OB，OCを2辺とする平行四辺形OBDCをつくる。

△OBDと△OCDは正三角形であり，OD＝4となる。

そして，$\overrightarrow{\mathrm{OD}}=\overrightarrow{\mathrm{OB}}+\overrightarrow{\mathrm{OC}}$であり，$\overrightarrow{\mathrm{OD}}=\dfrac{2}{3}\overrightarrow{\mathrm{OA}}$であるから，

$\overrightarrow{\mathrm{OC}}=\overrightarrow{\mathrm{OD}}-\overrightarrow{\mathrm{OB}}=\dfrac{2}{3}\overrightarrow{\mathrm{OA}}-\overrightarrow{\mathrm{OB}}$

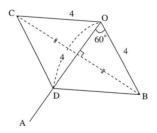

(5)　真数は正だから，$x-2>0$，$x+5>0$，$x+3>0$より，$x>2$　…①

また，与式より，$\log_a\dfrac{(x-2)(x+5)}{x+3}<1$

$a>1$だから，$\dfrac{(x-2)(x+5)}{x+3}<a$　…②

不等式②を満たす整数xがちょうど1つであるためには，①の範囲にお

いて，$x=3$を考えて，

$$\left\{\frac{(x-2)(x+5)}{x+3}\right\}_{x=3}=\frac{4}{3}, \quad \left\{\frac{(x-2)(x+5)}{x+3}\right\}_{x=4}=\frac{18}{7}$$

ゆえに，aの値の範囲は$\frac{4}{3}<a\leqq\frac{18}{7}$

【3】(1) (i) $\frac{5}{12}$ (ii) 余事象を考える。すなわち，8の倍数にならない場合は，次のいずれかの場合である。

(ア) 奇数が3個出る

(イ) 奇数が2個と偶数が1個出る

(ウ) 奇数が1個と2または6が2個出る

(ア)～(ウ)の場合の数をそれぞれ求めると，

(ア) 3^3〔通り〕 (イ) $_3C_2\cdot3^2\cdot3$〔通り〕 (ウ) $_3C_1\cdot3\cdot2^2$〔通り〕

したがって，求める確率は，

$$1-\frac{3^3+3^4+3^2\cdot2^2}{6^3}=\frac{1}{3}$$

〈別解〉(ア) 偶数が3個出る$3^3=27$〔通り〕

(イ) 奇数が1個，4の目，2の目 $3\cdot1\cdot1\cdot3!=18$〔通り〕

(ウ) 奇数が1個，4の目，4の目 $3\cdot1\cdot1\cdot3=9$〔通り〕

(エ) 奇数が1個，4の目，6の目 $3\cdot1\cdot1\cdot3!=18$〔通り〕

したがって，求める確率は，$\frac{72}{6^3}=\frac{1}{3}$

(2) 事象Aが起こる確率が$\frac{1}{3}$，起こらない確率が$\frac{2}{3}$だから，確率p_kは

$$p_k={}_nC_k\left(\frac{1}{3}\right)^k\left(\frac{2}{3}\right)^{n-k} \quad したがって，$$

$$\sum_{k=0}^n 3^k\cdot p_k=\sum_{k=0}^n 3^k\cdot{}_nC_k\left(\frac{1}{3}\right)^k\left(\frac{2}{3}\right)^{n-k}=\sum_{k=0}^n {}_nC_k\cdot1^k\cdot\left(\frac{2}{3}\right)^{n-k}=\left(1+\frac{2}{3}\right)^n$$

$$=\left(\frac{5}{3}\right)^n$$

〈解説〉(1) (i) 2種類は$(1, 1, x)$，$(2, 2, x)$，$(3, 3, x)$，$(4, 4, x)$，$(5, 5, x)$，$(6, 6, x)$の場合があるから，求める確率は，$\left(\frac{1}{6}\right)\left(\frac{1}{6}\right)\left(\frac{5}{6}\right)$

$\cdot\frac{3!}{2!\cdot1!}\cdot6=\frac{5}{12}$ (2) 解答参照

二次試験

【中学校】

【1】[解答例]　[具体例1]　さいころを振る回数nを大きくして，1の出る目の回数rを求めて，$\frac{r}{n}$の値を計算してみる。nを大きくしていくと，それに伴ってrも大きくなり，$\frac{r}{n}$はある値$\frac{1}{6}$に近づいていく。この値$\frac{1}{6}$を，さいころ振って1の目が出る確率としている。

〈注〉「さいころ振って1の目が出る確率が$\frac{1}{6}$である」ことから，「さいころを6回投げると，そのうち1回は必ず1の目が出る」と考えてしまうのは，確率の意味の理解が不十分であることを説明する。

[具体例2]　2個の硬貨の表・裏の出方のすべての場合は(表，表)，(表，裏)，(裏，表)，(裏，裏)の4通りであり，それぞれの場合の起こることは同様に確からしいと考えられる。このうち，2個とも表になる場合は，同様に確からしい4通りの場合のうちの一つであるから，その確率は$\frac{1}{4}$である。

〈注〉「確率が$\frac{1}{4}$である」は，2個の硬貨を4回投げると，そのうち1回は必ず2個とも表が出るという確定的なことを意味することではないことに注意する。

[具体例3]　くじ引きをするとき，何番目に引くかで有利不利が生じないかどうか，つまり公平なくじ引きであるかどうかを考えて，その理由を確率に基づいて説明ができる。

　　以上，既習の学習を取り入れながら，分かり易く，生徒に納得させる授業を展開することで，数学のよさや楽しさが実感できるようにしていく。

〈解説〉確率を用いて，不確定な事象をとらえ，説明することを通して，「必ず〜になる」とは言い切れない事柄についても，数を用いて考えたり判断したりすることができることを理解し，数学と実社会との関係を実感できるようにする。

【高等学校】

【1】解答省略

〈解説〉様々な事象から見出される確率や統計に関するデータを，中学校では「資料」として表している。高等学校では生活の中で活用することや統計学とのつながりを一層重視し，一般的に用いられる「データ」という用語を用いる。なお，従前の「相関図」は今回の改訂で「散布図」に改められている。

> **2016**年度　　実施問題

熊本県

【一次試験・中高共通】

【１】平面上に3辺の長さがAB＝3，BC＝5，CA＝4の△ABCがある。その平面上の点Pは，$l\overrightarrow{\text{PA}}+m\overrightarrow{\text{PB}}+n\overrightarrow{\text{PC}}=\overrightarrow{0}$ を満たしている。ただし，l，m，nは$l+m+n=1$を満たす実数である。

このとき，次の(1)～(3)の各問いに答えなさい。

(1) 点Pが△ABCの外心であるとき，l，m，nの値を求めなさい。

(2) 点Pが△ABCの内心であるとき，l，m，nの値を求めなさい。

(3) 点Pが辺BC上にあり，$\text{AP}=\dfrac{\sqrt{73}}{3}$ のとき，l，m，nの値を求めなさい。

(☆☆☆◎◎◎)

【２】xy平面上に，点$(0，1)$を中心とし，半径1の円Cがある。第1象限にある円C上の点Pと原点Oを結ぶ線分がx軸の正の向きとなす角を $\theta\left(0<\theta<\dfrac{\pi}{2}\right)$ とする。また，円C上の点Qを，点Pにおける法線が∠OPQの2等分線となるようにとる。

このとき，次の(1)～(3)の各問いに答えなさい。ただし，(1)については，答えのみを書きなさい。

(1) OPの長さを θ を用いて表しなさい。

(2) △OPQの面積Sを θ を用いて表しなさい。

(3) (2)で求めた△OPQの面積Sについて，$\displaystyle\lim_{\theta\to\frac{\pi}{2}}\dfrac{S}{\dfrac{\pi}{2}-\theta}$を求めなさい。

ただし，必要であれば $\displaystyle\lim_{\theta\to0}\dfrac{\sin\theta}{\theta}=1$ を用いてもよい。

(☆☆☆◎◎◎)

【一次試験・中学校】

【1】次の文章は，現行の「中学校学習指導要領　第2章　第3節　数学」の「第1　目標」である。文中の(ア)〜(コ)に当てはまる語句を，下の①〜⑫からそれぞれ1つずつ選び，番号で答えなさい。

　　(ア)を通して，(イ)などに関する基礎的な概念や(ウ)についての(エ)を深め，数学的な表現や(オ)を習得し，事象を数理的に(カ)し表現する能力を高めるとともに，数学的活動の(キ)や数学の(ク)を実感し，それらを活用して考えたり(ケ)したりしようとする(コ)を育てる。

① 処理の仕方　　② 態度　　③ 考察
④ 判断　　　　　⑤ 原理・法則　⑥ 数や式
⑦ 理解　　　　　⑧ 楽しさ　　⑨ 数量や図形
⑩ 数学的活動　　⑪ 知識　　　⑫ よさ

(☆☆○○○○○)

【2】関数 $y=x^2$ と $y=-x+2$ のグラフが下の図のように2点A，Bで交わっているとき，下の(1)，(2)の各問いに答えなさい。

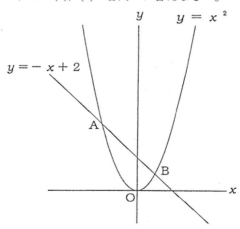

(1)　2点A，Bの座標を求めなさい。

(2)　点Pがx軸上を動くとき，AP＝BPとなるような点Pの座標を求めなさい。

(☆☆◎◎◎◎)

【3】次の(1)～(3)の各問いに答えなさい。

(1)　等式$x-6y+18=0$を，yについて解きなさい。

(2)　7本のくじの中に3本の当たりくじが入っている箱がある。この箱の中からくじを同時に2本ひくとき，2本ともはずれる確率を求めなさい。

(3)　次の図のような直方体で，AB＝7cm，BC＝6cm，BF＝5cmとする。辺BC上に点Pをとり，AP＋PGの長さが最も短くなるようにする。このとき，AP＋PGの長さを求めなさい。

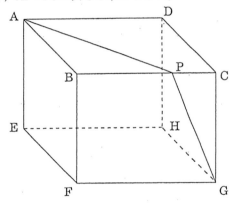

(☆☆☆◎◎◎)

【一次試験・高等学校】

【1】現行の「高等学校学習指導要領解説　数学編」について，次の(1)～(3)の各問いに答えなさい。

(1)　高等学校数学科の目標について，次の空欄に当てはまる最も適当な語句を入れて文を完成させなさい。

（　　）を通して，数学における基本的な概念や原理・法則の体系

的な理解を深め，事象を数学的に考察し表現する能力を高め，創造性の基礎を培うとともに，数学のよさを認識し，それらを積極的に活用して数学的論拠に基づいて判断する態度を育てる。

(2) 高等学校数学科の改善の具体的事項について，次の(i)，(ii)は正しいか。正しい場合は○を，正しくない場合は×をそれぞれ書きなさい。

(i) 「数学A」及び「数学B」は，生徒の能力・適性，興味・関心，進路などに応じていくつかの項目を選択して履修する科目である。

(ii) 「数学Ⅱ」は，数学に対する興味や関心から，より深く数学を学習したり，将来数学を専門的に扱うために必要な知識・技能を身に付けたりすることをねらいとする。

(3) 次の(i)，(ii)はどの科目の内容であるか。下の①～⑥からそれぞれ1つずつ選び，番号で答えなさい。

(i) 条件付き確率　　(ii) ド・モアブルの定理

① 数学Ⅰ　　② 数学Ⅱ　　③ 数学Ⅲ　　④ 数学A
⑤ 数学B　　⑥ 数学活用

(☆☆☆○○○)

【2】次の(1)～(5)の各問いに答えなさい。ただし，答えのみを書きなさい。

(1) 放物線 $y=x^2-4x+4$ と直線 $y=6ax+6a$ が $0\leqq x\leqq 4$ において，異なる2点で交わるような定数 a の値の範囲を求めなさい。

(2) 相異なる実数 a，b が $\dfrac{a^2+3}{2a+1}=\dfrac{b^2+3}{2b+1}$ を満たすとき，$a+b+2ab$ の値を求めなさい。

(3) 5人が各自1つずつ用意したプレゼントがあり，抽選をして全員で分け合う。このとき，2人だけがそれぞれ自分が用意したプレゼントを受け取り，残り3人がそれぞれ自分が用意したプレゼントと異なるプレゼントを受け取る確率を求めなさい。

(4) 関数 $y=2\cos\theta(\sin\theta+\sqrt{3}\cos\theta)$ の最大値を求めなさい。

(5) 極方程式$r^2(\cos^2\theta+3)=12$の表す曲線を，直交座標のx，yの方程式で表しなさい。

(☆☆☆◎◎◎)

【3】公比が正の等比数列$\{a_n\}$があり，$a_1=4$，$a_2+a_3=80$である。このとき，次の(1)〜(3)の各問いに答えなさい。ただし，(1)については，答えのみを書きなさい。

(1) 数列$\{a_n\}$の一般項を求めなさい。

(2) $\displaystyle\sum_{k=1}^{n}\frac{4}{(\log_2 a_k)(\log_2 a_{k+1})}$を$n$を用いて表しなさい。

(3) p，qを1桁の自然数とし，$b_n=a_n+pn+q(n=1，2，3，……)$とおく。すべての自然数nに対して，b_nが9の倍数となるようなp，qの値を推測しなさい。また，そのp，qの値に対して，b_nが9の倍数になることを数学的帰納法を用いて証明しなさい。

(☆☆☆◎◎◎)

【二次試験・中学校】

【1】中学校数学において，「図形」の指導の意義とともに，第2学年「平行線の性質や三角形の角についての性質を基にして，多角形の角についての性質が見いだせることを知ること。」の指導について，どのように行うか，具体例を挙げて述べなさい。

(☆☆☆◎◎◎)

【二次試験・高等学校】

【1】現行の「高等学校学習指導要領　数学」の「第1款　目標」において，「数学のよさを認識し，それらを積極的に活用して数学的論拠に基づいて判断する態度を育てる。」と示されている。あなたは「数学のよさ」をどのようにとらえて授業を実施しますか。具体的に述べなさい。

(☆☆☆◎◎◎)

熊本市

【中高共通】

【1】次の各問に答えよ。

〔問1〕$\dfrac{\sqrt{3}+1}{\sqrt{3}-1}$ の整数部分を a，小数部分を b とするとき，$|b-a|$ の値は，次の①〜⑤のうちのどれか。。

① $\sqrt{3}-4$　　② $\sqrt{3}-2$　　③ $2-\sqrt{3}$　　④ $4-\sqrt{3}$

⑤ $6-\sqrt{3}$

〔問2〕$-3<a<-1$，$1<b<2$ のとき，$\dfrac{b}{a}$ のとりうる値の範囲は，次の①〜⑤のうちのどれか。

① $-3<\dfrac{b}{a}<-\dfrac{1}{2}$

② $-2<\dfrac{b}{a}<-\dfrac{1}{3}$

③ $-\dfrac{3}{2}<\dfrac{b}{a}<-1$

④ $-1<\dfrac{b}{a}<-\dfrac{3}{2}$

⑤ $-\dfrac{1}{3}<\dfrac{b}{a}<-2$

〔問3〕$U=\{x\,|\,x$ は10以下の自然数$\}$ を全体集合とする。

集合A，BはUの部分集合で，

A$=\{x\,|\,x$ は10以下の素数$\}$

$(A\cup B)\cap(\overline{A}\cup\overline{B})=\{1,\ 3,\ 7,\ 10\}$

であるとするとき，集合Bは，次の①〜⑤のうちのどれか。

① $\{1,\ 2,\ 5,\ 10\}$　　② $\{2,\ 3,\ 5,\ 7\}$　　③ $\{4,\ 6,\ 8,\ 9\}$

④ $\{1,\ 10\}$　　　　⑤ $\{2,\ 5\}$

〔問4〕条件「$a>0$ または $b>0$」が成り立つための十分条件になっているものは，次の①〜⑤のうちのどれか。

① $ab>0$　　② $a+b>0$　　　③ $ab<1$

④ $a+b<1$　　⑤ $(a-1)(b-1)>0$

〔問5〕 θ が鋭角で $\tan\theta = 2$ のとき，$\dfrac{1+\sin\theta}{\cos\theta} + \dfrac{\cos\theta}{1+\sin\theta}$ の値は，次の①〜⑤のうちのどれか。

① $\dfrac{\sqrt{5}}{5}$　　② $\dfrac{2\sqrt{5}}{5}$　　③ $\dfrac{4\sqrt{5}}{5}$　　④ $\sqrt{5}$　　⑤ $2\sqrt{5}$

〔問6〕 連立不等式 $4x+5 < x^2 \leqq 5x+14$ を満たす整数 x の個数は，次の①〜⑤のうちのどれか。

① 1個　　② 2個　　③ 3個　　④ 4個　　⑤ 5個

〔問7〕 放物線 $y = x^2 - 2x + 4$ と，点 $(0, 1)$ について対称な放物線の方程式は，次の①〜⑤のうちのどれか。

① $y = x^2 + 2x$

② $y = x^2 + 2x + 4$

③ $y = -x^2 + 2x - 4$

④ $y = -x^2 - 2x - 2$

⑤ $y = -x^2 - 2x - 4$

〔問8〕 図のような正八面体ABCDEFがある。面ACDと面FCDのなす角を θ とするとき，$\cos\theta$ の値は，次の①〜⑤のうちのどれか。

① $-\dfrac{\sqrt{3}}{3}$

② $-\dfrac{1}{3}$

③ 0

④ $\dfrac{1}{3}$

⑤ $\dfrac{\sqrt{3}}{3}$

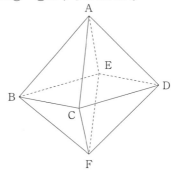

〔問9〕 次の表はあるクラスの出席番号1番から10番までの生徒のテストの点数で，図はその箱ひげ図である。$a < b < c$ とするとき，b の点数は，あとの①〜⑤のうちのどれか。

出席番号	1	2	3	4	5	6	7	8	9	10
点数	67	52	a	76	56	b	83	c	46	57

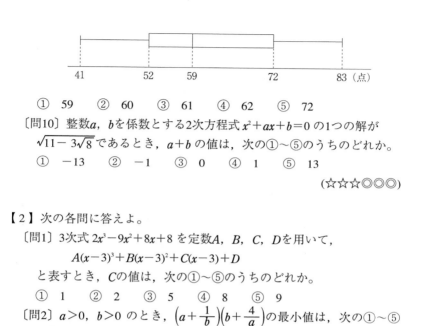

① 59　② 60　③ 61　④ 62　⑤ 72

〔問10〕整数a，bを係数とする2次方程式$x^2+ax+b=0$の1つの解が
$\sqrt{11-3\sqrt{8}}$であるとき，$a+b$の値は，次の①〜⑤のうちのどれか。

① −13　② −1　③ 0　④ 1　⑤ 13

(☆☆☆◎◎◎)

【2】次の各問に答えよ。

〔問1〕3次式$2x^3-9x^2+8x+8$を定数A，B，C，Dを用いて，
$$A(x-3)^3+B(x-3)^2+C(x-3)+D$$
と表すとき，Cの値は，次の①〜⑤のうちのどれか。

① 1　② 2　③ 5　④ 8　⑤ 9

〔問2〕$a>0$，$b>0$のとき，$\left(a+\dfrac{1}{b}\right)\left(b+\dfrac{4}{a}\right)$の最小値は，次の①〜⑤
のうちのどれか。

① 6　② 7　③ 8　④ 9　⑤ 10

〔問3〕関数$y=|x^2-4|$のグラフと直線$y=m(x+4)-3$が異なる4点で
交わるとき，傾きmの範囲は，次の①〜⑤のうちのどれか。

①　$\dfrac{1}{2}<m<\dfrac{3}{2}$　　②　$\dfrac{3}{2}<m<\dfrac{7}{4}$　　③　$\dfrac{3}{2}<m<2$

④　$\dfrac{7}{4}<m<2$　　⑤　$2<m<14$

〔問4〕不等式$(x^2+y^2-2x)(x^2+y^2-2y)\leqq0$の表す領域を斜線部分で図示
したものは，次の①〜⑤のうちのどれか。

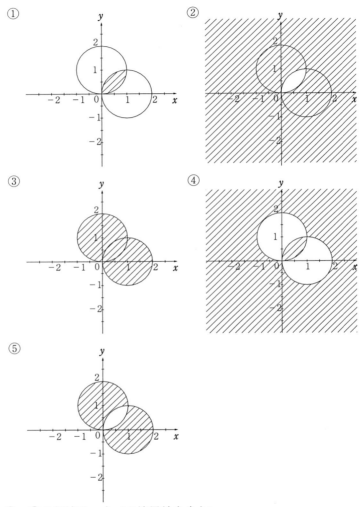

(①～⑤の領域は，すべて境界線を含む)

〔問5〕 方程式 $8^x + 4^{x+1} - 2^{x-2} - 1 = 0$ の実数解の個数は，次の①～⑤のうちのどれか。

①　1個　　②　2個　　③　3個　　④　4個　　⑤　5個

〔問6〕 $\log_{10}2＝0.3010$ とする。5^n が40桁の整数となる自然数 n は，次の①〜⑤のうちのどれか。

① 55のみ　　② 56のみ　　③ 57のみ　　④ 55と56

⑤ 56と57

〔問7〕 方程式 $\sin^2\theta＋\cos\theta＝a$ が解をもつための定数 a の範囲は，次の①〜⑤のうちのどれか。

① $a\leqq\dfrac{5}{4}$　　② $1\leqq a\leqq\dfrac{5}{4}$　　③ $-1\leqq a\leqq\dfrac{5}{4}$

④ $-1\leqq a\leqq1$　　⑤ $a\leqq-1$

〔問8〕 関数 $y＝x^3＋3ax^2-24a^2x＋2\ (a＞0)$ が極大値と極小値をもち，その差が4であるとき，a の値は，次の①〜⑤のうちのどれか。

① $\dfrac{1}{3}$　　② $\dfrac{1}{\sqrt[3]{9}}$　　③ 1　　④ $\sqrt[3]{9}$　　⑤ 3

〔問9〕 2次曲線 $y^2-6y＋4x＋1＝0$ の焦点の座標は，次の①〜⑤のうちのどれか。

① $(-2,\ 3)$　　② $(1,\ 3)$　　③ $(2,\ -1)$　　④ $(2,\ 2)$

⑤ $(2,\ 3)$

(☆☆☆◎◎◎)

【3】 次の各問に答えよ。

〔問1〕 $(\sqrt{3}-i)^6$ を計算したものは，次の①〜⑤のうちのどれか。

① -64　　② $-64i$　　③ -1　　④ 64　　⑤ $64i$

〔問2〕 極限 $\displaystyle\lim_{x\to1}\dfrac{1＋\cos\pi x}{(x-1)^2}$ の値は，次の①〜⑤のうちのどれか。

① $-\dfrac{\pi^2}{2}$　　② $-\dfrac{\pi}{2}$　　③ 1　　④ $\dfrac{\pi}{2}$　　⑤ $\dfrac{\pi^2}{2}$

〔問3〕 曲線 $y＝x\log x$ の接線のうち傾きが -1 であるものは，次の①〜⑤のうちのどれか。

① $y＝-x-\dfrac{2}{e^2}$

② $y＝-x-\dfrac{1}{e^2}$

③ $y＝-x-\dfrac{2}{e}$

④　$y=-x-\dfrac{1}{e}$

⑤　$y=-x$

〔問4〕　曲線 $y=\sqrt{x}$ と直線 $y=2-x$，および x 軸で囲まれた部分を y 軸の周りに1回転させてできる立体の体積は，次の①～⑤のうちのどれか。

①　$\dfrac{7}{3}\pi$　　②　$\dfrac{5}{6}\pi$　　③　$\dfrac{7}{6}\pi$　　④　$\dfrac{32}{15}\pi$

⑤　$\dfrac{37}{15}\pi$

〔問5〕　2次関数 $f(x)$ は，すべての実数 x について

$$\int_0^x f(t)dt=xf(x)+2x^3+x^2$$

を満たしている。また $f(0)=1$ である。このとき，関数 $f(x)$ のグラフと x 軸とで囲まれる部分の面積は，次の①～⑤のうちのどれか。

①　$\dfrac{4}{27}$　　②　$\dfrac{32}{27}$　　③　$\dfrac{64}{27}$　　④　$\dfrac{4}{81}$　　⑤　$\dfrac{32}{81}$

(☆☆☆◎◎◎)

【4】次の各問に答えよ。

〔問1〕$m^2=n^2+28$ を満たす整数 m，n の組 (m, n) の数は，次の①～⑤のうちのどれか。

①　1組　　②　2組　　③　4組　　④　6組　　⑤　12組

〔問2〕2個のさいころを同時に投げて，それぞれの出た目の大きくない方を X とするとき，X の期待値は，次の①～⑤のうちのどれか。

①　$\dfrac{5}{2}$　　②　$\dfrac{14}{9}$　　③　$\dfrac{28}{9}$　　④　$\dfrac{35}{18}$　　⑤　$\dfrac{91}{36}$

〔問3〕立方体ABCD－EFGHにおいて，対角線CEに頂点Aから下ろした垂線の足をIとするとき，CI：IEは，次の①～⑤のうちのどれか。

① 3：1
② 2：1
③ 1：1
④ 1：2
⑤ 1：3

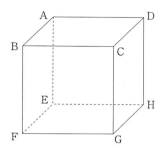

（☆☆☆◎◎◎）

【5】次の各問に答えよ。

〔問1〕 数列 $\{a_n\}$ の初項から第n項までの和をS_nとする。関係式
$$S_n = 2 - \frac{1}{2^{n-1}} - a_n \quad (n = 1, 2, 3, \cdots)$$
が成り立つとき，a_nを表す式は，次の①〜⑤のうちのどれか。

① $\dfrac{1}{2}$　② $n^2 - 3n + \dfrac{5}{2}$　③ $n^3 - \dfrac{7}{2}n^2 + \dfrac{7}{2}n - \dfrac{1}{2}$

④ $\dfrac{n}{2^n}$　⑤ $\dfrac{n+1}{2^{n+1}}$

〔問2〕 原点Oを出発し，数直線上を動く点Aがある。

1個のさいころを投げる試行で，点Aは3以上の目が出たら正の方向に1移動し，1，2の目が出たら負の方向に1移動する。

5回の試行で，点Aと原点Oの距離が3以下になる確率は，次の①〜⑤のうちのどれか。

① $\dfrac{40}{81}$　② $\dfrac{64}{81}$　③ $\dfrac{70}{81}$　④ $\dfrac{160}{243}$　⑤ $\dfrac{211}{243}$

〔問3〕 原点Oを中心とする半径1の円周上に3点A，B，Cがあり，
$$4\overrightarrow{OA} + 5\overrightarrow{OB} + 6\overrightarrow{OC} = \vec{0}$$
が成り立っている。このとき，ABの長さは，次の①〜⑤のうちのどれか。

① $\dfrac{3}{2}$　② $\dfrac{\sqrt{10}}{2}$　③ $\dfrac{3\sqrt{7}}{4}$　④ $\dfrac{3}{5}$　⑤ $\dfrac{1}{8}$

（☆☆☆◎◎◎）

解答・解説

熊本県

【一次試験・中高共通】

【１】(1)

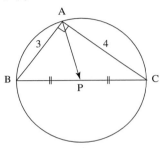

$\overrightarrow{PB}=\overrightarrow{AB}-\overrightarrow{AP}$, $\overrightarrow{PC}=\overrightarrow{AC}-\overrightarrow{AP}$ を $l\overrightarrow{PA}+m\overrightarrow{PB}+n\overrightarrow{PC}=\overrightarrow{0}$ に代入して，

$l\overrightarrow{PA}+m(\overrightarrow{AB}-\overrightarrow{AP})+n(\overrightarrow{AC}-\overrightarrow{AP})=\overrightarrow{0}$, $(-l-m-n)\overrightarrow{AP}+m\overrightarrow{AB}+n\overrightarrow{AC}$

$(l+m+n)\overrightarrow{AP}=m\overrightarrow{AB}+n\overrightarrow{AC}$

よって，$\overrightarrow{AP}=\dfrac{m\overrightarrow{AB}+n\overrightarrow{AC}}{l+m+n}=m\overrightarrow{AB}+n\overrightarrow{AC}$　…①

△ABCは∠A＝90°の直角三角形なので，BCが△ABCの外接円の直径となり，BCの中点が外心Pとなる。よって，$\overrightarrow{AP}=\dfrac{1}{2}\overrightarrow{AB}+\dfrac{1}{2}\overrightarrow{AC}$ …②　と表せる。

①，②より，$m\overrightarrow{AB}+n\overrightarrow{AC}=\dfrac{1}{2}\overrightarrow{AB}+\dfrac{1}{2}\overrightarrow{AC}$

ここで，$\overrightarrow{AB}$，$\overrightarrow{AC}$ は $\overrightarrow{0}$ でなく，平行でないので，$m=\dfrac{1}{2}$, $n=\dfrac{1}{2}$

また，$l+m+n=1$ より，$l=0$

したがって，$l=0$，$m=\dfrac{1}{2}$，$n=\dfrac{1}{2}$

(2)

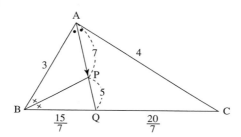

APの延長とBCとの交点をQとすると，AQは角の2等分線なので，

BQ：QC$=n：m=3：4$

よって，$\overrightarrow{\mathrm{AQ}}=\dfrac{4\overrightarrow{\mathrm{AB}}+3\overrightarrow{\mathrm{AC}}}{3+4}=\dfrac{4\overrightarrow{\mathrm{AB}}+3\overrightarrow{\mathrm{AC}}}{7}$

$\mathrm{BQ}=5\times\dfrac{3}{7}=\dfrac{15}{7}$

また，BPは角の2等分線なので，AP：PQ$=3：\dfrac{15}{7}=7：5$

これより，AP：AQ$=7：12$　　AP$=\dfrac{7}{12}$AQ

以上より，$\overrightarrow{\mathrm{AP}}=\dfrac{7}{12}\cdot\overrightarrow{\mathrm{AQ}}=\dfrac{7}{12}\times\dfrac{4\overrightarrow{\mathrm{AB}}+3\overrightarrow{\mathrm{AC}}}{7}=\dfrac{1}{3}\overrightarrow{\mathrm{AB}}+\dfrac{1}{4}\overrightarrow{\mathrm{AC}}$　…③

ここで，$\overrightarrow{\mathrm{AB}}$，$\overrightarrow{\mathrm{AC}}$は$\overrightarrow{0}$でなく，平行でないので，

(1)の①，③より，$m=\dfrac{1}{3}$，$n=\dfrac{1}{4}$

したがって，$l+m+n=1$より，$l=\dfrac{5}{12}$，$m=\dfrac{1}{3}$，$n=\dfrac{1}{4}$

(3)　$\overrightarrow{\mathrm{AB}}$，$\overrightarrow{\mathrm{AC}}$は$\overrightarrow{0}$でなく，平行でないので，点Pが辺BC上にあるのは，$m+n=1$，$m\geqq0$，$n\geqq0$

また，$|\overrightarrow{\mathrm{AP}}|^2=\overrightarrow{\mathrm{AP}}\cdot\overrightarrow{\mathrm{AP}}=(m\overrightarrow{\mathrm{AB}}+n\overrightarrow{\mathrm{AC}})\cdot(m\overrightarrow{\mathrm{AB}}+n\overrightarrow{\mathrm{AC}})$

$\qquad=m^2|\overrightarrow{\mathrm{AB}}|^2+2mn\overrightarrow{\mathrm{AB}}\cdot\overrightarrow{\mathrm{AC}}+n^2|\overrightarrow{\mathrm{AC}}|^2=9m^2+16n^2=\dfrac{73}{9}$

この2つの式からnを消去すると，$9m^2+16(1-m)^2=\dfrac{73}{9}$

$225m^2-288m+71=0$ 　　　$(3m-1)(75m-71)=0$

$m=\dfrac{1}{3},\ \dfrac{71}{75}$ 　　ここで，$m+n=1$，$m\geqq0$，$n\geqq0$より，

$l=0$，$m=\dfrac{1}{3}$，$n=\dfrac{2}{3}$ 　　または，$l=0$，$m=\dfrac{71}{75}$，$n=\dfrac{4}{75}$

〈解説〉解答参照。

【２】(1)　OP＝$2\sin\theta$　　　(2)　点Pにおける法線は，中心(0，1)を通る

　　∠OPQの2等分線なので，△OPQにおいて，∠PQO＝∠POQ＝θとな

　　り，OP＝PQ

　　(1)より，OP＝$2\sin\theta$なので，△OPQの面積Sは，

　　$S=\dfrac{1}{2}(2\sin\theta)^2\sin(\pi-2\theta)=2\sin^2\theta\sin2\theta$

　　(3)　$\displaystyle\lim_{\theta\to\frac{\pi}{2}}\dfrac{S}{\dfrac{\pi}{2}-\theta}=\lim_{\theta\to\frac{\pi}{2}}\dfrac{2\sin^2\theta\sin2\theta}{\dfrac{\pi}{2}-\theta}$

　　　　　　　　　　$\displaystyle=\lim_{\theta\to\frac{\pi}{2}}\dfrac{4\sin^3\theta\cos\theta}{\dfrac{\pi}{2}-\theta}$

ここで，$t=\dfrac{\pi}{2}-\theta$とおくと，$\theta\to\dfrac{\pi}{2}$のとき，$t\to0$である。

$\displaystyle\lim_{\theta\to\frac{\pi}{2}}\dfrac{4\sin^3\theta\cos\theta}{\dfrac{\pi}{2}-\theta}=\lim_{t\to0}\dfrac{4\sin^3\left(\dfrac{\pi}{2}-t\right)\cos\left(\dfrac{\pi}{2}-t\right)}{t}$

　　　　　　　　　　$\displaystyle=\lim_{t\to0}\dfrac{4\cos^3t\cdot\sin t}{t}$

　　　　　　　　　　$\displaystyle=\lim_{t\to0}4\cos^3t\dfrac{\sin t}{t}$

　　　　　　　　　　$=4$

〈解説〉(1)　OP＝rとすると，Pの座標は，P($r\cos\theta$，$r\sin\theta$)である。

　　点Pは，円　$x^2+(y-1)^2=1$上であるから，

　　$(r\cos\theta)^2+(r\sin\theta-1)^2=1$，

　　これより，$r^2-2r\sin\theta=0$

　　$r\neq0$　　ゆえに，$r=2\sin\theta$

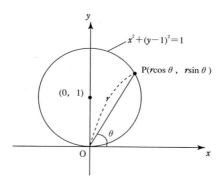

(2) (別解) 図のようにして，点Pにおける法線は，円の中心(0，1)を通る。

また，MPは∠OPQの2等分線である。

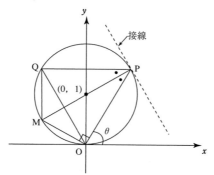

△OMPと△QMPにおいて，

$$\begin{cases} \angle POM = \angle PQM = \angle R \\ \angle OPM = \angle QPM \\ MP は共通 \end{cases}$$

よって，△OMP＝△QMP

ゆえに，OP＝QP

(1)より，OP＝2sin θ であるから，

△OPQの面積Sは，

$$S = \frac{1}{2} \cdot \text{OP} \cdot \text{QP} \cdot \sin\angle\text{OPQ}$$

$$= \frac{1}{2} \cdot (2\sin\theta)^2 \cdot \sin(\pi - 2\theta) = 2\sin^2\theta\sin2\theta$$

(3)　解答参照。

【一次試験・中学校】

【１】ア　⑩　　イ　⑨　　ウ　⑤　　エ　⑦　　オ　①　　カ　③
　　キ　⑧　　ク　⑫　　ケ　④　　コ　②

〈解説〉教科の目標は全文を正確に書けるように覚える必要がある。また，同解説を併せて熟読して理解を深めておくこと。

【２】(1)　A(-2, 4)　　B(1, 1)

(2)

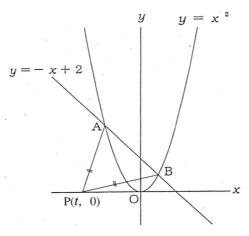

点Pの座標をP(t, 0)とすると，

$AP^2 = (t+2)^2 + (-4)^2$

$BP^2 = (t-1)^2 + (-1)^2$となる。

AP＝BPより，$(t+2)^2 + (-4)^2 = (t-1)^2 + (-1)^2$

　$t^2 + 4t + 20 = t^2 - 2t + 2$

$6t = -18$

$t = -3$

したがって，P(-3, 0)　　答え　P(-3, 0)

〈解説〉(1)　$y = x^2$, $y = -x + 2$ から，$x^2 = -x + 2$　　　$(x + 2)(x - 1) = 0$

これを解いて，$x = -2$, 1 となり，$y = 4$, 1 となる。よって，A(-2, 4)

B(1, 1)

(2)　解答参照。

【3】(1)　等式の左辺のxと18を右辺に移項すると，$-6y = -x - 18$

両辺に-1をかけて，$6y = x + 18$

両辺を6で割って，$y = \dfrac{x + 18}{6}$　　　答え　$y = \dfrac{x + 18}{6}$　（$y = \dfrac{1}{6}x + 3$ 等も可）

(2)　同時に2本くじを引くすべての場合の数は，$_7C_2 = \dfrac{7 \times 6}{2 \times 1} = 21$〔通り〕

2本ともはずれを引く場合の数は，はずれの4本のくじの中から2本を
ひく場合の数になるので，

$_4C_2 = \dfrac{4 \times 3}{2 \times 1} = 6$〔通り〕

したがって，2本ともはずれる確率は，$\dfrac{6}{21} = \dfrac{2}{7}$　　　答え　$\dfrac{2}{7}$

(3)　図のように展開図を考えて，AP＋PGが最短となるのは，点APG
が直線上に並ぶときである。

そのとき，あとの展開図において△AFGは∠F＝90°の直角三角形とな
る。

よって，$AG^2 = AF^2 + FG^2$

$AG = AP + PG = \sqrt{(7 + 5)^2 + 6^2}$　（AG＞0より）

$\quad = \sqrt{144 + 36}$

$\quad = \sqrt{180}$　　　したがって，$AG = 6\sqrt{5}$

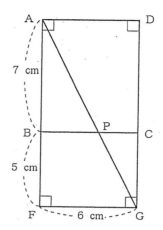

答え　$6\sqrt{5}$cm

〈解説〉(1), (2)　解答参照。

(3)　(別解)

$BP=x$とおくと，$PC=6-x$であり，

$AP=\sqrt{AB^2+BP^2}=\sqrt{7^2+x^2}$,　$PG=\sqrt{PC^2+CG^2}=\sqrt{(6-x)^2+5^2}$

よって，$f(x)=AP+PG=\sqrt{x^2+49}+\sqrt{x^2-12x+61}$　（ただし，$0<x<6$）

とおいて，増減を調べる。

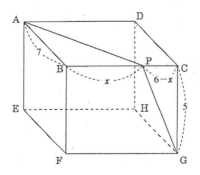

$$f'(x)=\frac{x}{\sqrt{x^2+49}}+\frac{x-6}{\sqrt{x^2-12x+61}}$$

$f'(x)=0$ を解くと，$\dfrac{x}{\sqrt{x^2+49}}=\dfrac{6-x}{\sqrt{x^2-12x+61}}$

$x\sqrt{x^2-12x+61}=(6-x)\sqrt{x^2+49}$

$x^2(x^2-12x+61)=(6-x)^2(x^2+49)$

展開整理して，$2x^2-49x+147=0$，$(2x-7)(x-21)=0$

$0<x<6$　より，$x=\dfrac{7}{2}$

したがって，$f(x)$ の増減表から，

x	0	……	$\dfrac{7}{2}$	……	6
$f'(x)$		+	0	−	
$f(x)$		↗	極大	↘	

ゆえに，$f(x)$ の最大値は，$x=\dfrac{7}{2}$ のときであり，

$f\left(\dfrac{7}{2}\right)=\sqrt{\left(\dfrac{7}{2}\right)^2+49}+\sqrt{\left(\dfrac{7}{2}\right)^2-12\left(\dfrac{7}{2}\right)+61}=\dfrac{7\sqrt5}{2}+\dfrac{5\sqrt5}{2}=6\sqrt5$

【一次試験・高等学校】

【1】(1)　数学的活動　　(2)　(i)　○　　(ii)　×　　(3)　(i)　④
(ii)　③

〈解説〉(1)　教科の目標は全文を正確に書けるように覚える必要がある。また，同解説を併せて熟読して理解を深めておくこと。

(2)　(i)　正しい。　(ii)「数学Ⅱ」ではなく，「数学Ⅲ」についての記述である。「数学Ⅱ」は，数学的な資質・能力を伸ばすことをねらいとしている。　(3)　(i)「数学A」の内容(1)「イ　確率」の(ウ)が条件付き確率である。　(ii)「数学Ⅲ」の内容(1)「イ　複素数平面」の(イ)がド・モアブルの定理である。

【2】(1)　$0<a\leqq\dfrac{2}{15}$　　(2)　6　　(3)　$\dfrac{1}{6}$　　(4)　$2+\sqrt3$
(5)　$\dfrac{x^2}{3}+\dfrac{y^2}{4}=1$

〈解説〉(1)　$y=6ax+6a=6a(x+1)$ より，

この直線は点(−1，0)を通り傾きが6aである。

よって，0≦x≦4で放物線y＝(x−2)²と異なる2点で交わるためには，図から，直線が点(2，0)，点(4，4)を通るときを考えて

6a・3＝0，6a・5＝4

ゆえに，a＝0，a＝$\frac{2}{15}$から，0＜a≦$\frac{2}{15}$

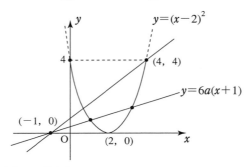

(2)　$\frac{a^2+3}{2a+1}＝\frac{b^2+3}{2b+1}$，$(a^2+3)(2b+1)＝(b^2+3)(2a+1)$

$2a^2b+a^2+6b+3＝2b^2a+b^2+6a+3$

$2ab(a−b)+(a−b)(a+b)−6(a−b)＝0$

$(a−b)(2ab+a+b−6)＝0$

$a−b≠0$より，$2ab+a+b−6＝0$

ゆえに，$2ab+a+b＝6$

(3)　5人のうち2人が自分で用意したプレゼントを受け取る方法は，$_5C_2＝10$〔通り〕である。

残りの3人が互いに異なるプレゼントを受け取る方法は，2通り。

$$\left[\begin{array}{l}∵　A，B，Cの3人がア，イ，ウを持参したとすると，それぞれ異\\なる受け取り方は　(A，B，C)＝(イ，ウ，ア)，(ウ，ア，イ)\\の2通り\end{array}\right]$$

したがって，合計10×2＝20〔通り〕となる。また，5人が任意に受け取る方法は5！だから，求める確率は，$\frac{20}{5！}＝\frac{1}{6}$

(4)　$y＝2\cos\theta\sin\theta+2\sqrt{3}\cos^2\theta$

　　　$＝\sin2\theta+\sqrt{3}(1+\cos2\theta)$

$$= \sin 2\theta + \sqrt{3} \cos 2\theta + \sqrt{3}$$

$$= 2\sin\left(2\theta + \frac{\pi}{3}\right) + \sqrt{3}$$

$-1 \leqq \sin\left(2\theta + \frac{\pi}{3}\right) \leqq 1$ であるから，yの最大値は，$2 + \sqrt{3}$

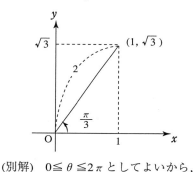

(別解)　$0 \leqq \theta \leqq 2\pi$ としてよいから，

$$y' = 2(\cos\theta)'\sin\theta + 2\cos\theta(\sin\theta)' + 4\sqrt{3}\cos\theta(\cos\theta)'$$

$$= -2\sin^2\theta + \cos^2\theta + 4\sqrt{3}\cos\theta(-\sin\theta)$$

$$= 2(\cos^2\theta - \sin^2\theta) - 4\sqrt{3}\sin\theta\cos\theta$$

$$= 2\cos 2\theta - 2\sqrt{3}\sin 2\theta$$

$$= 2(-\sqrt{3}\sin 2\theta + \cos 2\theta)$$

$$= 4\sin\left(2\theta + \frac{5\pi}{6}\right)$$

$\dfrac{5\pi}{6} \leqq 2\theta + \dfrac{5\pi}{6} \leqq \dfrac{29\pi}{6}$ であるから，

$y' = 0$ より，$2\theta + \dfrac{5\pi}{6} = \pi,\ 2\pi,\ 3\pi,\ 4\pi,\ \theta = \dfrac{\pi}{12},\ \dfrac{7\pi}{12},\ \dfrac{13\pi}{12},$

$\dfrac{19\pi}{12}$

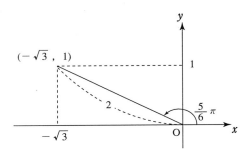

したがって，次の増減表から，

θ	0	……	$\dfrac{\pi}{12}$	……	$\dfrac{7\pi}{12}$	……	$\dfrac{13\pi}{12}$	……	$\dfrac{19\pi}{12}$	……	2π
y'		$+$	0	$-$	0	$+$	0	$-$	0	$+$	
y	$2\sqrt{3}$	↗	極大	↘	極小	↗	極大	↘	極小	↗	$2\sqrt{3}$

最大値　$y=2\cos\dfrac{\pi}{12}\sin\dfrac{\pi}{12}+2\sqrt{3}\cos^2\dfrac{\pi}{12}$

$\qquad\qquad =\sin\dfrac{\pi}{6}+\sqrt{3}\left(1+\cos\dfrac{\pi}{6}\right)=\dfrac{1}{2}+\sqrt{3}\left(1+\dfrac{\sqrt{3}}{2}\right)$

$\qquad\qquad =2+\sqrt{3}\quad\left(\theta=\dfrac{13\pi}{12}\text{でも同じ結果}\right)$

＜参考＞　最小値は$-2+\sqrt{3}$となる。

(5)　$r^2(\cos^2\theta+3)=12$より，$(r\cos\theta)^2+3r^2=12$　…①

極座標と直交座標の関係，$x=r\cos\theta$，$y=r\sin\theta$から，$x^2+y^2=r^2$

したがって，①より，$x^2+3(x^2+y^2)=12$

ゆえに，$\dfrac{x^2}{3}+\dfrac{y^2}{4}=1$

【3】(1)　$a_n=4^n$　　(2)　$\log_2 a_k=\log_2 4^k=\log_2 2^{2k}=2k$，$\log_2 a_{k+1}=\log_2 4^{k+1}=$

$\log_2 2^{2(k+1)}=2(k+1)$だから，

$\displaystyle\sum_{k=1}^{n}\dfrac{4}{(\log_2 a_k)(\log_2 a_{k+1})}=\sum_{k=1}^{n}\dfrac{4}{2k\cdot 2(k+1)}=\sum_{k=1}^{n}\dfrac{1}{k(k+1)}=\sum_{k=1}^{n}\left(\dfrac{1}{k}-\dfrac{1}{k+1}\right)$

$=\left(\dfrac{1}{1}-\dfrac{1}{2}\right)+\left(\dfrac{1}{2}-\dfrac{1}{3}\right)+\left(\dfrac{1}{3}-\dfrac{1}{4}\right)+\cdots+\left(\dfrac{1}{n}-\dfrac{1}{n+1}\right)=1-\dfrac{1}{n+1}=\dfrac{n}{n+1}$

(3)　$b_1=a_1+p+q=p+q+4$，$b_2=a_2+2p+q=2p+q+16$

b_1, b_2が9の倍数ならば, $b_2-b_1=p+12$も9の倍数となるので,

$1\leqq p\leqq 9$より, $13\leqq p+12\leqq 21$　　つまり, $p+12=18$, $p=6$

このとき, $b_1=q+10$, $1\leqq q\leqq 9$より, $11\leqq q+10\leqq 19$　　つまり, $q+10=18$, $q=8$

よって, $p=6$, $q=8$と推測できる。

このとき, $b_n=4^n+6n+8$と表される。

すべての自然数nに対して,「b_nが9の倍数」 …① であることを数学的帰納法を用いて示す。

(i)　$n=1$のとき, $b_1=4+6+8=18$　であるから, ①は成り立つ。

(ii)　$n=k$(kは自然数)のとき, ①が成り立つと仮定すると, $b_k=4^k+6k+8=9N$(Nは整数)とおける。

$n=k+1$のとき, $b_{k+1}=4^{k+1}+6(k+1)+8$ $=4\cdot 4^k+6k+14$

$=4(9N-6k-8)+6k+14$

$=9(4N-2k-2)$

$4N-2k-2$は整数であるから, b_{k+1}は9の倍数であり, $n=k+1$のときも①は成り立つ。

(i), (ii)より, すべての自然数nに対して, ①は成り立つ。

〈解説〉(1)　$a_n=ar^{n-1}$とおいて, $a_1=4$, $a_2+a_3=80$から,

$a\cdot r^0=4$, $a\cdot r+a\cdot r^2=80$

よって, $a=4$, $r^2+r-20=0$, $(r+5)(r-4)=0$, $r=-5$, 4

$r>0$より, $r=4$

ゆえに, $a_n=4\cdot 4^{n-1}=4^n$

(2), (3)　解答参照。

【二次試験・中学校】

【1】(解答例)　[1]　平行線と角についての指導

小学校での既習の学習を復習することから始める。

(1)　対頂角の性質

対頂角は等しい

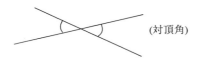

(対頂角)

(2)　平行線の性質

2直線が平行ならば，同位角と錯角は等しい。

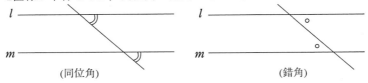

(同位角)　　　　　　　　　　　　　　　(錯角)

(3)　平行線になる条件

(2)の逆のことがいえることを示す。

[2]　多角形の内角の和についての指導

(1)　三角形の内角の和，三角形の外角の性質

小学校の学習と違い，平行線の性質を用いて，内角の和が180°を示す。次に三角形の外角は，それと隣り合わない2つの内角の和に等しいことの説明。

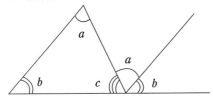

(2)　n角形の内角の和

まず，次のように，5角形の内角の和を求める。何通りかの方法で求めることができることを示すとよい。

左図：$(a+b+c)+(d+e+i)+(f+g+h)＝180°×3$

右図：$a+b+c+d+e+f+g+h+i+j＝180°×5－(p+q+r+s+t)＝180°×5－360°$

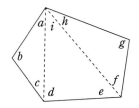 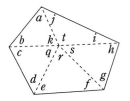

さらに，一般のn角形について，$180°×(n-2)$であることを示す。

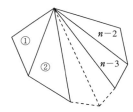

なお，最後にn角形の外角の和は360°で一定であることも示すとよい。

$[180°×n-180°×(n-2)=360°]$

以上，既習の学習を取り入れながら，分かり易く，生徒に納得させる授業を展開することで，数学のよさや楽しさを実感できるようにしていく。

〈解説〉解答参照。

【二次試験・高等学校】

【1】(解答例)　現在，数学の学習に興味，関心，意欲を見いだせない生徒がいることも事実である。したがって，数学の学習が単なる問題解決だけでなく，生徒が学習に興味・関心をもって取り組むようにさせることが大切。そのためにも，既習のことも含めて，生徒に分かり易く，納得させる授業展開で，数学のよさを実感させ，学ぼうとする意欲を高める指導を2次関数，方程式，不等式の教材で以下に示す。

①　放物線の頂点，軸，平行移動

中学校では，xがyの2乗に比例する関数として$y=ax^2$を扱い，放物線のグラフ，変化の割合について学習し，さらに，$y=ax^2$と1次関数$y=ax+b$について変化の割合がちがうことを学習している。高等学校でも

初め，中学と同じ内容を学習するが，2次関数の一般形$y=ax^2+bx+c$を学び，頂点，軸を求め，そのグラフを描き，$y=ax^2$についての平行移動であることを示す。

② 2次関数の最大・最小

関数の定義域，値域を関連させ，関数の最大値，最小値を求めさせる。また，2次関数の決定(頂点や軸を与える。3点を与える)ができること。

③ 2次方程式と2次不等式への応用

まずは，計算で，解の公式$x=\dfrac{-b\pm\sqrt{b^2-4ac}}{2a}$を導くことが第一である。そして，グラフと$x$軸との位置関係は，$D=b^2-4ac$の符号で定まる。特に，「2次方程式に実数解がない」，「2次不等式の解なし」などはグラフを描くことにより，目で見て，その理解を図ることが重要。

④ 応用

放物線と直線の共有点については，$y=ax^2+bx+c$，$y=mx+n$から，yを消去した2次方程式$ax^2+(b-m)x+c-n=0$の判別式$D=(b-m)^2-4a(c-n)$の符号により共有点の個数が2個，1個(接する)，0個になることを示す。

⑤ 発展，放物線の実用性

2次曲線への応用として「平面上において，定点F(p, 0)とFを通らない直線L($x=-p$)について，Fからの距離とLからの距離が等しい点の軌跡と定義し，放物線の標準形$y^2=4px$を導く。定点Fを焦点，定直線Lを準線という」を幾何学的に示す。さらに学習を深化させ，定点Fからの距離と定直線Lからの距離の比が$e:1$であるとき，eを2次曲線の離心率といい，『$e=1$：放物線，$0<e<1$：楕円，$e>1$：双曲線』となることを示す。なお，放物線の実用例としてはパラボナアンテナなどがあることを示しておく。

〈解説〉解答参照。

熊本市

【中高共通】

【1】〔問1〕　④　　〔問2〕　②　　〔問3〕　①　　〔問4〕　②

　〔問5〕　⑤　　〔問6〕　③　　〔問7〕　④　　〔問8〕　②　　〔問9〕　③

　〔問10〕　④

〈解説〉〔問1〕　$\dfrac{\sqrt{3}+1}{\sqrt{3}-1}=\dfrac{(\sqrt{3}+1)^2}{(\sqrt{3}+1)(\sqrt{3}-1)}=\dfrac{4+2\sqrt{3}}{2}=2+\sqrt{3}$

　よって，$a=3$，$b=\sqrt{3}-1$

　$|b-a|=a-b=4-\sqrt{3}$

　〔問2〕　$-3<a<-1$ より，$-1<\dfrac{1}{a}<-\dfrac{1}{3}$

　よって，$-2<\dfrac{b}{a}<-\dfrac{1}{3}$

　〔問3〕　ベン図を書くと，$(A\cup B)\cap(\overline{A}\cup\overline{B})$は斜線部となる。

　$A=\{2,\ 3,\ 5,\ 7\}$なので，2，$5\in A\cap B$ かつ，1，$10\in\overline{A}\cap B$がわかる。

　よって，$B=\{1,\ 2,\ 5,\ 10\}$

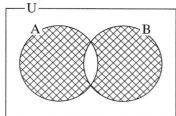

　〔問4〕　②が正しい。実際，対偶である「$a\leqq0$　かつ　$b\leqq0$」$\Rightarrow$

「$a+b\leqq0$」が成立する。

　〔問5〕　$\cos^2\theta+\sin^2\theta=1$，$\dfrac{\sin\theta}{\cos\theta}=2$，

　θ が鋭角なので，$\cos\theta$，$\sin\theta>0$より，

　$\cos\theta=\dfrac{1}{\sqrt{5}}$，$\sin\theta=\dfrac{2}{\sqrt{5}}$とわかる。

よって，$\dfrac{1+\sin\theta}{\cos\theta}+\dfrac{\cos\theta}{1+\sin\theta}=\dfrac{1+\dfrac{2}{\sqrt{5}}}{\dfrac{1}{\sqrt{5}}}+\dfrac{\dfrac{1}{\sqrt{5}}}{1+\dfrac{2}{\sqrt{5}}}$

$$=\sqrt{5}+2+\dfrac{1}{\sqrt{5}+2}$$

$$=\dfrac{(\sqrt{5}+2)^2+1}{\sqrt{5}+2}$$

$$=\dfrac{(\sqrt{5}+2)^2(\sqrt{5}-2)+(\sqrt{5}-2)}{(\sqrt{5}+2)(\sqrt{5}-2)}=2\sqrt{5}$$

〔問6〕　$4x+5<x^2\Leftrightarrow x^2-4x-5>0\Leftrightarrow(x-5)(x+1)>0\Leftrightarrow x<-1,\ 5<x$

$x^2\leqq5x+14\Leftrightarrow x^2-5x-14\leqq0\Leftrightarrow(x-7)(x+2)\leqq0\Leftrightarrow-2\leqq x\leqq7$

両方をみたす整数は，$x=-2$，6，7の3個である。

〔問7〕　放物線$y=x^2-2x+4$上の点を$(x,\ y)$,

求める放物線上の点を$(X,\ Y)$とすると，

$$\dfrac{X+x}{2}=0,\quad\dfrac{Y+y}{2}=1$$

よって，$x=-X,\ y=2-Y$

つまり，$2-Y=(-X)^2-2(-X)+4$

$$Y=-X^2-2X-2\ となる。$$

〔問8〕　正八面体の1辺を1とする。

$\cos\theta=\dfrac{(\overrightarrow{AC}+\overrightarrow{AD})\cdot(\overrightarrow{FC}+\overrightarrow{FD})}{|\overrightarrow{AC}+\overrightarrow{AD}|\times|\overrightarrow{FC}+\overrightarrow{FD}|}$

$=\dfrac{(\overrightarrow{AC}+\overrightarrow{AD})\cdot(-\overrightarrow{AE}-\overrightarrow{AB})}{2\cdot\dfrac{\sqrt{3}}{2}\times2\cdot\dfrac{\sqrt{3}}{2}}$

$=-\dfrac{1}{2\cdot3}\cdot\{(\overrightarrow{AC}+\overrightarrow{AD})\cdot(\overrightarrow{AB}+\overrightarrow{AE})\}$

ここで，$\angle BAD=90°$，$\angle CAE=90°$に注意すると，

$\cos\theta=-\dfrac{1}{3}\cdot(\overrightarrow{AC}\cdot\overrightarrow{AB}+\overrightarrow{AD}\cdot\overrightarrow{AE})$

$$=-\frac{1}{3}\cdot\left(2\cdot1\cdot1\cdot\frac{1}{2}\right)=-\frac{1}{3}$$

〔問9〕　まず，aが最小値41であることがわかる。また，今，データの数が10であることから，第3四分位点を実現するデータがあるはずである。それが，bかcのどちらかで72である。小さい順にわかっている9つのデータを並べると，

41，46，52，56，57，67，72，76，83
　　　↑　　　　　　　　↑
　　3番目　　　　　8番目　　　　　となる。

中央値が59なので，$\dfrac{b+57}{2}=59$，$b=61$とわかる。

〔問10〕　$\sqrt{11-3\sqrt{8}}=\sqrt{11-2\sqrt{9\cdot2}}=\sqrt{9}-\sqrt{2}=3-\sqrt{2}$である。

よって，これを方程式に代入すると，

$(11-3\sqrt{8})+(3-\sqrt{2})a+b=0$

$(11+3a+b)+(-6\sqrt{2}-\sqrt{2}a)=0$

これは恒等式で，a，bが整数なので，上式の1項目，2項目がともに0となる。

よって，$\begin{cases}11+3a+b=0\\-6\sqrt{2}=\sqrt{2}a\end{cases}$　∴　$a=-6$，$b=7$

求める$a+b$は，$a+b=1$となる。

【2】〔問1〕　④　　〔問2〕　④　　〔問3〕　③　　〔問4〕　⑤
〔問5〕　①　　〔問6〕　⑤　　〔問7〕　③　　〔問8〕　①　　〔問9〕　②

〈解説〉〔問1〕　$f(x)=2x^3-9x^2+8x+8=A(x-3)^3+B(x-3)^2+C(x-3)+D$とする。

$f'(x)=6x^2-18x+8=3A(x-3)^2+2B(x-3)+C$

よって，$C=f'(3)=6\cdot3^2-18\cdot3+8=8$

〔問2〕　$\left(a+\dfrac{1}{b}\right)\left(b+\dfrac{4}{a}\right)=ab+5+\dfrac{4}{ab}$

a，$b>0$で，相加平均と相乗平均の関係より，

$ab+\dfrac{4}{ab}\geqq2\sqrt{ab\cdot\dfrac{4}{ab}}=4$

よって，(与式)$\geqq9$

〔問3〕　$y=m(x+4)-3$は，mによらず$(-4,-3)$を通る。

図より，mは「①　$(-2, 0)$を直線が通るとき」より大きく，

「②　$y=-x^2+4$と$-2<x<2$で接するとき」より小さければよいことがわかる。

①のとき，$0=m(-2+4)-3$

$\therefore\quad m=\dfrac{2}{3}$

②のとき，$-x^2+4=m(x+4)-3$が重解をもてばよい。

(判別式)　$=m^2-4(4m-7)$

$\qquad\qquad\ =(m-2)(m-14)$

重解が$-2<x<2$となるのは，$m=2$のときである。

よって，求めるmの範囲は，$\dfrac{3}{2}<m<2$

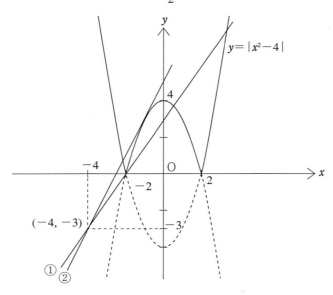

$y=|x^2-4|$

〔問4〕　円C_1：$x^2+y^2-2x=0$

　　　　円C_2：$x^2+y^2-2y=0$　とする。

式を変形すると，C_1：$(x-1)^2+y^2=1$

　　　　　　　　　C_2：$x^2+(y-1)^2=1$である。

$(x^2+y^2-2x)(x^2+y^2-2y)\leqq0$ ⇔ 「$x^2+y^2-2x\geqq0$ かつ $x^2+y^2-2y\leqq$
0」または「$x^2+y^2-2x\leqq0$ かつ $x^2+y^2-2y\geqq0$」

⇔ 「C_1の外部 かつ C_2の内部」または「C_1の内部 かつ C_2の外部」（境界含む）

よって，⑤が正しい。

〔問5〕 増減表を書いて，グラフとx軸の個数を調べる。

$f(x)=8^x+4^{x+1}-2^{x-2}-1$とすると，

$f(x)=2^{3x}+2^{2x+2}-2^{x-2}-1$

$=2^{3x}+4\cdot2^{2x}-\dfrac{1}{4}\cdot2^x-1$である。

$f'(x)=2^{3x}\cdot\log2\cdot3+4\cdot2^{2x}\cdot\log2\cdot2-\dfrac{1}{4}\cdot2^x\cdot\log2$

$=\log2\cdot2^x\cdot(3\cdot2^{2x}+8\cdot2^x-\dfrac{1}{4})$

$f'(x)=0$となるxは，$f'(x)$が単調増加で，$\displaystyle\lim_{x\to\infty}f'(x)=-\dfrac{1}{4}$となることから，1つだけとわかる。それを$\alpha$とおく。

増減表は，$\displaystyle\lim_{x\to\infty}f(x)=-1$となることから，

x	$\cdots$	α	$\cdots$
$f'(x)$	$-$	0	$+$
$f(x)$	$^{-1}\searrow$	$f(\alpha)$	$\nearrow^{\infty}$

となる。特に$f(\alpha)\leqq-1<0$となり，

よって，グラフとx軸の交点は，1個とわかる。

〔問6〕 5^nが40桁 ⇔ $39\leqq\log_{10}5^n<40$

$\log_{10}5^n=n\cdot\log_{10}(\dfrac{10}{2})$

$=n\cdot(1-\log_{10}2)$

$=0.6990\times n$

∴ $39\leqq0.6990n<40$

$55.79\cdots\leqq n<57.2\cdots$

これをみたすのは，$n=56.57$である。

〔問7〕 与式を変形すると，$1-\cos^2\theta+\cos\theta=a$

$$\cos^2\theta-\cos\theta+a-1=0$$

この$\cos\theta$についての2次方程式が，$|\cos\theta|\leqq1$に解をもてばよい。

$$f(x)=x^2-x+(a-1)$$
$$=\left(x-\frac{1}{2}\right)^2+a-\frac{5}{4}とする。$$

$f\left(\dfrac{1}{2}\right)\leqq0$　かつ　$f(-1)\geqq0$であればよいので，

$a-\dfrac{5}{4}\leqq0$　かつ　$a+1\geqq0$　よって，$-1\leqq a\leqq\dfrac{5}{4}$

〔問8〕　$f(x)=x^3+3ax^2-24a^2x+2$とする。

$$f'(x)=3x^2+6ax-24a^2$$
$$=3(x+4a)(x-2a)$$

よって，$a>0$より，$f(x)$は確かに極大，極小値をもつ。

$f(2a)-f(-4a)=-4$　より，

$$(8a^3+12a^3-48a^3+2)-(-64a^3+48a^3+96a^3+2)=-4$$
$$-108a^3=-4$$
$$a^3=\frac{1}{27}$$
$$a=\frac{1}{3}$$

〔問9〕　$y^2-6y+4a+1=0$　$\Leftrightarrow$　$(y-3)^2=-4(x-2)$

これは，放物線$y^2=-4x$を，x軸方向に2，y軸方向に3平行移動したものである。もとの放物線の焦点は，$(-1,\ 0)$なので，求める点は，$(1,\ 3)$

【3】〔問1〕　①　　〔問2〕　⑤　　〔問3〕　②　　〔問4〕　④

〔問5〕　②

〈解説〉〔問1〕　$(\sqrt{3}-i)^6=\left\{2\left(\dfrac{\sqrt{3}}{2}-\dfrac{i}{2}\right)\right\}^6=2^6\left\{\cos\left(-\dfrac{\pi}{6}\right)+i\sin\left(-\dfrac{\pi}{6}\right)\right\}^6$

$$=64(\cos(-\pi)+i\sin(-\pi))$$
$$=-64$$

〔問2〕　$x-1=t$とすると，

(与式)$=\displaystyle\lim_{t\to0}\dfrac{1+\cos\pi(t+1)}{t^2}=\lim_{t\to0}\dfrac{1-\cos\pi t}{t^2}$

$=\pi^2\cdot\displaystyle\lim_{t\to0}\dfrac{1-\cos\pi t}{(\pi t)^2}=\dfrac{\pi^2}{2}$

〔問3〕　$f(x)=x\log x$とする。

$f'(x)=\log x+1$

$f'(x)=-1$ となるのは，$\log x=-2$

$\qquad x=\dfrac{1}{e^2}$ のときである。

よって，$\left(\dfrac{1}{e^2},\ -\dfrac{2}{e^2}\right)$ を通り，傾き -1 の直線は，

$y+\dfrac{2}{e^2}=-\left(x-\dfrac{1}{e^2}\right)$

$\qquad y=-x-\dfrac{1}{e^2}$

〔問4〕　A(0, 2)，B(2, 0) とする。

$y=\sqrt{x}$ と $y=2-x$ の交点をP(1, 1) とする。

求める図形の体積を V とすると，

$V=\displaystyle\int_0^1 \pi\cdot(2-y)^2 dy-\int_0^1 \pi\cdot(y^2)^2 dy$

$\quad =\pi\left[-\dfrac{(2-y)^3}{3}\right]_0^1-\pi\left[\dfrac{y^5}{5}\right]_0^1=\dfrac{32}{15}\pi$

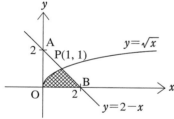

〔問5〕　$f(x)=ax^2+bx+1$ とおくと

$\displaystyle\int_0^x f(t)dt=\dfrac{a}{3}x^3+\dfrac{a}{2}x^2+x$

$xf(x)+2x^3+x^2=x(ax^2+bx+1)+2x^3+x^2=(2+a)x^3+(b+1)x^2+x$

$\therefore\ \begin{cases}\dfrac{a}{3}=2+a\\[2mm]\dfrac{b}{2}=b+1\end{cases}\Rightarrow\begin{cases}a=-3\\[2mm]b=-2\end{cases}$

よって，$f(x)=-3x^2\cdot-2x+1=(-3x+1)(x+1)$

求める値は，$\displaystyle\int_{-1}^{\frac{1}{3}}(-3x^2-2x+1)dx=-\dfrac{1}{6}\cdot(-3)\cdot\left(\dfrac{1}{3}+1\right)^3=\dfrac{32}{27}$

【4】〔問1〕　③　　〔問2〕　⑤　　〔問3〕　②

〈解説〉〔問1〕　$m^2=n^2+28$　⇔　$m^2-n^2=28$

$$⇔　(m+n)(m-n)=2^2 \cdot 7$$

m，nが整数で，$m+n$，$m-n$の偶奇が一致することを考えると，

$(m+n,\ m-n)=(2,\ 14),\ (-2,\ -14),\ (14,\ 2),\ (-14,\ -2)$の4通り。

よって，$(m,\ n)$の組は4組である。

〔問2〕$P(X=6)=\dfrac{1}{36}$

　　　　$P(X=5)=\dfrac{3}{36}$

　　　　$P(X=4)=\dfrac{1+2\times2}{36}=\dfrac{5}{36}$

　　　　$P(X=3)=\dfrac{1+2\times3}{36}=\dfrac{7}{36}$

　　　　$P(X=2)=\dfrac{1+2\times4}{36}=\dfrac{9}{36}$

　　　　$P(X=1)=\dfrac{1+2\times5}{36}=\dfrac{11}{36}$

よって，$E(X)=1\cdot\dfrac{11}{36}+2\cdot\dfrac{9}{36}+3\cdot\dfrac{7}{36}+4\cdot\dfrac{5}{36}+5\cdot\dfrac{3}{36}+6\cdot\dfrac{1}{36}$

　　　　　　$=\dfrac{91}{36}$

〔問3〕　立方体の1辺を1とする。

$\overrightarrow{AI}=k\overrightarrow{AC}+(1-k)\overrightarrow{AE}$とする。

$\overrightarrow{AI}\cdot\overrightarrow{CE}=0$より，$(k\overrightarrow{AC}+(1-k)\overrightarrow{AE})\cdot(\overrightarrow{AE}-\overrightarrow{AC})=0$

　　　　$-k|\overrightarrow{AC}|^2+(1-k)|\overrightarrow{AE}|^2+(2k-1)\overrightarrow{AC}\cdot\overrightarrow{AE}=0$

ここで，$\overrightarrow{AC}\cdot\overrightarrow{AE}=0$　（∵　AC⊥AE）より，

$-k\cdot2+(1-k)=0$　　$k=\dfrac{1}{3}$

よって，CI：IE＝2：1

【5】〔問1〕　④　　〔問2〕　③　　〔問3〕　①

〈解説〉〔問1〕　$a_1=S_1=2-1-a_1$　　∴　$a_1=\dfrac{1}{2}$

$n\geqq2$で，

$a_n=S_n-S_{n-1}=\left(2-\dfrac{1}{2^{n-1}}-a_n\right)-\left(2-\dfrac{1}{2^{n-2}}-a_{n-1}\right)$

よって，$2a_n - a_{n-1} = \dfrac{1}{2^{n-1}}$

$\qquad 2^n a_n - 2^{n-1} a_{n-1} = 1$

ここで，$b_n = 2^n \cdot a_n$ とおくと，b_n は，初項1，公差1の等差数列，つまり $b_n = n$ である。

よって，$a_n = \dfrac{n}{2^n}$

〔問2〕 1，2が出ることを○，3～6が出ることを×で表すと，AとOの距離が，3より大きくなるのは，○が5回のときと，×が5回のときのみである。

よって，その確率は，$\left(\dfrac{1}{3}\right)^5 + \left(\dfrac{2}{3}\right)^5 = \dfrac{33}{243}$

求める確率は，$1 - \dfrac{33}{243} = \dfrac{210}{243} = \dfrac{70}{81}$

〔問3〕 $6\overrightarrow{OC} = -4\overrightarrow{OA} - 5\overrightarrow{OB}$

$\qquad 36|\overrightarrow{OC}|^2 = |-4\overrightarrow{OA} - 5\overrightarrow{OB}|^2$

$\qquad\qquad\quad = 16|\overrightarrow{OA}|^2 + 40\overrightarrow{OA} \cdot \overrightarrow{OB} + 25|\overrightarrow{OB}|^2$

$\qquad \overrightarrow{OA} \cdot \overrightarrow{OB} = -\dfrac{1}{8}$

$\qquad |\overrightarrow{AB}|^2 = |\overrightarrow{OB} - \overrightarrow{OA}|^2 = |\overrightarrow{OB}|^2 - 2\overrightarrow{OA} \cdot \overrightarrow{OB} + |\overrightarrow{OA}|^2$

$\qquad\qquad\quad = 2 + 2 \cdot \dfrac{1}{8} = \dfrac{9}{4}$

よって，$|\overrightarrow{AB}| = \dfrac{3}{2}$

●書籍内容の訂正等について

　弊社では教員採用試験対策シリーズ（参考書，過去問，全国まるごと過去問題集），公務員試験対策シリーズ，公立幼稚園・保育士試験対策シリーズ，会社別就職試験対策シリーズについて，正誤表をホームページ（https://www.kyodo-s.jp）に掲載いたします。内容に訂正等，疑問点がございましたら，まずホームページをご確認ください。もし，正誤表に掲載されていない訂正等，疑問点がございましたら，下記項目をご記入の上，以下の送付先までお送りいただくようお願いいたします。

> ① **書籍名，都道府県（学校）名，年度**
>   （例：教員採用試験過去問シリーズ　小学校教諭 過去問　2025 年度版）
> ② **ページ数**（書籍に記載されているページ数をご記入ください。）
> ③ **訂正等，疑問点**（内容は具体的にご記入ください。）
>   （例：問題文では"ア〜オの中から選べ"とあるが，選択肢はエまでしかない）

〔ご注意〕

○ 電話での質問や相談等につきましては，受付けておりません。ご注意ください。

○ 正誤表の更新は適宜行います。

○ いただいた疑問点につきましては，当社編集制作部で検討の上，正誤表への反映を決定させていただきます（個別回答は，原則行いませんのであしからずご了承ください）。

●情報提供のお願い

　協同教育研究会では，これから教員採用試験を受験される方々に，より正確な問題を，より多くご提供できるよう情報の収集を行っております。つきましては，教員採用試験に関する次の項目の情報を，以下の送付先までお送りいただけますと幸いでございます。お送りいただきました方には謝礼を差し上げます。

（情報量があまりに少ない場合は，謝礼をご用意できかねる場合があります）。

◆あなたの受験された面接試験，論作文試験の実施方法や質問内容

◆教員採用試験の受験体験記

- -

<table>
<tr><td rowspan="5">送付先</td><td>○電子メール：edit@kyodo-s.jp</td></tr>
<tr><td>○FAX：03-3233-1233（協同出版株式会社　編集制作部 行）</td></tr>
<tr><td>○郵送：〒101-0054　東京都千代田区神田錦町 2-5</td></tr>
<tr><td>　　　　　協同出版株式会社　編集制作部 行</td></tr>
<tr><td>○HP：https://kyodo-s.jp/provision（右記のQRコードからもアクセスできます）</td></tr>
</table>

　※謝礼をお送りする関係から，いずれの方法でお送りいただく際にも，「お名前」「ご住所」は，必ず明記いただきますよう，よろしくお願い申し上げます。

教員採用試験「過去問」シリーズ

熊本県・熊本市の
数学科 過去問

編　集	Ⓒ 協同教育研究会
発　行	令和6年4月10日
発行者	小貫　輝雄
発行所	協同出版株式会社
	〒101-0054　東京都千代田区神田錦町2 - 5
	電話　03−3295−1341
	振替　東京00190−4−94061
印刷所	協同出版・POD工場

落丁・乱丁はお取り替えいたします。

2024年夏に向けて
―教員を目指すあなたを全力サポート！―

●通信講座
志望自治体別の教材とプロによる
丁寧な添削指導で合格をサポート

詳細はこちら

●公開講座 (＊1)
48のオンデマンド講座のなかから、
不得意分野のみピンポイントで学習できる！
受講料は6000円～　＊一部対面講義もあり

詳細はこちら

●全国模試 (＊1)
業界最多の **年5回** 実施！
定期的に学習到達度を測って
レベルアップを目指そう！

詳細はこちら

●自治体別対策模試 (＊1)
的中問題がよく出る！
本試験の出題傾向・形式に合わせた
試験で実力を試そう！

詳細はこちら

　上記の講座及び試験は，すべて右記のQRコードか
らお申し込みできます。また，講座及び試験の情報は，
随時，更新していきます。

＊1・・・ 2024年対策の公開講座、全国模試、自治体別対策模試の
　　　　 情報は、2023年9月頃に公開予定です。

協同出版・協同教育研究会
https://kyodo-s.jp

お問い合わせは
通話料無料の
フリーダイヤル
0120 (13) 7300
（いいみ　なさんおうえん）
受付時間：平日（月～金）9時～18時　まで